KB211353

개신교 선교사들이 본

근대전환공간의
한국종교 II
(1900~1910)

메 타 모 포 시 스 번 역 총 서 05

개신교 선교사들이 본

근대전환공간의
한국종교 II

(1900~1910)

방원일 편역

보고사
BOGOSA

숭실대학교 한국기독교문화연구원은 1967년 설립된 한국기독교 문화연구소를 모태로 하고 1986년 설립된 〈기독교사회연구소〉와 통합하여 확대 개편함으로써 명실공히 숭실대학교를 대표하는 인문학 연구원으로 발전하여 오늘에 이르렀다. 반세기가 넘는 역사 동안 다양한 학술행사 개최, 학술지 『기독문화연구』와 '불휘총서' 발간, 한국 기독교박물관 소장 자료의 연구에 주력하면서, 인문학 연구원으로서의 내실을 다져왔다. 2018년 한국연구재단의 인문한국플러스(HK+) 사업 수행기관으로 선정되며 또 다른 도약의 발판을 마련하였다.

본 HK+사업단은 "근대전환공간의 인문학, 문화의 메타모포시스"라는 아젠다로 문·사·철을 아우르는 다양한 연구자들이 학제간 연구를 진행하고 있다. 개항 이래 식민화와 분단이라는 역사적 격변 속에서 한국의 근대(성)가 형성되어온 과정을 문화의 층위에서 살펴보는 것이 본 사업단의 목표다. '문화의 메타모포시스'란 한국의 근대(성)가 외래문화의 일방적 수용으로도, 순수한 고유문화의 내재적 발현으로도 환원되지 않는, 이문화들의 접촉과 충돌, 융합과 절합, 굴절과 변용의 역동적 상호작용을 통해 형성되었음을 강조하려는 연구 시각이다.

본 HK+사업단은 아젠다 연구 성과를 집적하고 대외적 확산과 소통을 도모하기 위해 총 네 분야의 기획 총서를 발간하고 있다. 〈메타모포시스 인문학총서〉는 아젠다와 관련된 연구 성과를 종합한 저서나 단독 저서로 이뤄진다. 〈메타모포시스 번역총서〉는 아젠다와 관련하여 자료적 가치를 지닌 외국어 문헌이나 이론서들을 번역하여 소개한다. 〈메타모포시스 자료총서〉는 숭실대 한국기독교박물관에 소장된 한국 근대 관련 귀중 자료들을 영인하고, 해제나 현대어 번역을 덧붙여 출간한다. 〈메타모포시스 대중총서〉는 아젠다 연구 성과의 대중적 확산을 위해 기획한 것으로 대중 독자들을 위한 인문학 교양서이다.

동양과 서양, 전통과 근대, 아카데미즘 안팎의 장벽을 횡단하는 다채로운 자료와 연구 성과들을 집약한 메타모포시스 총서가 인문학의 지평을 넓히고 사유의 폭을 확장하는 데 기여할 수 있기를 바란다.

2023년 2월
숭실대학교 한국기독교문화연구원 HK+사업단장
장경남

개신교 선교사의 한국종교 이해

이 책은 근대전환공간에서 활동한 개신교 선교사들의 한국종교 서술이 일정한 수준에 도달한 1900년부터 1910년까지의 주요 문헌을 모아 번역한 자료집이다. 개항 이후 1884년 개신교 선교가 시작되고 미지의 나라 조선에 관한 서양인의 경험을 담은 책들이 발간되기 시작했다. 이 책들은 한국의 지리, 역사, 언어, 인종, 문화 등 다양한 정보를 담고 있는데, 종교는 그중 가장 흥미로운 주제였다. 1880년대, 1890년대에는 폭발적으로 발간되기 시작한 한국에 관한 책들, 한국종교에 관한 기사들에는 서양인이 한국을 처음 만났을 때의 경험이 생생하게 반영되어 있다. 이 시기의 글을 모은 것이 이 번역 자료집의 첫째 책으로 출판된 『(개신교 선교사가 본) 근대전환공간의 한국종교 I (1879~1900)』(메타모포시스 번역총서 3권)이었다.

이 책은 개신교 선교사 번역 자료집의 둘째 책인 『(개신교 선교사가 본) 근대전환공간의 한국종교 II (1900~1910)』(메타모포시스 번역총서 5권)이다. 20세기에 막 들어선 시점에 개신교 선교사들이 남긴 한국종교 서술을 모아 번역한 책으로, 한국에 관한 선교사의 연구가 무르익은 시점의 글이 모여 있다. 한일병합 이후에 한국이 정치적 단위로서의 독립성을 상실하기에, '코리아'를 단위로 종교를 서술한 책은 1910년 이후에 급격히 줄어들게 된다. 따라서 이 책에서 다루는 1900년부터 1910년에 이르는 기간은, 개신교 선교사의 한국 경험과 연구가 결실을 맺는 시점의 글인 동시에 한국 관련 영미권 저술이 마지막으로 활발히 간행된 시점이라고 할 수 있겠다.

『근대전환공간의 한국종교』1권(1879~1900)과 2권(1900~1910)에 수록된 글의 특성을 편의상 간단히 비교하면 다음과 같다. 1권에 수록된 글에는 개항 이후 서양인과 한국의 첫 만남의 흔적이 깊게 배어 있다. 등장인물이 다양하고 한국 경험의 정도도 들쭉날쭉하다. 그리피스(William E. Griffis)나 로스(John Ross)처럼 한국 외부에서 한국을 연구한 이들도 있고, 다우스웨이트(A. W. Douthawite)나 울프(J. R. Wolfe)와 같이 몇 달이나 며칠의 여행 경험을 바탕으로 서술한 이들도 있다. 로웰(Percical Lowell)이나 밀른(Louise J. Miln)과 같이 선교사 외의 독특한 이력의 소유자들도 한국종교에 관한 공론을 형성하는 데 참여하였다. 알렌(Horace N. Allen), 존스(George H. Jones), 게일(James S. Gale), 기포드(Daniel L. Gifford), 하디(Robert A. Hardie) 등의 개신교 선교사들은 입국한 지 몇 년 되지 않은 선교 초창기에 한국종교에 관한 보고를 남겼다. 다양한 글 가운데는 부정확하거나 덜 정리된 주장도 포함되곤 했다. 한국에는 종교가 없다는 진술이 많이 등장한 것이 그 예이다. 이에 반해 2권에 수록된 글에는 첫 만남의 생경함 대신에 무르익은 경험의 향기가 배어 있다. 1880년대, 90년대에 입국한 초기 선교사들은 이제 십 년 이상 한국인과 함께 한 경력을 쌓았다. 선교의 토대를 마련하는 작업이 진전되어, 선교 2세대로 넘어가는 시점을 바라보는 고참 선교사가 되었다. 선교의 경험과 한국종교 연구가 축적되어 학문적 깊이를 갖춘 저술이 나오기 시작했다. 1910년 이후에 '한국'이라는 제목의

책이 뜸해지고 종교 연구의 주제도 구체화되는 경향을 보였음을 감안
한다면, 1900년대 초의 이 시기는 1세대 개신교 선교사의 한국종교
서술의 전성기로 보아도 될 것이다. 그렇다면 이 시기 선교사의 한국
종교 서술 중에서 이 책에 실린 글들이 무엇인지 구체적으로 소개하
도록 하겠다.

• 책의 내용

『(개신교 선교사가 본) 근대전환공간의 한국종교 II (1900~1910)』에 수
록된 글은 아래와 같다. 1900년부터 1910년까지의 시기에 개신교 선교
사가 쓴 한국종교 서술을 대표한다고 생각되는 글들을 시간순으로 가
려 뽑아 번역한 것들이다. 다음은 이 책에 수록된 글과 출판 연대이다.

조지 존스, 한국인의 정령숭배(1901)
헨리 아펜젤러, 『감리교회 한국 선교』 제2장 토착 종교들(1905)
무스 부인, 한국인이 숭배하는 것은 무엇인가?(1905)
윌러드 크램, 속박의 세월에서 벗어나서(1905)
호머 헐버트, 『대한제국 멸망사』 제30장 종교와 미신(1906)
조지 존스, 『한국』 제3장 토착 종교(1907)
호러스 그랜트 언더우드, 『한국의 부름』 제3장 사람들의 종교 생활(1908)
제임스 게일, 『전환기의 한국』 제3장 한국인의 믿음(1909)
제이컵 무스, 『한국의 마을 생활』 제20장 마을 종교(1911)

초기에 활동한 다양한 선교사가 망라되었다. 그중에서도 선교 처음
부터 활동한 이들이 우선 눈에 띈다. 호러스 그랜트 언더우드(Horace

G. Underwood)와 헨리 아펜젤러(Henry Gerhard Appenzeller)는 1885년에
교단 파송 선교사로는 최초로 조선에 입국하여 장로교와 감리교의 토
대를 구축한 선구적인 인물들이다. 이중 아펜젤러는 1902년 해난사고
로 갑작스럽게 사망하였으나, 생전에 집필한 원고를 조지 존스(George
Heber Jones)가 보완한 결과물이 1905년에 소책자『감리교회 한국 선
교』가 출간되었다. 언더우드는 선교 활동의 중반기를 넘어선 1908년에
한국 선교를 되돌아보는 회고집『한국의 부름』을 출판하였다. 이 책에
서 한국종교에 관한 그의 견해가 거의 처음으로 체계적으로 제시되었
다. 그는 동료 선교사의 견해를 종합적으로 수용하는 한편, 자신의
선교 경험을 곳곳에 녹여내어 생동감 있는 저술을 선보였다.

　이 시기 선교사의 글 중 중심이 되는 것은 한국 문화에 조예가 깊거
나 애정이 많기로 유명한 세 명의 선교사 조지 존스, 제임스 게일
(James S. Gale), 호머 헐버트(Homer B. Hulbert)의 저술이다. 셋 모두 1880
년대 말부터 한국과 인연을 맺고 경험과 연구를 축적해오다가 1900
년 이후 종합적인 결과물을 내게 된다. 이 책에 실린 이들의 저술은
개신교 선교사의 한국종교 연구를 대표하는 글이고, 더 나아가 한국
종교학의 역사에서도 의미 있는 글이다. 존스는 인천 지역에서 목회
하며 무속 전통을 연구했다.『근대전환공간의 한국종교』1권에 실렸
던 "한국의 종교적 발달"은 1891에, 3년차 풋풋한 선교사 존스가 쓴
글이었다. 하지만 이 책『근대전환공간의 한국종교』2권 제일 앞에
실린 1901년의 글 "한국인의 정령숭배"는 10년 넘는 한국 무속 연구
가 바탕이 되어 서술한 논문으로, 선교사의 한국종교 연구를 대표할
만한 업적이다. 이 글에서 존스는 한국에 종교가 존재한다고 선언하
였다.『근대전환공간의 한국종교』1권에 수록된 1880년대와 1890년

대의 서양인 문헌에는 한국에 종교가 없다는 주장이 서양인들 사이에 꽤 많이 유포된 공론임을 볼 수 있었다. 그러나 1901년 존스의 선언 이후, 2권에 수록된 거의 모든 선교사의 글에서는 한국에 종교가 없다는 이야기는 과거 한국을 잘 몰랐을 때의 이야기로 치부되고 있음을 확인할 수 있다. 존스는 무속의 신령들, 그의 용어로 하면 정령(spirit)들을 탐구하였고, 그들이 어떠한 물질적 대상, 즉 페티시로 상징되는지를 세밀하게 묘사하였다. 한국에 대한 애정과 한국 문화의 우수성을 강조한 것으로 유명한 선교사 헐버트도 한국종교에 관한 인상적인 작업을 남겼다. 1906년에 출판된 『대한제국 멸망사』에서 헐버트는 한국종교를 이해하는 가장 종합적인 동시에 전문적인 자료를 활용한 서술을 보인다. 존스가 무속의 신격들을 설명하는 교리적 접근을 보였다면, 헐버트는 무속의 사제라고 할 수 있는 무당과 판수에 의해 무속이 어떻게 실천되는지를 집중적으로 연구하였다. 특히 그의 글 후반부에서 판수가 점복을 행하는 방법을 설명하기 위해 당시 대중적인 점복 서적인 『직성행년편람』내용을 상세히 소개하는 대목에서 그의 연구의 전문성을 볼 수 있다. 한국 문화를 가장 오랜 시간 탐구한 선교사 게일의 글은 『근대전환공간의 한국종교』1권에 3편이나 수록된 바 있다. 이번 2권에 수록된 『전환기의 한국』에서는 원숙해진 관점에서 한국종교를 간결하면서도 깊이 있게, 그러면서도 서양인 독자들에게 와닿는 위트 있는 서술을 보여준다. 다른 선교사 대부분이 한국종교에서 무속을 핵심으로 본 반면에, 게일은 조상숭배를 한국인의 심성에 가장 깊이 뿌리박힌 핵심 종교로 보았고, 선교사가 주의 깊게 다루어야 할 대상으로 보았다.

한편 이 책에는 경험 많은 고참 선교사 외에도 1900년대에 한국에 들어온 이들이 글도 함께 수록되었다. 윌러드 크램, 그리고 무스 부인 과 제이컵 무스의 저작에서 한국종교와 관련된 그들의 활동이 기록된 생동감 있는 글을 만날 수 있다.

• 자료집의 의의

이 자료집의 1권에서 비슷한 시기의 선교사 자료들을 모아 놓고 볼 때 그 의미와 가치가 두드러져 보인다고 강조한 바 있다. 2권에서 도 그러한 미덕은 마찬가지이다. 1권과 달리 2권은 선교사들에게 한 국종교의 존재가 승인된 이후 무르익은 관점에서 서술된 글이 출판된 시기를 다룬다. 한국종교를 유교, 불교, 무속으로 나누어 서술된 이들 의 서술은 어떤 부분에서는 비슷한 내용을 말하면서도 어떤 부분에서 는 개성을 드러낸다. 선교사 저서가 비슷한 내용을 다루고 있기에, 이 책은 그들 간의 공통된 내용과 차이 나는 부분을 가려서 읽어내는 데 도움을 줄 것으로 생각한다.

2권에 수록된 선교사가 상대적으로 알려진 이들이기에, 여기 수록 된 글 중에는 기존의 번역서에 실린 것들도 꽤 있다. 하지만 기존 번역 서들이 구한말 서양인의 저술을 알리는데 기여하였고 각각의 책 내에 서는 의미가 통하게 번역되었지만, 번역자마다 종교 관련 용어가 의 역되거나 일관되지 번역되지 못한 아쉬움은 있다. 종교학 전공자의 관점에서 아쉬운 점을 보강하여 이 책에서 일괄적으로 새로 번역하는 일도 가치가 있다고 생각했다. 특히 이 책의 번역에서는 20세기 초에 활동한 선교사가 어떠한 당대의 언어로 한국종교를 이해하였는지를 보여주기 위해 신경을 썼다.

이 책에 수록된 선교사의 글을 통해 다양한 분석이 가능할 것이다. 그들이 한국종교를 '어떻게' 바라보았는지, 그들이 한국종교의 '무엇을' 바라보았는지에 주목하여 비교해가며 읽을 수 있다고 생각한다. 분석은 독자의 몫이기에 여기서 세세히 나열하기보다는 한 가지 예만 들고자 한다. 1권에서 초기 서양인이 한국에 종교가 없다는 글이 수록되었음을 앞에서 언급하였다. 초기 서양인의 한국종교 인식 실패에는 여러 이유가 있지만 중요한 이유는 개념적 실패이다. 즉 그들이 서양적인, 혹은 기독교적인 것으로만 종교를 생각했기에, 예를 들면 하느님과 인간의 관계와 같은 식으로 생각했기에 한국에서 만난 낯선 종교현상을 '종교'로 서술할 수 없었던 것이다. 2권에 수록된 글에는 자신의 종교 개념에 대한 반성적 인식이 많이 발견된다. 기독교 중심적인 기존의 종교 개념을 확대해서 한국종교를 수용할 수 있는 개념을 수정하는 작업을 진행한 것이다. 존스는 종교의 새로운 정의가 필요함을 역설하고 여러 개념적 제안 끝에, 한국인에 종교적 감각이 존재하고 한국 사회에 종교 체계가 존재한다는 결론을 내렸다. 헐버트는 종교를 "인간을 넘어선(extra-human) 현상들과 맺고 있는, 혹은 맺고 있다고 상상하는 모든 관계"라고 넓은 정의를 제안한다. 그리고 '인간을 넘어선'이라는 범주에는 죽은 인간의 정령(spirit)이 포함된다는 중요한 단서를 달았다. 이것은 한국의 귀신 관념을 종교 개념에 포함하는 개념적 작업이다. 게일도 "인간의 영적인 면(the spiritual)이 자기 너머나 위에 있는 다른 영혼들에 도달하는 것을 종교"라고 폭넓은 정의를 제시한 후 한국에 종교가 있다고 서술하였다. 비교적 늦게 한국에 온 무스의 글에도 이런 고찰이 보인다. 그는 "영적 영역(spiritual realm)에 대한 모든 사람의 믿음의 총합"이라고 넓은 범위의 정의를 제안했

다. 그러고는 세속적인 서양인도 숫자 13을 꺼린다는 점을 지적하면
서 종교적 속성이 어느 민족에게나 있음을 설득력 있게 서술하였다.

중요한 것은 선교사가 한국이라는 낯선 문화와의 만남을 경험하고,
기독교 중심적인 서구의 종교 개념을 되돌아보고, 그것을 수정하는
노력을 했다는 것이다. 한국종교와의 만남이 서양인의 인식의 확장을
가져온 것이다. 그리고 이 과정이 '종교학적 인식'이기도 하다. 종교학
은 서양 외부의 문화와의 만남에서 비롯한 학문이다. 타자와의 만남
이후 자신의 종교 범주를 성찰하고, 특정 종교 내에서만 소통되는 언
어가 아니라 보편적으로 적용되는 학문적 술어(術語)를 만들어가는 것
이 종교학의 발달 과정이기도 하다. 선교사들이 보인 개념적 성찰의
모습은 종교학적 인식이라고 부르기에 모자라지 않다고 생각한다. 그
래서 이 선교사 자료집은 한국 종교학사 자료집이기도 하다는 것이
필자의 생각이다. 한국 종교학의 역사에서 선교사들이 진지하게 고려
되지 않았던 경우도 있다. 하지만 종교학이 한국의 종교현상과 근대
적 서구 개념 '종교'의 만남에서 출발하였다는 사실을 인정한다면, 선
교사들의 서술은 비전문적이거나 미숙한 점이 있다고 해도 초기의 시
도로서 가치가 있다. 물론 선교사가 학술적 훈련을 받거나 학술적 목
적에서 한국에 온 것이 아니라는 점은 전제되어야 한다. 하지만 그들
이 아마추어 종교학자로서 한국종교에 관한 진지한 관심을 보인 사람
들이라는 점은 이 책을 통해 드러날 수 있으리라 생각한다.

• 감사의 글

『근대전환공간의 한국종교』 1권이 발간된 이후 2년 만에 2권이 나

오게 되었는데, 그사이 여러 선생님과 동료의 격려가 있었다. 1권에서 밝힌 바 있듯이, 선교사 자료들을 소개받고 종교학적인 시각에서 바라보게 된 것은 지도교수 김종서 선생님의 가르침을 통해서였다. 1권이 나온 이후 선생님께서는 뜨거운 격려와 조언을 아끼지 않으셨다. 이러한 자료집이 축적되어야 한국 종교학 발달의 토대가 마련된다고 격려해주신 한편, 이러한 작업이 미국 학계의 유수한 선집(anthology)과 같은 학술적 가치를 지니기 위해서는 제대로 된 해제와 각주가 필수적이라는 조언도 해주셨다. 제자의 부족함으로 이번 책에서도 그리 많이 나아지지 못했기에 여전히 빚진 마음이다. 종교학계에서는 최종성 선생님과 조현범 선생님의 독려가 있었다. 학문의 발전을 위해 자료집이 얼마나 중요한지 가르침을 준 두 선생님은 이 책에 큰 관심을 보여주었다. 동료 학자의 도움도 있었다. 이제 동학(同學)으로서 학문적 도움을 주고받는 사이가 된 박병훈 선생은 문헌학적인 식견으로 헐버트 글을 교정하고 각주를 다는데 큰 도움을 주었다.

필자는 숭실대학교 "근대전환공간의 인문학, 문화의 메타모포시스" 인문한국플러스(HK+) 사업단에 합류하면서, 이 자료집 번역과 출판을 위한 물질적 토대를 제공받을 수 있었다. 필자의 학문적 관심이 다행히 사업단의 아젠다와 시너지를 낼 수 있었기에, 전에 얼기설기 번역해두었던 내용을 대대적으로 수정하고 정리하여 〈메타모포시스 번역총서〉 3권과 5권으로 낼 기회를 얻게 되었다.

사업단장 장경남 선생님은 사업단을 이끄는 행정적인 뒷받침을 하는 동시에 끊임없이 학문적인 관심을 자극해주셨다. 이 책이 〈메타모포시스 번역총서〉 3권과 5권으로 출간될 수 있었던 것도 처음부터 자료의 학술적 가치를 알아봐 주시고 든든하게 지원해주신 덕분이다.

부단장 김지영 선생님의 도움도 컸다. 나보다도 종교학의 학문적 중요성을 강변하는 종교학 애호가이기에 이번 책에도 조력을 아끼지 않으셨다. 학문은 학자들의 수다에서 시작된다는 지론 덕분에 주기적인 만남을 통해 지적 자극을 주시는 것에 감사드린다. 그리고 늘 빠듯한 사업단 일정에 맞추어 주면서도 질적 수준이 보장된 총서로 만들어 주시는 보고사 편집부에도 감사드린다. 물론 이런 주변의 관심과 도움을 받으면서도 시간이 없다는 핑계만 대는 필자의 안이함으로 인해 아쉬운 부분이 분명 있으리라 생각한다. 더 보완할 부분에 대한 독자의 질정을 바란다.

2023년 2월
방원일

차례

간행사 / 5
머리말 / 7

제1부
개신교 선교사의 한국종교 이해

조지 존스, 한국인의 정령숭배 ·································· 21

헨리 아펜젤러, 『감리교회 한국 선교』제2장 토착 종교 ········· 57

무스 부인, 한국인이 숭배하는 것은 무엇인가? ·················· 65

윌러드 크램, 속박의 세월에서 벗어나서 ······················ 69

호머 헐버트, 『대한제국 멸망사』제30장 종교와 미신 ·········· 74

조지 존스, 『한국』제3장 토착 종교 ··························· 113

호러스 그랜트 언더우드,
　　『한국의 부름』제3장 사람들의 종교 생활 ··············· 125

제임스 게일, 『전환기의 한국』제3장 한국인의 믿음 ·········· 147

제이컵 무스, 『한국의 마을 생활』제20장 마을 종교 ·········· 173

제2부
원문 자료

George Heber Jones, The Spirit Worship of the Koreans ····· 189

Henry Gerhard Appenzeller & George Heber Jones,
   The Korea Mission of the Methodist Episcopal Church ···· 213

Mrs. J. R. Moose, What Do the Koreans Worship? ············· 220

W. G. Cram, Rescued after Years of Bondage ······················ 223

Homer B. Hulbert, *The Passing of Korea* ······························ 227

George Heber Jones, *Korea: The Land, People, and Customs*
   ··· 256

Horace G. Underwood, *The Call of Korea* ······················· 272

James S. Gale, *Korea in Transition* ································· 296

Jacob Robert Moose, *Village Life in Korea* ····················· 326

자료 출처 / 340
찾아보기 / 341

제1부

개신교 선교사의 한국종교 이해

- 조지 존스, 한국인의 정령숭배
- 헨리 아펜젤러, 『감리교회 한국 선교』제2장 토착 종교
- 무스 부인, 한국인이 숭배하는 것은 무엇인가?
- 윌러드 크램, 속박의 세월에서 벗어나서
- 호머 헐버트, 『대한제국 멸망사』제30장 종교와 미신
- 조지 존스, 『한국』제3장 토착 종교
- 호러스 그랜트 언더우드, 『한국의 부름』제3장 사람들의 종교 생활
- 제임스 게일, 『전환기의 한국』제3장 한국인의 믿음
- 제이컵 무스, 『한국의 마을 생활』제20장 마을 종교

조지 존스,
한국인의 정령숭배

George Heber Jones, "The Spirit Worship of the Koreans," *Transactions of the Korea Branch of the Royal Asiatic Society* 2, 1901, pp. 37-58.

| 해제 |

조지 허버 존스(George Heber Jones, 1867~1918)는 1888년에 내한하여 1909년까지 한국에서 활동한 감리교 선교사로, 한국 이름은 조원시(趙元時)이다. 그는 20세의 나이로 고등학교 졸업 후 전화 회사에서 일하던 중 선교사로 임명되어 한국에 왔다. 독학으로 공부하여 1892년에 통신대학에서 통해 학사학위를 받았다. 한국 선교와 더불어 지적으로 성장하였고, 한국종교 연구 성과를 인정받아 1909년 미국에 돌아간 이후 대학에서 선교학과 종교학을 강의하였다. 그는 1892년부터 1903년까지 인천 내리교회에서 인천, 강화 지역 선교에 힘썼다. 그는 인천에서 활동하던 시절 무속을 연구한 것으로 보인다. 예를 들어 1894년 한국을 방문한 비숍 부인(Isabella Bird Bishop)은 저서 『한국과 이웃 나라들』 (Korea and Her Neighbours, 1898)에서 한국 무속을 서술한 부분에서 인천에서 존스와 랜디스(Eli Barr Landis)의 도움과 연구 내용을 제공받았다고 밝힌다. 1901년에 발표된 아래의 글은 존스의 1890년대 무속 연구를 집대성한 것이라고 할 수 있다. 존스는 1900년 왕립아시아학회 한국지부(Korea Branch of the Royal Asiatic Society)의 설립을 주도하였고, 이 학회에서 발행하는 학술지 2호에 이 글 "한국인의 정령숭배"를 발표하였다.

이 글은 크게 세 부분으로 나누어 볼 수 있다. 첫째 부분은 한국종교 일반을 개관하고 그중에서도 정령숭배의 중요성을 설명한다. "샤먼의 신들"(The Shaman Pantheon)이라는 제목으로 구분된 이후, 둘째와 셋째 부분에서는 무속의 신들을 구체적으로 하나하나 상술하였다. 둘째 부분에서 한국 무속의 일반적인 정령들(1~9번)을 다루고, 셋째 부분에서 가신(家神)들(10~17번)을 다룬 후, 한국 정령의 특징을 언급하고 마무리한다.

이 글은 선교사의 한국종교 연구가 학문적으로 성숙하였음을 알리는 이정표와도 같다. 『근대전환공간의 한국종교 I: 1879~1900』에 수록된 글에서 볼 수 있듯이, 선교 초기에는 한국에서 종교의 존재를 볼 수 없다는 글들이 주류를 이루었다. 존스가 한국에 온 지 몇 년 안 된 1891년에 쓴 글 "한국의 종교 발달"에서만 해도 한국을 "이교도의 나라, 종교가 없는 나라"로 서술하는 당시의 흐름을 따랐다. 그러나 1901년에 발표된 이 글에서는 시작 부분에서 "한국인은 종교를 갖고 있는가?"라는 질문을 정면으로 다루면서 한국종교의 존재를 긍정하는 학술적 논증을 보여준다. 이것은 한국의 종교 여부에 관한 초기의 의문이 종식되었음을 알려준다. 그가 한국종교를 자신 있게 서술하는 근거는 무속 연구였다. 그는 무속의 신격들에 관해서, 관련된 실천과 풍속들을 상세하게 소개하였다. 그는 특히 무속 신격들의 물질적 표현인 '페티시'에 주목하였다. 그의 서술 내용은 당시 무속 상황을 알려주는 내용으로 면밀하게 검토될 가치가 있다.

한편 이 글의 일부는 존스 말년의 저작 『한국 교회 형성사』(The Rise of the Church in Korea)의 한 부분으로 축약되고 수정된 형태로 수록되었다. 그 내용은 옥성득이 미간행 상태의 원고를 번역 소개한 책에서 볼 수 있다.[1]

글의 주제를 소개하면서 잠시 고민하고 답을 찾아볼 만한 흥미로운 질문을 던지겠다. "한국인은 종교를 갖고 있는가?"라는 질문이다. 지금 한국에 있는 연구자들은 이에 대해 기본적인 합의에 도달한 것 같다. 하지만 전에는 이것이 큰 논쟁거리였다. 부정과 긍정 사이에서 의견 차이가 심했다. 그러나 이 질문에 부정적인 태도를 지닌 사람들도 한국인에 종교 관념이 전혀 없다고 주장하려는 것은 아니었다. 그

---

1 G.H. 존스, 옥성득 편역, 『한국 교회 형성사』, 홍성사, 2013, 70-84쪽.

보다는 오래된 체계들이 부패에 빠져 사람들에 대한 영향력을 상실하였기 때문에, 모든 실용적인 목적에서 볼 때 종교가 존재하지 않았음을 말하고자 한 것이었다. 이 질문은 오늘날 한국 상황을 연구하는 이들에게도 흥미롭게 남아있을 것이다. 그러나 내가 보기엔 용어를 정의하는 것이 이 문제의 최종 해결에 큰 역할을 할 것이다.

국가 생활의 한 국면으로서 '종교를 가진다'(possess a religion)라는 표현의 의미는 무엇일까? 어떤 이는 그 해답을 가능한 가장 작은 내용에 국한하여, '종교를 가진다'라는 것은 종교가 국가 생활의 한 국면이 되어 다수의 사람이 그 교의를 받아들이고 제의를 지키는 것에 불과하다고 주장한다. 만약 이것이 충분한 정의라면, 한국인들은 세 개의 종교, 즉 유교, 불교, 샤머니즘을 '가지고 있다.' 이것이 한국에는 종교가 있다는 긍정적인 답변을 지닌 사람들의 입장이다. 그러나 다른 이들은 그것이 '종교를 가짐'에 관한 너무 저차원적인 개념이라고 생각할 것이다. 그들은 적어도 케어드 총장(Principal Caird)의 다음 정의쯤 되어야 만족할 것이다. "종교는 무한자(無限者) 앞에 선 유한자(有限者)의 의지의 복종이자, 개인으로서 나에 속한 모든 욕망, 성향, 야망을 포기하는 것이고, 나만의 즐거움과 이익을 추구하는 모든 목표와 활동을 저버리는 것이며, 하느님의 의지와 나의 의지를 완전히 일치시키는 것이다."[2] 기독교 학자라면 이런 식으로 말할 것이다. 그리고 그

---

2 케어드 총장은 글래스고대학(the University of Glasgow) 총장을 역임한 신학자 존 케어드(John Caird, 1820-1898)를 말한다. 존스가 출처를 명시하지는 않았지만, 이 정의는 다음 책에 나온 것이다. John Caird, *An Introduction to the Philosophy of Religion*, New York: Macmillan, 1880, p. 296. 케어드의 종교 정의는 켈로그의 다음 책에 상세히 소개되어 있다. Samuel H. Kellogg, *The Genesis and Growth of Religion*, New York: Macmillan and co., 1892, pp. 13-16. 당시 선교사들이 켈로그의 책을 많이 보았다는

러한 특정한 기독교적 의미에서 볼 때, 방금 언급된 종교에 관한 그 어떤 것도 한국인에게 영향력을 미치고 있다고 이야기할 수 없을 것이다. 이것이 한국에는 종교가 없다고 주장하는 사람들의 요지이다.

그러므로 우리가 답하고자 하는 질문은 한국인의 종교적 감각의 발달에 관련된 질문으로 바꾼다면 해결될 수 있다. 이 점에 대해서는 논란의 여지가 적다. 한국인과 잘 아는 사람은 누구나 그들이 경험의 낮은 차원이긴 하지만 종교적 감각(religious sense)을 갖고 있다는 점을 알 것이다.

1. 한국인은 자신보다 높고 우월한 것에 대한 의존의 감정을 갖고 있다. 그들은 필요한 때가 되면 자신들 바깥을 바라본다. 그것은 단지 위에 있는 넓고 푸른 하늘을 바라보는 것이겠지만, 또한 기대와 희망에 찬 바라봄이기도 하다.
2. 한국인은 인간과 신격(the devine)이 서로 소통하고 관계를 맺는 차원을 갖고 있다고 굳게 믿는다.
3. 우리는 괴로움과 고통에서 벗어나 영혼의 자유를 진지하게 추구하는 한국인의 모습을 어디서나 볼 수 있다.

그리고 이 세 가지 주관적인 조건에서 볼 때, 한국인이 지닌 다양한 종교 체계들이 존재하면서 인간 운명의 문제와 물음에 대한 해답을 제공해왔다. 자기가 선전하는 신앙이 우월하다는 강한 개인적 견해에 눈이 먼 선교사나, 현대인의 진화의 모태인 저열한 차원 속으로 들어

점, 그리고 켈로그가 케어드의 이름을 "Principal Caird"라고 표기했고 인용한 형태가 같은 점으로 보아, 존스는 켈로그의 책에서 케어드의 종교 정의를 간접 인용하였을 가능성이 크다.

가고픈 욕망이 강한 인류학자라면 한국인들에게 종교가 없다고 확언하고 싶을 것이다. 그러나 사실은 그 반대로 나타난다. "종교 체계는 모든 진화하는 사회에서 표준적이고 필수적인 요인이다."[3] 그리고 그러한 종교 체계는 한국에 결여되어 있지 않다.

우리는 오늘날 한국에 세 형태의 종교 신념이 퍼져 있음을 언급했다. 그들의 상대적 지위는 어떠한가? 그들은 공동체의 종교적 믿음으로서 존재하며, 그들 중 어느 것도 다른 것을 배제하지 않는 한국인의 종교라고 말할 수 있다. 유학(儒學, Confucian school)이 공식화한 망자(亡子)에 대한 숭배는 왕가의 종교이며 국가 종교이다. 한국에서 통치하는 가문은 언제나 국가이기 때문이다. 이처럼 유교는 법으로 인정받고 보호받으며, 유교 성인들에 대한 국가와 향촌의 제사와 관련된 비용은 공적인 예산이다. 모든 지방관은 향교에서 제사가 유지되도록 해야 하며, 유교 의례를 위해 헌납하는 쌀인 봉납(捧納, pom-neum)에는 무속 신들 제사를 위한 쌀도 포함된다. 불교 체계도 어느 정도 공식적인 지위를 갖는다. 강화(江華)에 있는 불교 사원은 정부에 의해 왕실 문서 사본의 저장고로 사용되고 승려들은 그것을 지키는 관의 보초가 된다. 다른 불교 사원도 국가로부터 보조금을 받으며 모든 사원에는 통치하는 왕과 왕실을 위한 제단이 있다.

세 체계 가운데 정령숭배(spirit worship)가 가장 오래되었다. 이것이 한국인들에게 들어온 시기는 아득한 선사시대 너머 잊혔다. 시간상

---

3 이 문장은 사회진화론을 주창했던 허버트 스펜서(Herbert Spencer)의 글에서 나온 것이다. 원문은 다음과 같다. "A religious system is a normal and essential factor in every evolving society." Herbert Spencer, "The Study of Sociology," *The Popular Science Monthly* 3-17, 1873, p. 344.

그다음에 들어온 것은, 훗날 공자가 이름을 붙이고 기자(箕子)가 기원 전 1122년에 한국에 들여왔을 것으로 추정되는 사자(死者) 숭배(the cult of the dead)이다. 불교는 그보다 1400년 이후(서기 372년)에야 들어 온다. 이들 세 체계는 서로 중첩되거나 상호침투하기보다는 나란히 존재해왔다. 오늘날까지도 그들은 일반적인 한국인의 심성에 하나의 어지러운 복합체(confused jumble)로서 유지되고 있다. 유교는 다른 둘 보다는 뒤섞임(adulteration)에서 거리를 두고 자신을 유지할 수 있었다. 그러나 불교는 한편으로는 유교 윤리를 전유하고 다른 한편으로는 샤 머니즘과 제휴를 맺는데 망설임이 없었다. 샤머니즘은 어떠한 정합성 의 원리나 선택의 법칙 없이 다른 두 숭배로부터 초자연적인 성격의 것이라면 뭐든지 흡수하였다. 그리하여 한국인은 이론적으로는 유교, 불교, 샤머니즘이라는 세 숭배의 성격을 구분하지만, 실제로는 그들 의 마음속에서 어지럽고 채 소화되지 않은 가르침과 믿음의 덩어리가 가망 없이 뒤섞이고 혼란스러운 채로 놓여 있다. 한국인은 셋 모두를 믿는다. 그는 개인적으로 유교식으로 교육받는다. 하지만 그는 후사 (後嗣)를 위해 부인을 부처님께 기도드리도록 보내고, 질병이 닥치면 샤머니즘 무당과 판수에게 기꺼이 비용을 지급한다. 그래서 평균적인 한국인은 세 체계의 연합된 도움을 통해 복된 운명에 이르리라는 희 망을 품고 셋 모두를 따른다.

내가 논의의 주제로 택한 것은 한국인들의 샤머니즘 혹은 정령숭배 이다. 이것은 다음과 같은 믿음들을 의미한다. 독갑이(Tok-gabi)[도깨비] 즉 고블린(goblin)처럼 장난치고 짓궂은 유형으로부터 영적 세계의 주 인인 대장군(大將軍)처럼 높고 힘센 유형에 이르는 수없이 많은 영적 지성체의 존재에 대한 믿음(belief in the existence of spiritual intelligences),[4]

이러한 존재들이 널리 퍼져 있고 자연 세계의 힘과 인간 운명을 좌우한
다는 믿음, 이러한 정령들에 대한 충성과 복종, 그리고 그들을 달래는
의식이나 제사가 필요하다는 믿음, 이러한 존재들이 인간을 사로잡아
그를 해하거나 자기들 목적에 사용할 수 있는 힘이 있다는 믿음, 그들
이 많은 인간 사이에서 초자연적인 일들을 일으키고 미래에 대해 아는
것이 있어 그것을 드러냄으로써 인간의 일을 돕거나 방해한다는 믿음,
종이, 호리병박, 지푸라기, 항아리, 옷, 돌무더기, 나무, 바위, 개천과
같은 물질적 대상들에 그들이 들어앉아 있다는 믿음, 그들이 자신을
대표하는 초자연적인 능력을 부여하여 많은 물건을 성화(sanctify)하여
진짜 페티시(fetiches)를 만들 수 있다는 믿음. 이것은 특히 데몬을 위해
성화된 그림의 경우 더욱 그렇다.

　모든 구체적인 사실들을 다 포함하지는 않았지만, 이 정의는 한국
샤먼의 신조(信條, creed)의 전반적인 윤곽을 꽤 잘 그려준다. 이들 정
령의 성격은 선하고 인간 삶에 이로운 영향을 행사하는 쪽으로 유도
될 수 있다고 말하기도 한다. 그러나 많은 정령이 악하고, 누구도 변덕
만으로도 인간을 괴롭히는 힘을 갖고 있으며, 또 그렇게 한다. 이러한
점에서 그들은 고대 그리스의 '다이몬(daimōn)' 개념에 해당하며, 데몬
숭배(demonolatry)라는 단어는 이 체계에 충분히 사용할 수 있는 이름
이다.

　데몬, 귀신, 도깨비에 대한 이러한 믿음은 한국에 한정되지 않고
보편적이다. 아시아에서 이러한 믿음은 대중의 종교적 믿음의 큰 특

4　이 표현은 당시 애니미즘의 주창자인 에드워드 타일러가 제시한 기본적인 종교 정의인
　　"영적 존재에 대한 믿음"(belief in spiritual beings)을 떠올리게 한다.

징이다. 이것은 연구자들이 횃불과 도끼를 들고서 앞길을 헤쳐 나가야 할, 종교 세계의 방대한 지하 영역을 구성한다. 이것은 선사시대의 것이고, 문헌이 없고, 체계가 없으며, 종교 해부학자가 어디를 절단하고 분류할지 정해진 지점이 없다는 점에서 민족적으로 숭배되는 종교(ethnic cult of religion)와는 다르다. 이것은 전개 과정에 따라 열대림처럼 무성해지기도 하고, 숨어있는 쥐처럼 어두워지기도 하고, 안개처럼 유동적이기도 하며, 혼돈처럼 무형의 것이 되기도 한다. 우리가 그 역사적 기원을 찾아 나선다면 길을 잃을 것이다. 중국에서 정령, 귀신, 도깨비에 해당하는 한자는 하늘과 상제(God)만큼이나 오래된 것이다. 한국에서 최초의 고유 역사의 인물인 단군은 만약 존재했다면 무당이었을 것이다. 그리고 일본에서 우리는 가미노미치(神の道)의 영적인 전설로부터 역사가 시작되는 것을 들을 수 있다.

• 샤먼의 신들(The Shaman Pantheon)

이 방대하고 체계 없는 정령숭배에 대한 한국 이름은 신도(神道), 즉 정령의 길(Spirit Way)이다. 한국인도 이를 선도(仙道), 즉 도교(道敎)와 혼동하기도 한다. 그러나 노자(老子)의 명성이 잘 알려져 있음에도 이 숭배에 포함되지 않은 것으로 봐서 이 혼동은 한국인의 실수이다.

샤먼 정령숭배의 신조 첫 항목은 인간 운명을 통제하는 무수한 영적 지성체의 존재에 대한 믿음이다. 이들 영적 존재의 대부분은 눈에 보이는 물질적 대상 즉 페티시를 통해 표상된다. 페티시는 무엇이 되었든 특별한 신성성(sanctity)이 부여되어 한국인의 숭배 대상이 된다. 정령과 페티시는 숭배자의 마음속에서 너무나도 동일시되어서 무엇이 우월한지 정하기 힘들 정도이다. 그러나 페티시는 세월이 지남에 따라 부패하고 더러워지더라도 여전히 매우 성스럽다는 점이 확실하고, 한국인에겐 페티시를 보면 해를 입는다는 두려움이 있다. 이 사실은 비기독교인 친척들이 기독교 개종자의 페티시 방문을 종종 금지하는 데서 볼 수 있다. 페티시 앞에 개종사가 나타나는 것만으로도 페티시가 노하고 짜증 나서 집안에 불행이 온다고 생각하기 때문이다.

한국 만신전(萬神殿, pantheon)의 정령 목록을 만드는 것은 큰 작업이다. 일본 신도(神道)에 8백만의 신이 있고 인도 힌두교에 3천 3백만의 신이 있음을 기억한다면,[5] 우리는 한국 정령의 수가 현지인의 계산을 뛰어넘는 것을 쉽게 알 수 있다. 정령은 비역사적인 존재이기에 묘사하기 어렵다. 그들에겐 일관되거나 정합적인 면을 볼 수 없다. 그들은 또한 어떠한 종류나 부류에도 속하지 않기에 분류되지도 않는다. 우리는 이해를 위해 흔히 알려진 것 중 몇 가지를 언급할 수밖에 없다. 다음은 되는대로 선택한 것들이지만, 전체 종류를 대표하여 전반적인 사실을 보여줄 수 있을 것이다.

① 오방장군(五方將軍)[6]

당신이 한국에서 맹인 판수(blind soothsayer priest)의 집을 방문해야 한다면, 그곳에서 붉은 비단이 걸린 사당이나 제단을 만날 것이고, 그 안에는 오방장신 정령, 즉 하늘 다섯 구역의 장군신들의 이름들을

---

5 흔히 힌두교에는 3억 3천의 신이 있다고 말하는데, 존스가 이 숫자를 잘못 표기한 것으로 보인다.
6 오방신장(五方神將), 오방신(五方神)이라고도 한다.

새긴 휘장이나 위패가 들어있다. 판수에 따르면 이들 정령은 눈에 보이는 하늘을 지배하는, 한국 만신전의 주요 신격이다. 무당은 그들에게 가장 정성을 들여 기도드리고 종을 치고 향을 올린다. 무당의 일은 모두 그들의 도움에 달려 있다. 무당이 내게 알려준 그들의 이름과 관할 영역은 다음과 같다.

> (a) 청제장군(靑帝將軍). 동쪽 하늘을 다스리는 푸른 장군신.
> (b) 적제장군(赤帝將軍). 남쪽 하늘을 다스리는 붉은 장군신.
> (c) 백제장군(白帝將軍). 서쪽 하늘을 다스리는 하얀 장군신.
> (d) 흑제장군(黑帝將軍). 북쪽 하늘을 다스리는 검은 장군신.
> (e) 황제장군(黃帝將軍). 중천(中天)을 다스리는 황색 장군신.

이 다섯 신은 많은 지역에서 촌락의 수호신으로 여겨진다. 마을 입구나 출구에 인간 형상으로 조잡하게 새겨진 기둥들이 이 장군들을 나타내는 모습을 쉽게 볼 수 있다. 이들과 함께 장군의 징표로 보이는 나무오리로 둘러싸인 기둥이 서 있는 것도 볼 수 있다. 이 장군들은 가장 좋아하는 사람을 보호한다고 여겨지기에, 한국에서 이들의 페티시는 매우 흔하다. 그래서 그들은 마을을 드나드는 길이나 촌락이 입지할 것 같은 계곡 입구에 서서, 악한 떠돌이 정령이 마을에 들어오거나 마을 사람을 괴롭히지 못하도록 경고해서 쫓아낸다. 매년 그에 대한 보답으로 그들에게 떡과 과일 제사를 지낸다.

② 신장(神將)

다섯 장군 밑으로는 명령을 받들고 특별한 방법으로 무당을 모시는 부관(副官)들이 있다. 이들은 정령 장군, 즉 신장(神將)이라고 알려진 정령이다. 그들의 수는 8천을 헤아리는데, 그들 각각이 정령 무리의 우두머리이다. 이것을 보면 신도의 신이 8백만이고 힌두교의 신이 3천3백만이 되는 것이 얼마나 쉬운 일인지 이해할 수 있을 것이다. 맹인 샤먼은 마법 주문을 사용하여 신장들과 그 부하들의 도움을 얻어내어 축귀나 점복에 확실한 도움을 받는다. 한국인은 그들에게 개인적으로 사당을 세우는데, 그곳엔 이교 예술에서 많이 보이는 괴물스러움으로 표현된 신장 신격 그림 벽화가 있다.

③ 산신령(山神靈), 혹은 산신(山神)

한국은 산이 많은 나라이고 한국인은 산을 잘 탄다. 어느 쪽으로 이해하건 간에 이 사실은 강조할 필요가 있다. 한국인은 크고 겹겹이 쌓인 바위와 땅 사이에서 성장하였고, 어릴 적부터 늘 산에 새로운 모습을 선사하면서 변화하는 빛과 그림자 속에서 시간을 보내며 높은 곳을 올랐기에, 산에서 받은 영향을 시(詩)나 산문을 통해 여실히 표현한다. 산에는 언제나 신비한 기운이 있고, 산은 한국인 마음 가장 깊은 곳까지 닿아있다. 한국인은 산을 사랑한다. 이해하지는 못하고 두려워한다. 산의 강한 혈맥을 따라 불굴의 용기를 지닌 사람을 키워내는 생명력 고동치는 세찬 물결이 흐른다. 그래서 한국인은 조상들이 생명 박동의 흐름을 차단하기 위해 육중한 고인돌과 돌기둥을 세워 전사 대신 사람이 태어나도록 했다고 말한다. 그러나 산의 신비(神祕) 중 한국인을 가장 설레게 하는 동시에 무섭게 하는 존재는 산신이다. 산신은 산꼭대기로 가는 능선 어디엔가 살고 있고 땅의 진정한 소유자이다. 순박한 시골 사람이 바위투성이 산등성이에 나무를 하러 가면 어느 정도는 불청객으로 여겨지고 도둑질했다고 벌 받지 않을까 두려움과 공포를 느끼게 된다. 그다음에 나무꾼이 점심 먹으러 모일 때면 첫술은 산신께 드리러 산허리에 던져주게 된다. 그들은 산신을 노엽게 했는지 두려워한다. 낫이 미끄러져 손이나 발이 상하면, 혹은 갑자기 떨어져 다리가 부러지면, 그들은 산신에 어떤 노여움을 불러 일으켰는지 전전긍긍한다.

한국을 지나다니면 산신 사당이 자주 눈에 들어올 것이다. 그 사당 은 기껏해야 물결치는 시내 옆에, 그늘을 드린 나무 아래, 이끼 낀 바위 위에 있는 초라한 판잣집일 뿐이다. 바위 위 사당의 경우, 바위가 제단 역할을 하고 사당은 특별히 길하다고 여겨진다. 사당 안에는 산 신이 그림으로 표현되는데, 보통 고위 관직의 관복을 입고 호랑이 위 에 앉아있는 노인 모습으로 나타난다. 산신은 대부분 남성으로 묘사 되는데, 이 사당의 경우 그의 아내들 그림과 그들에 대한 제단도 안에 있었다. 그러나 산신이 여신(女神)일 때도 있는데, 그럴 땐 남성 시종을 거느린 여성 그림이 된다. 나는 한국 남부의 한 사당에서 일본 스타일 로 아름답게 그린 일본식 두루마기 그림(kakemono)을 본 적도 있는데, 사당 안에 걸려 있어 산행객들에게 여신으로 숭배받고 있었다.

산신은 사슴 사냥꾼과 심마니에게 특별한 신으로 높이 받들어진다. 그들은 산신에 제물을 올리고 절을 해서 산행(山行)의 성공을 보장받 고자 한다.

호랑이는 산신의 특별한 종복(從僕)이자 전령(傳令)으로 여겨지는 데, 이것이 산신에게 두려움을 더해준다. 때로 사람을 잡아먹는 존재 가 이웃에서 약탈을 시작하면, 사람들은 산신이 노해서 호랑이를 보 내 해치도록 했다고 결론을 내린다. 그러면 사람들은 서둘러서 가장 가까운 사당에 가서 제물을 올려 분노를 달랜다. 산신은 일반적으로 은둔자의 특별한 신이어서, 은둔자는 그를 섬기는 데 삶을 바친다. 한국인은 매우 자주 산속 은둔처로 물러나서 백일 동안 단식(斷食)과 재계(齋戒)를 하면서 기도해서, 산신령을 만나 개인 사업에 조언이나 도움을 받는 것을 확실히 하고 싶어 한다. 나중에 이웃들은 이런 일을 겪은 사람을 특별히 성스럽다고 생각한다.

이 정령은 흔히 꿈속에서 환시(幻視, vision)를 통해 한국인에 나타난다. 그는 항상 사당 그림에 그려진 모습으로 나타나거나 호랑이로 나타난다. 이 환시는 모두 길조(吉兆)이기에 한국인은 이를 기뻐한다. 산신과 만난 후 뒤따르는 일들에 관한 별별 이야기가 많다. 한국인은 꿈을 많이 꾸는 사람이다. 나는 한국에서 꿈꾸기가 국가적 여가 활동이라고까지 말하고 싶다. 그러나 그들의 꿈 중 가장 신기한 것은 산신에 관한 것이다.

산신 사당의 제일 좋은 사례를 연안(延安) 시 뒤의 산성 안에서 볼 수 있다.[7] 나는 이곳에서 다양한 시대에 사망한, 도시를 대표하는 많은 인물, 특히 1572년 일본 침략에 맞선 역사적인 방어전에서 숨진 인물의 초상이 간직된, 잘 지어진 건물을 볼 수 있었다.[8] 사당 본관 앞에는 창과 삼지창이 있었고, 마루에는 둥근 구멍이 뚫린 돌이 있었다. 제물이 받아들여졌는지 알아보기를 원한다면, 창을 돌의 구멍에 집어넣어

---

7 현재 조선민주주의인민공화국 황해남도 연안군 연안읍 봉세산에 있는 연안산성(延安山城)을 말하는 것으로 보인다.

8 임진왜란의 연대가 1592년이 아니라 1572년으로 잘못 표기되어 있다. 여기서 말하는 '역사적인 방어전'은 1592년 음력 8월 28일~9월 2일에 벌어진 연안성 전투이다. 초토사(招討使) 이정암(李廷馣)이 지휘한 조선군이 구로다 나가마사가 지휘한 일본군 제3군을 물리친 전투이다. 조선군이 임진왜란에서 거둔 최초의 수성전(守城戰) 승리로 높이 평가받는다.

세우는데, 창이 똑바로 서면 길하다고 받아들여진다. 무당이 바라기만 한다면 창을 조금만 솜씨 좋게 돌려서 확실히 세운 채로 둘 수 있다는 것은 말할 나위가 없다.

산의 정령에 관해 더 많이 이야기할 수 있을 것이다. 그들은 산촌 사람들의 산악 신으로, 이 사람들 사이에서 전해 내려오는 숭배, 이야기와 전승, 그리고 탄원과 축귀의 방법을 다루려면 지면(紙面) 전체를 할애해야 할 것이다. 그러나 산신이 무당 만신전에서 큰 자리를 차지한다는 점은 충분히 이야기되었다.

④ 서낭당(城隍堂, Sun-ang Dang)

서낭당은 돌무더기나 돌무덤 모양에 대한 이름으로, 한국을 방문한 모든 사람의 이목을 끈다. 이 이름은 여러 방식으로 표기된다. 사람들이 발음하는 방식대로 하면 '선앙당'(Sun-ang Dang)이 되지만,[9] 이것은 게일(Gale) 박사가 사전에 표기한 방식, 즉 성황당(Sŭng-whang Dang)이라고 표기되어야 한다. 이 이름을 분석해보면 제단의 의미를 추측할 수 있다. '성'(城)은 '성벽, 요새, 도시'이고, '황'(隍)은 '자리, 장소성'이며, '당'(堂)은 '사원, 사당, 제단'이다. 이에 따라 이 이름의 번역은 '요새나 도시 자리의 사당이나 사원'이 될 것이다.

제단이나 사당은 나무나 덤불 무더기 아래 쌓아 올려진 돌무더기로 구성된다. 돌들은 모두 작은 크기이고 숭배자나 행인이 올려놓은 것들이다. 나무줄기 위에는 종잇조각, 천, 버려진 옷가지, 동전, 머리

9　본문에는 "Sun-an Dang"으로 되어 있지만 실수로 g가 빠진 것으로 보고 "Sun-ang Dang"으로 바로잡아 표기하였다.

카락을 볼 수 있고, 때로는 사람 모양의 인형이나 제사를 위한 집기도
있다. 서낭당은 항상 길가에서 볼 수 있고 때로는 밭 아래나 마을 입구
에도 있지만, 가장 흔하게는 골짜기와 골짜기를 가르는 산마루로 내
려가는 좁은 길 정상에서 볼 수 있다. 돌무더기 옆에 지어진 작은 판잣
집에는 동물을 그린 벽화가 있는 일이 매우 흔한데, 하지만 그것은
보통 산의 산신의 것이다. 때로는 이 사당이 매우 사치스러울 때도
있어, 좋은 목재와 기와지붕으로 지어지고 관리인이 거주하는 집이
안에 있으며, 주변에 오래된 나무숲이 우거져 있기도 하다. 한국인들
은 더운 여름날에 막걸리를 들고 이곳에 와서 춤추고 노래하고, 고마
운 그늘에서 쉬고, 가까이 있는 시원한 샘물을 마시고, 사당에 절을
한다. 이러한 서낭당 숭배는 특히 황해도에서 강한데, 이미 말했듯이
한국 전역에서 이러한 증거는 많이 나타난다.

  서낭당은 한 정령에만 성스러운 곳이 아니라 지역 신들 모두에 속
한 곳으로 보이고, 지역민들이 그들을 만나고 달래는 장소이다. 지역
신들은 한국 무당의 작업에서 가장 중요한 요소이지만, 한국인 생활
의 이런 부분은 특히 미신적이어서 이들에 대한 어떤 합리적이고 아
귀가 맞는 설명을 들을 수 없었다. 이곳에서는 나무나 돌에 지역 신들
이 거한다고 믿는다. 성소에 있는 나무는 그들에게 성스러운 것이 되
어 "데몬 나무"(Demon Tree)[신목神木]라고 불린다. 이곳에서는 골짜기
나 오솔길의 수호 정령이 산신령과 도깨비(hob-goblin)들의 도움을 받
아 주인공 역할을 하며, 사귀(邪鬼)나 떠돌이 귀신, 즉 등신(等神,
deun-sin)[10]과 같은 존재도 그것에 머무르도록 허락되어 함께 있다. 이

---

10 등신(等神)은 돌아다니는 못된 귀신을 말한다. 비슷한 표현으로는 뜬 것, 뜬귀신, 부귀

곳에서 이루어지는 지역 신의 통치는 그들 마음대로 기쁜 일과 슬픈 일을 만들어내며 주위의 순박한 농부를 기쁘게 하거나 두렵게 한다.

서낭당의 예배는 일반적으로 소원 비는 사람이 올리는 음식 봉헌, 절, 기도로 이루어진다. 여성이 돌 위에 작은 밥공기를 놓고 손을 비비며 얼굴까지 올리고, 그 후에 비는 바를 읊조리며 절하거나 숙이는 것은 흔히 볼 수 있는 광경이다. 그녀가 중얼거리는 내용은 다음과 같다. "오, 서낭당이여! 소원을 들어주십시오. 우리 집에 아이가 아파 죽을지도 모릅니다. 들어주십시오. 살려주세요." 그가 용기를 얻어 제물을 모아 집에 가져갈 때까지 이 일은 계속된다. 이것은 매우 흔한 광경이어서 수천 명의 한국인이 매년 이 성소에서 이런 예배를 드리러 온다. 매년 정월 15일은 한 해의 번영과 병에서 벗어나기를 빌기에 길한 날이어서 서낭당이 특히 붐빈다.

여행객도 지나가면서 서낭당에 소원을 빈다. 나는 한국인이 나무 아래 무더기에 돌을 올려놓고 동시에 제단 위에 침을 뱉는 모습을 많이 보았다. 이 침 뱉기 장면은 서낭당과 관련된 실천 중에서도 독특한 것인데, 내가 들은 유일한 설명은 그것이 뱀에 관한 미신과 연관된 실천이라는 것이다. 한국인은 뱀에 물리는 것을 무서워하며 살아간다. 한국인은 뱀을 거의 죽이지 못하는데, 만약 그렇게 하면 뱀의 정령이 평생 따라와 끝내 어쩔 수 없이 망할 것이라고 믿기 때문이다. 그래서 여행객은 서낭당에 다가갈 때가 되면, 서낭당에 침 뱉기를 함으로써 거기 있을 뱀 정령이 정신을 팔 무언가를 던져주고 안 보일 때 지나갈 수 있다는 것이다. 뱀에 있다고 믿어지는 정령에 대한 두려움

(浮鬼) 등이 있다.

과 뱀의 분노에 대한 공포는 호기심을 불러일으킨다. 어쩌면 이 이야기는, 인류의 유아기에 인간의 숙적이 땅에 사는 다른 동물보다 교묘한 뱀을 선택하여 그 몸에 들어가 변장하여 우리 첫 부모를 기만하였다는 사실의 희미한 흔적 아닐까? 눈으로 볼 수 있는 대행자에 대한 이러한 두려움은, 뱀을 자기 목적대로 이미 사용한 존재에 대한 공포의 헌사 아닐까?

서낭당에서 눈길을 끄는 헝겊, 종잇조각, 그리고 여러 물건은 일반적으로 매우 다양하다. 이것들은 샤머니즘 상징체계의 한 부분이고, 체계 내에서 중요한 역할을 담당하는 페티시로서 같은 범주에 속한다. 그것들은 성소에서 비는 사람들의 욕망을 상징한다. 다음 이야기는 그 의미가 무엇인지 알 수 있게 해줄 것이다. 한 남자가 무당, 즉 여자 샤먼에게 가서 점을 치고 자신이 그해에 틀림없이 죽게 될 것을 알게 되었다. 그는 당연히 두려움을 느끼고 이 재앙을 어떻게 물리칠 수 있는지 물었다. 그는 서낭당에 제물을 올리고 나무 옆에 두루마기의 깃을 올려두라는 말을 들었다. 그것이 그 자신의 상징이 되었고, 여기엔 아마 대체물(substitute)이라는 관념이 희미하게 있을 것이다. 실과 천의 긴 조각은 일반적으로 그곳에 아이를 대신해서 놓여 있고 장수(長壽)를 기원하는 의미를 갖는다. 동전은 돈을 위한 기도의 상징이다. 내가 듣기로 물든 천은 신부의 기도를 가리킨다. 한국인들은 신부가 아버지 집을 떠나 장차 살 집으로 갈 때 집안의 신들이 모두 그녀와 함께 가려고 한다는 관념을 갖고 있기 때문이다. 이것은 아버지 집안의 급속한 쇠락을 뜻할 것이다. 그래서 그녀는 가던 길의 첫 서낭당에 멈춰서 집안 신들이 더 이상 가지 않도록 빈다. 그리고 혼인 복장에서 비단 조각이나 옷을 꺼내어 나무에 묶어, 그것들이 단단히 묶여 그 자리에서 벗어나지 않게 한다. 때로는 소금, 면화, 비단, 그리고 그 비슷한 물건 등 다른 제물들도 있다. 아마 이것들은 이 상품을 다루는 상인들이 바쳤을 것이다.

⑤ 토지지신(土地之神)

이들은 땅의 정령으로 스스로 체계를 이룬다. 그들은 산신령 또는 산신과는 다르다. 산신은 산 그 자체를 나타내고 한국인이 산에 느끼는 외경심에 완전히 싸여 있지만, 땅의 정령은 단순히 한국인이 사용하고자 하는 산의 특정 구역에 거주하는 존재일 뿐이다. 이들은 한국인의 장례식에서 두드러지는 역할을 한다. 그들은 무덤 자리를 차지하고 있던 존재라고 믿어지기에 시신을 안치하기 전에 그들을 달래야 한다. 망자에게 드리는 것과 비슷한 제사를 통해 이 일이 진행되는데, 두 사람이 이를 주관한다. 한 사람은 제관(祭官)이고 다른 사람은 의례를 음송하는 축관(祝官)이다. 그래서 이들 '땅의 정령들'은 실제로는 샤머니즘으로부터 유교 사자 숭배로 삽입되었다고 볼 수 있다.

⑥ 존신(尊神)

마을과 사람 사는 골짜기에는 대부분 존당(尊堂), 즉 존엄한 사원이라고 불리는 사당이 있다. 이것은 존신, 즉 마을이나 골짜기 부락 집단의 수호 정령의 집이다. 서울 근교에는 그를 사람 형상으로 묘사한 그림이 사당에 있고, 항상 지극한 경배와 의례로 모셔진다. 그러나 내가 본 사당은 시골에 있는 것이었는데, 여기에서 그는 짚신 위에 세워진 작은 짚단 집으로 이루어진 페티시로 표현되었고, 그 전체가 '데몬 나무' 아래 세워져 있었다. 그는 특별한 의미에서 한 공동체를

구성하는 공동체 신이고, 마을 어르신들은 제사와 숭배를 지원하기
위해 공동체 전체에 돈을 걷는다. 바로 이 지점에서 기독교인이 이교
도 이웃과 충돌하게 된다. 이교도 이웃은 그들의 공동체 복지에 끼치
는 존신의 영향력을 굳게 믿는 사람들이라 사당 예배에 기부하는 것
을 모두의 의무로 만들었다. 이에 대해 기독교인의 양심이 이를 허락
지 않았고, 그래서 기독교인은 신들의 적이자 사람들의 적으로 취급
받았다. 이것은 로마 제국에서도 있었던 오래된 이야기이다. 그러나
내가 말하고 싶은 것은, 최근에 비기독교 한국인들이 이 문제에 대해
기독교 이웃에게 양보하는 자세를 갖게 되었고, 시간이 지나면 마찰
이 모두 사라진다는 것이다. 사원에서 행해지는 주기적인 의례는 매
우 정교한 행사이다.

⑦ 독갑이(魍魎)[도깨비]

이들은 한국의 고블린(goblins)이자 부기맨(bogies)이다.[11] 그들은 가
장 널리 알려진 존재로, 영적 세계에서 두렵고 꺼려지는 존재이다.
그들에 관한 미신은 그들을 서양의 유령(ghost), 잭오랜턴(Jack-o'-
lantern), 엘프(elf), 브라우니(brownie), 노움(gnome)을 합쳐놓은 것으로
보이게 한다.[12] 그들은 영적인 기원을 가질 수도 있고, 원래 인간이었

---

11 고블린(goblins)은 유럽 민간전승과 판타지 소설에 등장하는 전설의 생물로, 주로 탐욕
    이 많고 비열하며, 귀가 긴 모습으로 묘사된다. 부기맨(boogeyman, bogies)은 미국의
    가정 등에서 어린이들을 겁줄 때 언급하는 존재로, 침대나 벽장 속에 숨어있는 귀신으
    로 상상된다.
12 잭오랜턴(Jack-o'-lantern)은 호박 머리에 눈코입과 구멍을 뚫어놓은 유령으로 핼러윈에
    서 흔히 볼 수 있다. 엘프(elf)는 북유럽 신화에 기원을 두고 있는 인간과 유사한 모습을
    한 상상의 존재이다. 브라우니(brownie)는 스코틀랜드 전승에 나오는 집안의 정령으로,

는데 변한 것일 수도 있다. 인간에서 나온 경우, 그들은 폭력적인 죽음을 맞이한 사람의 영혼이라고 여겨진다. 나는 제물포의 한 소녀의 사례를 조사한 적이 있다. 한국인들은 그녀가 귀신 들렸다고 말했고, 그녀는 의식을 찾은 후 자기가 도깨비의 괴롭힘을 당하고 있다고 주장했다. 무당이 그녀의 축귀를 행했고, 무당이 주문을 외우자 그녀는 도깨비 셋이 자기를 붙잡고 있다고 털어놓았다. 하나는 타죽은 여자의 영혼이고, 다른 하나는 물에 빠져 죽은 여자의 영혼이고, 또 다른 하나는 처형당해 죽은 남자의 영혼이었다. 물론 이것은 한국 도깨비의 일부를 설명한 것에 불과하다. 그러나 한국인은 그런 식으로 생을 마친 사람의 생명이 도깨비로 바뀐다는 환상에 모순을 느끼지 않는다. 그래서 처형장, 전쟁터, 살인 현장, 사람이 죽은 재난의 현장에는 도깨비들이 출몰한다고 여겨진다. 이런 특수한 점에서 그들은 서양 유령에 상응하는 개념이다. 그러나 그들은 항상 떼 지어 다니고 외양이나 행동거지에서 버릇이 없다. 그들은 항상 난쟁이로 묘사되고, 옛날 요정처럼 사람을 속이기 위해 다른 모습을 취한다. 그들은 외진 빈터와 물가에 자주 나타나고, 다리 밑이나 동굴에서도 만날 수 있다. 빈집은 그들이 항상 거주할 수 있는 곳인데, 일단 들어오게 되면 내쫓기가 어렵다. 서울 옛 창덕궁(Mulberry Palace) 경내에 있던 건물에는 도깨비가 출몰한다는 소문이 나 있고, 거기서 매일 밤 일어나는 광경에 대한 무서운 이야기가 현재 사람들의 입에 오르내린다. 그들은 때로 별 이유 없이 아무 집이나 마을에 들어가 운 없는 거주민의 생활을

주인이 잘 때 집안에서 여러 가지 일들을 해놓는다고 한다. 노움(gnome)은 유럽 전설에 등장하는 난쟁이의 일종으로 땅속 광물이나 보석들을 지키는 땅의 정령이다.

견디기 힘들게 만들기도 한다. 나는 가끔 강화도 산기슭 아늑한 곳을 지나다니는데, 거기엔 감나무에 둘러싸인 작은 마을이 있었다. 그러나 도깨비들이 사람들을 쫓아다니고 매일 밤 겁을 주는 바람에, 결국 사람들이 집을 부수고 다른 곳으로 이사 가게 되었다. 한 기독교인이 도깨비와 지낸 경험을 이야기해준 것이 한 번 있는데, 이것은 한국인이 묘사하는 전형적인 도깨비장난이어서 여기 소개하도록 하겠다. 어느 밤 그가 가족들과 자고 있을 때, 강한 바람이 집을 때리고, 무섭게 부딪히고 울부짖는 소리에 가족 모두 겁에 질려 깨어났다. 창문과 문들이 모두 견디다 못해 떨어져 나갈 것처럼 보였다. 사발과 접시들은 서로 부딪히고 있었고 난리통은 통제 불능인 것 같았다. 그들은 폭풍우가 닥쳤다고 생각하고 밖으로 뛰쳐나갔는데, 밖에는 아름답게 별이 빛나고 있었을 뿐 바람 한 점, 들리는 소리 하나 없었다. 이것이 무슨 상황인지 알고 나서 가족들은 하느님께 자신을 맡기고 두려워하고 조바심하며 집에 다시 돌아갔다. 모든 것이 고요해서 도깨비가 가버렸다고 생각했다. 그들이 막 잠들려고 했을 때 다시 무서운 충돌음이 또 들리고 난리가 났다. 이번에는 그와 가족들은 기독교인으로서 굳게 서서 도망가는 대신 무릎 꿇고 하느님께 기도드렸다. 기도가 시작하자마자 난리가 멎었고 그들은 그 이후로 평화롭게 지냈다.

나는 그 기독교인이 그날 밤 모종의 경험을 했음을 의심하지 않는다. 그것이 순전히 주관적인 경험인지 아닌지 나는 알 수 없고 정확한 사실은 얻을 수 없다. 어떠한 한국 이야기도 말하는 중에 힘을 잃지 않는데, 도깨비 이야기가 특히 그러하다. 그러나 위에 주어진 설명은 완전히 전형적인 것이기에, 나는 오늘날 시골에 사는 한국인의 절반은 이와 같은 종류의 경험이 있다고 감히 단언하고 싶다. 도깨비는 모든 짓궂은 장난에 관련된다. 현명한 주부는 밤에 잠자리에 들 때 깨끗한 밥솥을 뚜껑을 올바르게 닫아서 가져간다. 다음 날 아침 그는 뚜껑이 솥 바닥에 있는 것을 발견한다. 어떻게 그렇게 되었는지는 도깨비로만 설명할 수 있는데, 어떤 사람의 재주로도 8인치짜리 무쇠 뚜껑을 6인치짜리 쇠솥 입구로 통과시킬 수 없기 때문이다.

한번은 개종자가 갖고 있던 페티시를 파괴하던 중에 도깨비의 페티시를 발견했다. 한국인이 도깨비 페티시를 소유하는 것이 흔한 일은 아니라고 생각하는데, 그 가족은 갖고 있었다. 그것은 구멍 위에 올려진 작은 지푸라기 집이었고, 그 안에는 가마꾼이 쓴 것 같은 말총머리 모자와 관청 하인이 입은 것 같은 관복이 들어있었다. 이 페티시는 세월이 흘러 부패했지만, 제정신이 아닌 무속적 환상 탓에 이 가족은 이에 수년간 제물을 올리고 절하면서 숭배하였다.

도깨비를 둘러싸고 민속의 많은 이야기가 있다. 도깨비가 민담의 세계에서 토끼와 개구리와 영광을 나눠 가져도 될 정도이다. 도깨비는 한국 샤머니즘의 특성으로 가장 중요한 자리를 차지하고, 그 자체의 미신과 축귀 의례를 갖고 있다. 도깨비와 연결된 매우 흔한 믿음으로는 습지 근처에서 볼 수 있는 인광성(燐光性) 빛(phosphorescent light)을 도깨비가 움직이는 것으로 믿는 것으로, 사람들은 이 믿음을 계속 갖고 있다.

⑧ 사귀(邪鬼) 혹은 등신(浮鬼)[13]

한국인의 생애 동안 출몰하는 많은 등급의 데몬 중에서 최악의 존

---

13   저자는 'Deun-sin'(등신)이라고 표기하고 한문으로는 '等神' 대신에 뜬 귀신이라는 의미의 '浮鬼'(부귀)를 병기해 놓았다.

재가 등신(等神), 즉 떠돌이 정령(Tramp Spirit)이다. 그들은 또한 사귀(邪鬼), 즉 부정한 데몬(Unclean Demon)으로도 알려져 있는데, 이 관념은 그들을 샤머니즘 정령 세계의 범죄자로 보는 것과 관련된다. 그들은 원래의 지위에서 내쫓긴 존재로 이 땅을 정처 없이 떠돌아다녀야 할 운명이다. 한국인은 그들을 영적 세계의 거지들로 그린다. 그들은 철저히 망가지고 파멸하여, 신과 인간에 대한 악마적 증오심에 의해서만 움직일 뿐이다. 우리의 성경 번역자는 성서 용어 '더러운 귀신'(unclean spirit)의 번역어로 매우 알맞은 말인 이 '사귀'를 선택하였다.[14] 한 사건을 통해 그들에 관해 널리 퍼진 미신을 보여주도록 하겠다. 수년 전에 압록강 하구에 있는 먼 지역 도시 의주(義州)를 방문했을 때, 나는 밤중에 사고를 당한 여성의 집으로 불려갔다. 비가 내리고 밤은 칠흑 같았다. 시 중앙로를 따라 얼마 가지 않았을 때 나는 멀리 길 가운데 있는 빛을 볼 수 있었다. 거기 도착해서 기이한 광경을 보았다. 평생 잊을 수 없는 광경이었다. 여자 하나가 길 가운데 진흙 위에 짚단을 펴고 돗자리를 깔고, 병풍을 펴고, 음식, 과일, 견과로 가득한 상을 차리고 측면에 초 두 개를 밝혀두었다. 그녀는 돗자리 끝에 서서 절하고 부복(俯伏)하고 있었다. 바깥의 어두운 밤공기를 뚫고 기도하는 그녀의 울부짖음이 울려 퍼졌다. 나는 한국인 동료에게 그 의미를 물어보았다. 그에 따르면 등신은 길 가운데 공중을 많이 돌아다니고, 영적 세계의 다른 구성원에 의해 위아래로 돌아다니도록 강제되다가,

---

14 존 로스가 1882년에 출판한 최초의 한글 번역 복음서 〈예수셩교 누가복음젼셔〉에서 'unclean siprit'을 '더러운 샤귀'(4:33)라고 번역하였다. 이 번역은 1900년 출판된 『신약전서』에도 유지되었다. 최근의 성경 번역에서는 '더러운 귀신'(개역개정), '더러운 악령'(공동번역), '악한 귀신'(새번역), '더러운 영들'(새한글성경) 등으로 번역된다.

인간 쪽에서 집에 발판을 놓도록 허용하는 행동이 있을 때만 비로소 멈출 수 있다고 믿어진다. 등신은 온 힘을 다해 이 기회를 부여잡고 그 사람을 소유하고서 모든 종류의 병마와 고난을 쏟아붓는다. 그는 이야기를 이어갔다 "그 여자 집에 병환이 있습니다. 무당에게 등신을 달래라는 말을 들었고, 그래서 저 여자가 길 한복판 등신이 있는 하늘 아래에서 제사 지내고 선물을 드리고 있습니다."

민간에서 등신은 소화불량의 정령이나 신으로 여겨진다. 소화불량에 몹시 시달리는 사람들은 흔히 등신을 달램으로써 증상을 완화하고자 한다.

무당, 즉 여성 샤먼은 이들 부정한 떠돌이 정령을 다룰 때 항상 그들에게 떠나라고 달래고 뇌물을 준다. 반면에 판수, 즉 맹인 남자 샤먼은 장군과 신장, 즉 장군 정령의 도움으로 그들을 쫓아내고 사로잡는다. 그래서 그들을 길 복판 위쪽으로 떠돌아다니게 놓아주거나, 병에 담아 길 한복판 바닥에 치욕스럽게 묻어버린다.

⑨ 용(龍) 혹은 용신(龍神)

드래곤은 한국인에게 매우 잘 알려져 있고 '용'이라고 불린다. 이것은 수중 괴물로 거주지는 깊은 못, 우물, 연못, 호수, 그리고 강변이다. 드래곤에 관련된 미신은 현재 한국의 주류 민족만큼이나 오래되었을 것이고, 그들 조상이 살았던 지역, 아마도 서남아시아 어딘가에서부터 들여왔을 것이다.[15] 이것은 가장 오래된, 인류 유아기의 신화중 하

---

15 드래곤(dragon)이 서양에서 악한 괴물로 인식되는 반면에, 용(龍)은 동아시아에 상서로운 신화적 동물로 인식되기에 드래곤을 용으로 완전히 번역되지는 않는다. 그런데 여기

나이다. 그리고 이것은 지구에 사는 다양한 민족이 가진 공동의 유산
으로, 인류 단일성의 증거이다. 우월한 문명을 가진 서양에서 온 우리
는 동양인과 거의 비슷하게 이 괴물과 친숙하다. 지금 우리는 더 이상
믿고 있지 않지만, 백인의 민간 신앙 속에서 드래곤이 지위를 유지했
던 시기가 있었다. 아리아인(Aryan)에게 드래곤은 적이나 적대자로, 더
정확히 말하면 무질서와 파괴의 상징으로 나타났다. 그리스 전설에서
도 자리를 차지했다. 헤라클레스(Hercules)가 했던 일곱 개의 힘센 노
역 중에 드래곤 살해하기가 있었다. 아폴로(Apollo)와 페르세우스
(Perseus)와 같은 다른 영웅들도 드래곤 살해자였다. 튜턴인(Teutons)도
자기들의 신 토르(Thor)를 드래곤 살해자로 만들었다. 심지어 중세 기
독교 전설에서 드래곤은 상징으로 채택되어 우리의 성 게오르기우스
(St. George)와 성 실베스테르(St. Silvester)가 드래곤 살해자였다. 이 경
우 기독교 예술은 상징적 허용을 활용하여, 드래곤을 단순히 이교나
죄악의 상징으로 사용했고, 드래곤을 살해하는 성인 그림 아래 기독
교가 이교주의와 죄악과 충돌하고 승리하는 모습으로 묘사하였다.

　기독교 시대 이전에 드래곤은 우리 조상들에게 믿음의 문제였고,
브리튼을 침략한 앵글로 · 색슨족은 방패와 휘장 위에 드래곤 도안을
지녔다. 켈트족(Celts)에게 드래곤은 통치권의 상징이었다. 그래서 테
니슨(Tennyson)은 "아서왕이 오심"(Coming of Arthur)의 실로 역사적인
장면에서 드래곤에 두드러진 위치를 주었다.[16] 이와 연관해서 나는 두

서 존스는 드래곤과 용을 완전히 동일시하여 서술하였고 대부분 'dragon'으로 표기하
였다. 이 번역에서는 'dragon'을 맥락에 따라 달리 번역하였다는 점에 양해를 구한다.
한국 밖의 사례에 대해서는 드래곤으로, 한국 무속 신앙 대상을 일컬을 때는 용으로
번역하였다.

마법사 블리스(Bleys)와 멀린(Merlin)이 나아가 아기를 안고 관련된 환시를 받는 것을 묘사한 장면을 인용하고 싶은 마음을 참을 수 없다. 시인은 그들의 행동을 다음과 같이 노래한다.

> 침침한 밤, 그 밤을 지나 내려와
> 하늘과 땅의 경계가 사라진 곳을 지나
> 보라, 음울한 깊음 위의 저 높은 곳을
> 그것은 하늘에 있는 배 모양으로
> 이물에서 고물까지 드래곤이 날갯짓한다.
> 갑판의 번쩍이는 사람들과 함께 빛나고
> 보이자마자 사라진다. 그다음엔 둘이
> 만(灣)으로 떨어져서, 큰 바다 폭포를 선보인다.
> 파도가 이어지고, 오는 것마다 더 강해져서
> 마침내 아홉 번째 파도가 깊음의 절반을 모아오는데,
> 그리고 큰 목소리가 천천히 올라왔다 가라앉았다.
> 울부짖음 속에 모든 파도가 불꽃에 들어갔다.
> 그리고 파도 아래서 불꽃 속에서 태어났다.
> 벌거벗은 아기가 멀린의 발 위에 올려졌다.
> 몸을 굽혀 아이를 잡은 이는 외친다. "왕이시여!"

우리는 이 그림에서 바다, 폭풍우, 드래곤 모양의 배, 불꽃과 울부짖음을 볼 수 있는데, 이것들은 모두 전사이자 왕이자 현자가 될 운명의 왕가의 아기에 수반되는 것들이다. 이것은 시인의 환상일 뿐이다.

---

16 알프레드 테니슨(Alfred Tennyson, 1809~1892)은 영국의 시인으로, 빅토리아 시대의 계관시인이다. "아서왕이 오심"은 1859~1885년에 걸쳐 출판된, 아서왕 전설을 탐구한 『왕의 목가』(Idylls of the King)의 일부이다.

그러나 용 신앙을 유지하는 한국 같은 나라에서 현지 작가가 비슷한 사건을 거의 같은 방법으로 다루는 것은 신기한 우연의 일치이다. 테니슨이 말한 환상은 드래곤, 즉 "브리튼의 금빛 드래곤"을 아서왕의 배의 문장(紋章)으로 만들었다. 그리고 한국인들에게도 드래곤은 왕가의 문장이다. 드래곤은 황제의 동물로 왕조의 기원 설화에서 왕가 가계의 창시자로 나타난다.

오늘날 한국 샤먼의 신화적 전승에서 드래곤은 하늘, 땅, 바다에 사는 진짜 살아있는 짐승으로 여겨진다. 이 미신의 실제 사례는 많은 도시와 나라 곳곳에서 찾을 수 있을 것이다. 여기 서울에서 북동문(北東門) 밖으로 나가본다면[17] 당신은 산등성이 위로 길이 올라간 곳에 평평한 자갈로 포장해놓은 장소를 볼 수 있을 것이다. 그 이유는 산등성이가 진짜로 용의 등뼈이기에 사람들이 발로 지르밟으면 이 괴물의 등이 아파 화를 낼까 봐 돌로 감싸야 했다는 것이었다. 도깨비와 같이 용은 이야기 작가들이 가장 선호하는 주제이다. 용은 한국 소설 대부분의 상투적인 특징 중 하나이다. 일반적으로 용은 뭔가 상서로운 아이의 탄생을 알리는 역할로 등장한다. 오늘날 모든 한국인은 용꿈이나 현몽(現夢)을 가장 좋은 의미를 전하는 길조로 받아들인다. 나는 한국인이 모두 용이 실제로 존재한다고 믿는다고 생각한다. 이 땅에서 만날 수 있는 열 명 중 한 명은 살면서 한 번은 용을 본 적이 있다고 주장할 것이다.

이러한 환상을 지탱하는 이가 무당이다. 그들은 용에 대한 믿음을 조장하고 그들 가르침의 중요한 부분으로 만든다. 그들에겐 용신(龍

---

17 서울의 '북동문'은 동소문(東小門)인 혜화문(惠化門)을 가리키는 것으로 보인다.

神) 굿이라고 알려진, 용을 달래는 특별한 의식이 있다. 이 의식은 가뭄 때에 흔히 행해진다. 용은 화나면 하늘을 가두고 비를 멈추게 한다고 믿어지기 때문이다. 어떤 때는 누가 물에 빠져 죽으면 용의 분노 때문이라고 생각해서 죽은 이의 친척들이 용을 달래는 개인적인 굿을 한다. 그래서 부분적으로 물고기이기도 하고 파충류이기도 하고 새이기도 하고 짐승이기도 한 이 괴물은 한국인에게 공포와 경외심을 불러일으킨다. 용(龍)은 한국 아이들에게 가장 선호되는 이름이다. 아이들이 용에게 팔려가기도 한다. 부모는 아이를 용에게 팔기 위해 아이를 우물이나 강변에 데려가서 제물을 차리고 제사를 올림으로써 아이를 용에게 바친다. 그때부터 아이는 남자아이이건 여자아이이건 간에 용의 한 종류로 알려지게 된다. 한국인 중 많은 수의 '용' 아이들이 있다는 것이 그에 대한 신앙이 얼마나 인기가 있는지를 보여준다.

이것으로 한국의 다양한 성소에서 발견되는 정령들에 대한 리뷰를 마무리하고자 한다. 우리는 더 일반적인 정령 중 몇몇을 골랐을 뿐이다. 우리가 언급한 것 외에 나라 전역에서 수많은 존재가 신앙과 제사의 대상이 되고 있다. 그들을 묘사하는 작업은 끝이 없을 것이다.

그러나 무속은 성소에서보다 마을, 부락, 길에서 한국인에게 더 가까이 다가간다. 무속이 한국인의 집과 주변에 상상력과 더불어 들어와 있는 나머지, 한국인은 밤낮으로 정령이 지배하는 상징(emblem)의 존재 안에서 살아간다. 한국인의 집에서 '신을 모신 선반'(god-shelf)을 찾을 수 없는 것은 사실이지만, 신들은 똑같이 존재한다. 만약 집에 들어가 본다면 평균적인 한국인이라면 작은 진흙집 안에도 초자연적인 입주민들을 과다하게 들이고 있음을 볼 수 있을 것이다. 이 가신(家神, household gods)들은 귀족 양반의 거처만큼이나 낮은 계급 일꾼의 헛간에서도 모든 한국 가정집의 일부를 이룬다. 한국인 집에는 '신을 모신 선반'은 없지만, (기독교인을 제외한다면) 어떠한 한국인이라도 집을 구매할 때 주인에게 집의 '신들'의 이름과 특징을 먼저 문의하는 일을 빼놓지 않을 것이다. 한국인이 한 집에서 다른 집으로 이사할 때 그는 신들을 데리고 가는 것이 아니라 원래 살던 집의 신들의 영역을 떠나 이사 갈 집의 신들의 영역으로 이동하는 것이기 때문이다. 이것은 물론 시골 지역에서 기독교인 집의 가격에 영향을 미친다. 이 교도 구매자에게는 가신들이 편치 않게 지낸 기독교인의 집이 바람직하지 않기 때문이다. 구입한 집의 신들이나 데몬들을 찾아낸 이교도는 그들 모두에게 제물을 드리도록 주의를 다한다. 그러나 어떤 알 수 없는 이유로 가족 하나가 아프면 그는 전주인을 찾아가 그 자리의 신들을 다시 알아내고 자기가 가진 목록과 견주어서 제물 드리는 중에 빼먹은 것은 없는지 확인한다. 이러한 한국인의 가정 수호신 중에 대표적인 것은 다음과 같다.

⑩ 성주(成造)

성주는 한국인 가정의 지배자이자, 전체 집안의 영적 집사이다. 그의 페티시는 집의 들보 위에 안치(安置)된다. 집의 기둥이 설치되자마자 그날부터 성주는 집안에 사는 모든 것의 주인이 되고, 집안의 기쁨과 슬픔도 그의 기분에 따른다. 그의 페티시는 검은 종이와 작은 쌀 봉지로 이루어져 있는데, 중요한 방, 일반적으로 집의 거실의 대들보에 걸어둔다. 이 페티시는 모든 불운으로부터 가족을 지키는 일, 특히 데몬이 주관하는 병마로부터 지켜주는 역할을 담당한다. 성주는 집을 건립하는 시기에 다음과 같은 방법으로 안치된다. 집터를 평평하게 하고 집의 구조가 세워지면, 정령을 봉안하기 위한 길일(吉日)까지 건설이 잠시 중단된다. 평범한 종이들과 주인의 나이만큼 푼 쌀을 담은 쌀 봉지를 지붕 마룻대에 묶고 기도와 제사를 올린다. 그 후 집 건축은 완공까지 계속되고, 다른 길일이 잡히면 주재하기 위해 무당을 부른다. 무당이 큰 굿을 한다. 큰 제사상이 준비되고 무당이 광란의 절정에 이르기까지 정교한 의례가 진행된다. 무당은 그다음에 성주 막대라 불리는 막대를 잡는데, 이 막대가 이 시점에 도착한 성주를 찾게 해준다. 막대 위에 앉은 성주를 찾은 후 무당은 페티시 쪽으로 몸을 튼 후 강하게 나무막대기를 흔들고 페티시 주변을 때려서 성주를 그 안으로 들인다. 이제 성주가 한참 음식을 배불리 즐겼다고 생각된 후, 모인 다른 손님들에게 음식이 전달된다. 이들이 잔치의 물질적 실체를 처리하게 되고, 성주는 잔치의 영적인 본체가 되는 것에 만족한다. 이로써 성주는 집의 주된 보호자가 되고, 집안의 모든 수감자는 항상 그의 화를 돋우지 않도록 조심하며 살아간다. 어린이들은 문지방을 밟지 말라고 신중하게 교육받는다. 문지방을 밟는 것은 성주의 목을 밟는 것이기 때문이다. 안방에서 밥을 먹을 때는 페티시를 향해 먹지 않도록 모든 가족이 상을 조심해서 놓아야 한다. 그렇게 하면 성주를 노엽게 해서 집안 누군가에 해를 입힐 수 있기 때문이다.

성주에게는 매년 봄과 가을에 보통 다른 가정 신들과 함께 제사 지낸다. 봄 제사는 한 해의 번영을 기원하는 것이고, 가을 제사는 추수감사절의 성격을 갖는다.

⑪ 토주(土主)

중요도에서 성주 다음 서열이 토주, 즉 땅의 주인이다. 이 데몬은 산신과 토지신으로 구성되는 큰 땅의 정령 체계의 한 부분을 나타낸다. 한국인들 자신은 이 정령과 그의 페티시에 관해 조리 있는 설명을 해주지 않지만, 그에 관한 관습은 존재한다. 토주의 페티시는 막대 세 개 위에 부스처럼 세워진 짚단으로 이루어진다. 그 높이는 1피트에서 4피트까지 다양하다. 일반적으로는 이것이 다이지만, 어떤 때는 곡식이 든 쌀 항아리로 표현되는 복의 신, 업주와 결합하기도 한다. 그래서 결합한 두 정령이 하나의 페티시를 형성하여 함께 신앙 받기도 한다. 토주 페티시는 가옥 건설 직후에 설치되지는 않고, 나중에 최상의 정령 축일을 모실 때에 설치된다. 그것은 집 뒤편 청정한 장소에 설치된다.

⑫ 업주(業主)

이것은 한국 무속의 중심적 특징인 복(福)의 상징이다. 지금까지 내가 연구한 바에 따르면 나는 다음과 같은 결론을 내리고 싶다. 은총이나 은혜 관념, 즉 신이 그의 자녀에게 순수한 사랑과 친절로부터 친절한 신적 호의를 부여한다는 관념은 한국에서 나타나지 않는다. 무속은 그 정도의 높은 수준에 도달하지 않았다. 다만 신들로부터 흘러온 선의(善意)나 악의(惡意)가 길함(luck)과 불길함(ill-luck)이 된다는 낮은 수준에 머물러 있을 뿐이다. 한국인에 오복(五福)이라는 표현, 즉 장수, 자녀, 지위, 재산, 평안한 죽음이 있는 것은 사실이나, 그것은 순전히 유교 개념이다. 무속은 길함과 불길함에 관계된다. 만사가 잘 풀리면 정령들이 가족에 길함을 내려주는 것이다. 일이 잘 풀리지 않으면 길함이 물러나고 불길함이 들어선 것이다.

　업주는 길함, 가족의 운명이나 운을 상징한다. 때로는 업집이라고 불리는, 그를 섬기기 위해 지어진 집이나 오두막이 있다. 때로는 업주가 위에서 언급한 토주 페티시에 들어있을 수도 있다. 그는 보통 토주와 비슷한 지푸라기 부스로 이루어진 자기만의 페티시를 갖는다. 그러나 쌀, 곡식, 콩, 혹은 작은 돌이 안에 든 토기나 단지가 안에 들어있을 때도 있다. 이 페티시는 봄과 가을에 정기적으로, 그리고 길함이 필요한 다른 때에 제사 대상이 된다.

　업주의 매우 흥미로운 특징은 마스코트(mascot) 개념으로, 한국인들에게 분명히 나타난다. 한국의 마스코트는 업주와 연결되는 사람이나 동물로, 그것을 통해 가족에게 행운이 전달된다고 생각된다. 업구렁이, 즉 길한 뱀, 업돼지, 즉 길한 돼지, 업족제비, 즉 길한 족제비와 같이 많은 마스코트가 있다. 일반적으로 이 길한 마스코트는 살과 뼈로 된 실제 만질 수 있는 물건이 아니라 집주인의 꿈속에 나오는 비물질적인 환상이나 형태로, 그가 자는 동안 방문해서 일이 나아지리라 약속한다. 그러나 때로 뱀과 족제비의 경우, 마스코트가 실제 동물 자체일 수도 있다. 한국 가옥에서 뱀의 존재는 경고할 상황이 전혀 아니고 기쁘고 반가운 상황이다. 그러나 성스러운 동물 문제는 무속의 애니미즘 신앙이라는 주제에서 적절하게 다루어질 것이다.

⑬ 걸립(乞粒)

　한국 가옥 입구를 주의 깊게 관찰한다면 어두운 구석에 버려진 낡은 짚신 한 짝이나 두 짝, 엽전 꾸러미, 일꾼의 모자, 오래된 생선 대가리 등이 걸려 있는 것을 일반적으로 볼 수 있을 것이다. 이것이 걸립,

즉 가신들의 전령의 페티시이다. 그는 가족의 외부의 운을 담당하고
정령들의 심부름을 한다. 모자는 그의 복장의 일부이다. 그의 여행을
위해 신발이 필요하고, 엽전과 엽전 꾸러미는 그의 여행 자금이다.

⑭ 문호지신(門戶之神)

이 정령은 집의 입구를 지키는 일종의 문지기 정령이다. 그의 페티시
는 모자와 관아 일꾼의 의복으로 이루어지며, 입구나 문에 걸려 있다.

⑮ 역신(疫神)

이것은 무서운 마마 혹은 천연두(天然痘)의 신이다. 천연두가 귀신
들림의 한 종류라는 것이 한국인의 믿음이다. 사실 한국의 의학 이론
을 면밀히 연구해보면, 그들이 모든 질병을 귀신 들림이나 데몬의 영
향 때문으로 인식하고 있음을 알 수 있다. 그리고 여기에서 무당의
큰 힘이 나온다. 실용적인 목적에서 보면 그들은 이 땅의 진짜 의사이
다. 그들이 약을 다루는 것은 아니지만 대중적으로는 약사나 의원보
다도 효험이 있는 훨씬 위력적인 행위자로 여겨진다. 유식한 현지 문
인이 내게 말해준 바에 따르면, 한국에서 아픈 사람에게 지불되는 비
용의 70~80%는 무당에게 간다고 추산하는 것이 안전하다고 한다.

일반적으로 마마 정령은 병자의 방에서 정갈한 돗자리 위에 있는,
신선한 청정수(淸淨水) 한 사발이 놓인 작은 상으로 표현된다. 이것은
병환이 있는 동안 유지되고 환자에게서 질병이 떠나가기 전까지는 치
워지지 않는다. 질병이 위험해질 때면 환자의 부모나 친척이 상 앞에
와서 물을 몇 숟갈 드리면서, 한 숟갈마다 환자의 회복을 비는 기도를
올린다. 같은 의례를 봄철이나 우물에서도 볼 수 있다. 역신 때문에

아픈 사람은 그 가까이 오는 사람의 고통이나 고난을 특히 잘 느끼는 것으로 믿어진다. 그래서 만약 천연두 걸린 사람이 있는 집에 가마꾼이 들어온다면, 환자는 가마꾼이 근처에 있는지 알지 못하면서도 즉시 어깨가 아프다고 불평한다고 한다.

⑯ 제웅(際俑)

사람 형상의 인형. 매년 새해에 한국인은 집안의 불운을 날려버릴 용도로 짚으로 된 인형을 제작한다. 이 나라 전역에서 들판이나 길에 버려진 제웅을 볼 수 있을 것이다. 그것에 동전이 묶여 있는 것도 볼 수 있다. 이것은 제웅이 불운을 쫓을 수 있는 다리가 되어준다. 제웅은 또 질병과 관련해서 사용되기도 한다. 인형에 아픈 사람의 옷을 입혀 병을 가져가 달라고 뇌물을 준다.

⑰ 삼신(三神)

출산의 신. 이것은 한국 가정 대부분에서 인기 있는 정령으로, 박과 작은 쌀 주머니로 이루어진 페티시로 표현된다. 삼신은 임신과 출산을 주관하고 각 집안의 후손을 결정하는 것으로 믿어진다. 그는 또 성별을 결정하고, 출산의 고통을 줄이거나 늘릴 수 있다고 믿어진다. 한국에서는 집안에 아이가 태어나면, 3일에서 21일까지 다양한 기간에 모든 방문자가 집에 오지 못하도록 즉시 폐쇄한다. 이것은 삼신을 공경하는 것이고, 상제(喪制)처럼 오염된 사람은 모두 눈에 띄지 않아야 한다. 보통 사람들의 출입을 막기 위해 문을 가로질러 동아줄 늘어뜨린다. 만약 동아줄이 빨간 고추로 장식된다면 신생아가 남자아이이고, 솔잎 가지로 장식된다면 여자아이이다.

지금까지의 몇 가지 설명들로 한국 무속의 정령들의 성격의 몇 부분이 이해되었을 것이다. 그들은 잡다하게 섞인 무리이고 음울한 동아리이다. 어떠한 정신과 마음의 조건 아래 그들의 지배와 숭배가 계속될 수 있을까? 그러나 이것이 한국인 집안의 종교이고, 이 신들은 기독교인이 아닌 한국인의 모든 집에서 볼 수 있다. 한국인은 정령들의 영향 아래 태어나거나, 심지어 자신을 그들의 자손이나 화신(化神, incarnation)으로 생각하기도 한다. 한국인은 아이 시절 정령들에게 축성(祝聖) 받고, 그들 가운데서 성장한다. 그는 삶을 만나는 순간부터 무덤에서의 긴 잠을 위해 흙덩이가 덮는 그 순간까지 정령들과 깨어지지 않는 유대를 간직한다. 정령들은 하늘의 모든 구역과 땅의 모든 발 딛는 곳을 차지한다. 그들은 길가에서, 나무 속에서, 바위에서, 산에서, 계곡과 시내에서 한국인을 기다리며 숨어있다. 그들은 밤낮으로 한국인을 끊임없이 염탐한다. 한번은 어쩔 수 없이 밤에 여행을 간 적이 있었다. 춥고 어두웠고 하인들은 겁에 질려 조용히 나아갔다. 새벽 두 시쯤 멀리서 수탉의 울음소리가 분명히 멀리까지 울렸고, 이때 사람들은 모두 안도의 한숨을 들이쉬고 고맙다고 중얼거렸다. 그 이유를 묻자 그들이 내게 해준 말이, 악한 데몬은 수탉이 운 후에는 돌아다닐 수 없어서 그다음에는 안전하다고 느낀다는 것이었다. 한국인은 하루하루 지내면서 가장 불안정한 정신 상태에 있는 것이 분명하다. 정령들이 모두 그의 주위에 있고, 그의 앞에서 춤추고, 그를 뒤쫓아 다니고, 그의 머리 위를 날아다니며, 땅에서 그를 향해 울부짖기 때문이다. 한국인은 집에서도 피난처가 없다. 거기서도 정령들이 벽위에 붙어있거나 고정되어 있고, 기둥에도 묶여 있기 때문이다. 그들의 페티시가 현관에서 한국인을 맞이하고 집 뒤편에는 한 줄로 늘어

서 있다. 그들이 어디에나 존재하는 것은 하느님의 무소부재(無所不在)
하심을 불경하게 모방한 것이다.[18]

---

18 이 글의 마지막 부분은 종교현상학자 판데르레이우(Gerardus van der Leeuw)의 1924년
    저서『종교현상학 입문』에 인용되었다. 고전 종교학 저서에 한국 사례가 인용된 흔치
    않은 경우이다. 그는 원시인의 세계는 정령으로 가득 차 있다고 언급한 후, 그 사례로
    존스의 한국 사례를 축약하여 인용하였다. 인용된 내용은 다음과 같다. "정령들이 하늘
    전역과 땅 한 치까지 모두 지배하고 있다. 그들은 길가에서, 나무나 바위나 산 위에서,
    골짜기와 강에서 사람들을 기다리고 있다. 밤낮으로 정령들은 사람들의 말을 엿듣고,
    사람들 주위를 배회하며, 그들 머리 위로 날아다니며 땅에서 나와 그들에게 접근한다.
    자기 집에서도 정령들로부터 피할 수 없다. 정령들은 벽에도 있고 들보에도 있다. 그들
    이 온갖 곳에 다 있다는 사실은 하느님의 무소부재성(無所不在性)의 슬픈 흉내이다."
    반 델 레에우, 손봉호 & 길희성 옮김, 『종교현상학 입문』, 분도출판사: 1995, 79-80쪽.

헨리 아펜젤러,
『감리교회 한국 선교』 제2장 토착 종교

Henry Gerhard Appenzeller & George Heber Jones, *The Korea Mission of the Methodist Episcopal Church*, 2nd ed., New York: Open Door Emergency Commission, 1905, pp. 11~17.

| 해제 |

헨리 아펜젤러(Henry Gerhard Appenzeller, 1858~1902)는 한국 감리교 선교의 기초를 놓은 선교사이다. 그는 1885년 스크랜튼(William Benton Scranton)과 함께 내한한 이후 배재학당을 창설하고, 정동감리교회를 창립하는 등 최초의 감리교 선교사로서 중추적인 활동을 하였다. 그러나 1902년 성서번역위원회에 참석하기 위해 목포로 가던 중 해난사고로 사망하였다.

1905년에 발간된 『감리교회 한국 선교』는 46쪽짜리 소책자로, 한국과 한국 선교에 관해 사진을 곁들인 정보 위주로 간결하게 서술한 책이다. 한국에 관한 지리적 정보, 종교, 선교 현황, 다른 교단 현황, 전망 등이 서술되었다. 마지막에 추가된 장을 두어 1903년부터 1905년까지의 상황을 다루었다. 아펜젤러의 비극적인 죽음과 그 이후의 일들이 서술된다. 이 책은 아펜젤러와 존스의 공저로 출판되었는데, 책의 구성으로 볼 때 본문 내용은 아펜젤러가 집필해둔 내용이고, 아펜젤러의 예기치 못한 죽음 이후에 존스가 추가적인 장으로 서술하여 보완한 것으로 보인다. 아래의 종교 관련 서술은 존스가 보완했겠지만 기본적으로는 아펜젤러의 초고를 바탕으로 했을 것으로 추정된다. 참고로 1910년 출판된 이 책의 3판은 조지 존스(George Heber Jones)가 단독 저술하였다.

한국을 처음 접하는 독자들에게 소개하는 책의 성격에 맞게, 마치 독자와 여행하는 것처럼 감각적으로 서술하면서 한국종교에 관한 주요 쟁점을 요령 있게 소개하였다.

• 오해하기 쉬운 첫인상

한국을 방문한 사람은 처음에는 사람들의 종교 생활을 눈으로 보여주는 표식(標式, visible signs)을 보지 못한다. 그는 자연스럽고도 당연하게 서울에서 종교가 외적으로 표출된 것을 찾는다. 그러나 도성 안에는 사원 비슷하게 생긴 것도 없다. 남대문 밖에 있는 전쟁 신을 위한 사당(祠堂) 말고는,[1] 일반적인 관찰자의 눈길을 끌 만한 것이 거의 없다. 방문자는 이전 방문자들이 그랬듯이 이곳에는 종교가 없는 사람들이 산다는, 성급하고 부당한 결론으로 쉽게 비약한다. 방문자는 부유층(富裕層) 집 뒤뜰에, 다른 건물에서 떨어져 있으면서 잘 보수되어 있는 작은 건물을 보지 못한 것이다. 이것은 조상 신주를 모신 건물로, 4대의 조상을 모신 십자가 모양의 나무 신주(神主)가 간수되어 있다. 부모의 기일(忌日, anniversary of death)에 이 건물을 방문하고, 27달의 대상(大祥, greater mourning) 기간에는 곡(哭), 절, 제사가 이곳에서 매달 초하루와 보름에 거행된다. 방문자는 짚으로 둘러싸여 있는 마당의 작은 말뚝을 보지 못한 것이다. 그 위에는 버려진 짚신과 부적으로 쓸 생각으로 올려 둔 흰 종잇조각이 있다. 이 말뚝은 주물숭배(呪物崇拜)의 한 형태이다. 그것은 터주(god of site)를 모시기 위해 거기 있는 것으로, 잘 인사드리고 제사를 올림으로써 그 신의 선의(善意)를 얻을 수 있다.

---

1 관우(關羽)를 모신 사당 남묘(南廟)를 지칭한 것으로 보인다. 정유재란에 참전한 명나라 장수 진인(陳寅)이 1598년 남대문 앞에 관왕묘(關王廟)를 지은 것으로 전해진다. 그러나 한국 전쟁 때 불타 없어진 것을 1957년에 다시 짓고, 1979년에 동작구 사당동으로 옮겼다가, 2020년 이후 다시 이전하였다.

• 무속의 표식들

방문자는 높은 산길 꼭대기에 있는 돌무더기, 신화적 존재를 밝게 칠한 그림들이 있는 조야한 성소(聖所), 가지에 천 조각과 낡은 신발이 매달려 있고 밑동에 돌이 던져져 있는 뒤틀린 큰 나무를 보게 된다. 그는 지나가는 사람이 이 나무에 절을 하고 어떤 때는 침을 뱉는 것을 본다. 궁궐, 관청의 대들보에, 도성 대문 지붕에 줄지어 있는 괴상한 형상들도 볼 수 있다. 마술사 맹인이 긴 지팡이를 짚고 길을 따라 더듬거리며 양반 집으로 가는 모습도 볼 수 있다. 그는 지팡이와 점술용 거북이 상자를 써서 집안에 불운이나 심각한 질병을 일으킨 더러운 정령을 쫓아내려는 것이다. 어쩌면 약조(約條)한 두 양반 집안 혼인의

[그림 1] 길가 정령의 집

길일(吉日)을 잡는, 더 기분 좋은 일을 위해 가는 중인지도 모른다. 방문자는 서울에 도착하기도 전에 북 치는 소리와 징 울리는 소리를 들었을 수 있다. 돈 들여 공들여 차린 술상과 과일 상을 보았을 것이다. 걱정스러워하는 집안사람들과 밖에서 입 벌리고 보는 무심한 군중들 사이에서 빙빙 춤추고 있는 무당(sorceress)이 집안에 재앙을 들인 정령을 쫓아내려 하는 것도 볼 수 있을 것이다. 이 모든 것이 무속(巫俗, Shamanism)이라고 알려진 신앙의 외적인 표현들이다. 무속은 땅과 하늘에 거처하는 무수한 정령의 선의를 얻어내고 유지하느라 정신이 없다. 정령들은 길가 나무 그늘에, 평화로운 농촌 골짜기에, 양반 집 기와지붕에, 평민 농민의 초가지붕에 무수히 존재한다.

• 불교 승려와 사원

이제 큰길에서 벗어날 것이다. 저기 오는 남성을 따라가 보자. 그는 초록 옷에, 머리를 깎고, 벌집 모양의 모자를 쓰고, 목에 염주를 두르고, 손에 지팡이를 들었다. 그는 허리 숙여 절하고 지인들에게 유쾌하게 말을 건넨다. 그는 산길을 오르고 좁은 골짜기를 내려가 마침내 시원한 은둔지나 산속 요새에 있는 여러 채 큰 건물에 도달한다. 그는 불교 승려이고, 그 건물은 불교 사원이다.

• 불교의 운명

불교는 서기 371년에 중국에서 소개되었다. 불교는 권세를 누리던 시절을 보냈고, 지금은 쇠락하는 시기에 있다. 왕가(王家)와 백성에게 사랑받은 시절이 있었다. 크고 번성하는 수행도량들(monasteries)을 가졌던 시절이 있었으나, 버려지고 폐허가 된 사원들의 시기를 보내고 있다. 승려들이 공직(公職)과 군사 요직(要職)을 채우던 시대가 있었다. 많은 승려가 가족이 있었다. 한국 알파벳 25자의 발명가 설총(薛聰)은 저명한 승려의 아들이었다. 승려들은 정치에 개입했고, 그것이 500년 전 지난 왕조 몰락의 주요 요인 중 하나였고, 5세기 이상 서울에서 철저히 격리된 이유였다.

• 불법(佛法)

고전에 따르면 옛날 인도에 파루리라는 이름의 왕이 살았다. 그는 붓다를 찾아와 이렇게 말했다. "나의 나라는 작고, 몇 년간 전염병으로 황폐해졌습니다. 곡식이 귀해서 백성들이 지쳤습니다. 나는 하루도 편치 않습니다. 법(法)의 보물을 깊고 넓습니다. 나는 내 행위를 갈고닦을 능력은 없지만, 아주 조금만이라도 이 법을 이해하고 싶습니다." 붓다가 답했다. "아, 위대한 왕이시여. 당신의 모든 의혹과 번뇌를 멸하고자 한다면 백팔염주를 알맞게 꿰도록 하십시오. 염주를 항상 가지고 다니고, 마음을 다해 열렬히 찬양하십시오. 불(佛)이여! 법(法)이여! 승(僧)이여! 그리고 나서 차차 열을 세고 스물을 셀 때까지 염주 알을 천천히 하나씩 만지십시오. 20만 번을 셀 수 있을 때 당신은 평온해져서 몸이나 마음에 미혹되지 않을 것입니다. 당신 마음에 모든 악한 욕망이 완전히 파괴될 것입니다. 마지막 순간에 당신이 야마(夜摩, Yama: 환락의 하늘)에 태어나기 위해 내려왔을 때(즉, 죽었을 때), 당신이 염주를 100만 번 암송할 수 있다면 백팔거처를 피할(즉, 열반(涅

槃)할) 것이고, 영원한 복의 큰 열매를 얻을 수 있을 것입니다." 왕이
대답했다. "이 법을 받아들이겠습니다."[2]

한국인은 "이 법을 받아들였다." 산속 은거지 사찰에 사는 승려들
은 예불 행렬을 하고, 부처님의 덕을 찬양하고, 무표정한 불상에 절하
고, 땅의 과일을 제물로 바치고, 향을 사르고, 수없이 겸손히 절을 하
고, 염주를 세고, "옴 마니 파드메 훔"(옴, 연꽃 속의 보물이여)이라고 기
도하며 웅얼거린다. 이것이 불교의 실천이다.

• 유교

유교는 윤리 체계이다. 유교는 종교가 아니다. 인간이 더 높은 존재
가 되어야 한다는 의무를 전혀 가르치지 않기 때문이다. '성인'(聖人,
super man)과 범인(凡人) 사이에 큰 차이점이 인정되는 것은 사실이다.
그러나 그 차이에 대한 설명은 해주지 않았다. 유교는 한국인에게 "의
무 개념과 도덕성의 표준"을 제공해주었다. 내 친구이자 남감리교의
동료 사역자인 윤치호(Hon. T. H. Yun)는 능력이 있고 의심할 여지 없이
애국적인 사람이다. 그는 몇 년 전 출판된 논문에서 다음과 같이 말했
다. "유교는 불가지론이다. 유교는 정신적인 것과 도덕적인 것을 명확
히 구분하지 않는다. 즉 인간보다 높은 이상을 알지 못한다. 사람들에
게 중용(中庸)이라는 불가능한 교리를 지키도록 함으로써, 유교는 사
람을 상스럽고, 협소하고, 계산적이고, 양심을 품도록 만든다. 유교는

---

2 이 내용은 랜디스가 번역한 「염주경」의 한 판본을 인용한 것이다. E. B. Landis, "The
Classic of the Buddhist Rosary," *The Korean Repository* 2 (1895): 23-25.

사람들에게 변명을 넉넉히 주는 반면에 고결한 모험의 여지는 주지
않는다." 유교는 여성을 천한 일과 노예 일 하는 사람으로 분류함으로
써, 그리고 멍청할수록 덕 있는 사람으로 취급함으로써 여성을 열등
한 존재로 만든다. 윤치호는 다음과 같이 생각한다. "불가지론(不可知
論), 이기심, 오만, 독재, 여성 비하를 만들어내는 윤리 체계가 선한
결과를 낳을 수 없다. 다른 나라에서는 유교를 더 잘 사용할지 몰라도,
한국은 유교와 갈라설 이유가 충분하다."[3] 기독교 선교는 더 순수하고
거룩하고 선한 체계를 가르쳐서, 한국인이 이 해로운 윤리 체계를 제
거하도록 도와주고 있다.

• 거짓된 신앙들의 결과

무속, 불교, 유교는 오늘날 한국의 세 종교이다. 이들이 두말할 것
없이 한국인의 마음을 완전히 지배해 왔는데, 그 결과는 무엇인가?
거대한 형태의 미신들, 외설스럽고 비도덕적인 세계, 모든 곳에 널린
부패와 억압. 한국인은 태어나는 시간부터 영혼이 몸을 떠날 때까지
무속이 공중에 채워놓고 불교가 마음에 채워놓은 무수한 정령에 둘러

---

3 윤치호(尹致昊, 1865~1945)는 최초의 남감리교인 개종자로서 남감리교회 한국 선교에
   도움을 주기도 한 인물이다. 그는 조선말 개화파 정치인으로 활동하였으나 갑신정변의
   실패 이후 1885년 중국 상하이에서 감리교 선교사가 세운 중서서원(中西書院)에서 공
   부하게 된다. 1887년 감리교 신자가 되었고 1888년부터 1893년까지 선교사의 소개로
   미국 유학을 하였다. 그는 1893년에 에모리대학 총장에게 한국 선교를 간청하는 편지
   를 썼고, 이는 남감리교 한국 선교의 계기가 되기도 했다. 1895년 귀국 이후엔 선교사들
   의 정착을 돕기도 했다. 여기서 인용된 윤치호의 글은 다음 글로 보인다. Yun Chi-ho,
   "Confucianism in Korea," *Korean Repository* 2, Nov., 1895, pp. 400-404. 이 글에서
   윤치호는 한국 유교의 현실적 모습들을 신랄하게 비판하였다.

싸여 시달린다. 빈곤이 일상이다. 여성은 비천한 지위에 놓이고, 생활과 경제력은 불안정하고, 갖가지 정치적 분규가 일어난다. 우리 교회의 감독이 이곳을 방문하던 중에, 진흙과 짚으로 만든 오두막의 황폐하고 비참한 상태를 보고는, 사람들의 열등한 처지를 보고는, 그들이야말로 "인류의 뒤꿈치"라고 말했다. 그러나 한국은 물을 잘 공급하는 나라이다. 골짜기에는 질 좋은 벼가 풍성하게 자란다. 들판에는 보통 농부의 무심한 재배에도 좋은 수확물이 생산된다.

무스 부인,
한국인이 숭배하는 것은 무엇인가?

Mrs. J. R. Moose, "What Do the Koreans Worship?," *The Korea Methodist* 1-7, May, 1905, pp. 88-90.

| 해제 |

무스 부인(Mrs. J. R. Moose)은 남감리교 선교사이다. 1893년 무스(Jacob Robert Moose)와 결혼하고, 1899년 9월에 남편과 함께 한국에 들어왔다. 남편 무스는 이 책 마지막에 수록된 『한국의 마을 생활』의 저자이기도 하다. 이후 1924년까지 남편과 한국에서 선교하였다. 선교 초기에는 서울, 개성에서 활동하였고, 1908년에 춘천으로 이동하여 강원도 지역을 개척하는 데 도움을 주었다. 1905년에 발표된 이 글은 서울 지역에 거주할 때의 경험을 반영한 것이다. 무스 부인은 한국인의 종교와 풍습에 관심이 많았던 것으로 보인다. 아래의 글이 실린 감리교 선교사 저널 『코리아 메소디스트』에는 "새해 미신"이라는 그녀의 다른 글도 실려있다. "새해 미신"에서는 설날과 정월대보름 풍습들을 소개한 후, 복음을 전달해 영혼이 병든 사람들을 구해야 한다는 다짐을 말하였다.[1] 아래의 글 "한국인이 숭배하는 것은 무엇인가?"에서도 한국 전통 종교를 부정적으로, '악령 숭배'로 보는 시각이 드러난다. 부정적인 시각이지만, 무스 부인의 글은 한국 무속에 관한 자기 경험을 생생하게 소개하였다는 점에서 가치가 있다. 하나는 여성들이 예배 그리는 모습을 멀리서 지켜본 경험이고, 다른 하나는 굿판에 참석한 경험이다. '악령 숭배'라는 평가 때문에 묘사의 구체성이 부족한 아쉬움은 있지만, 여성 선교사의 한국종교 경험담으로 흥미로운 내용이다.

---

[1] "New Year Superstition," *The Korea Methodist* 1-6, April, 1905, pp. 68-69.

"한국인이 숭배하는 것은 무엇인가?"는 내가 본국에서 가장 자주 들었던 질문이므로, 이에 답하는 것이 독자 대부분에게도 흥미로울 것이다.

이 나라에서는 부처의 사도들, 공자의 추종자들, 조상 숭배의 열성적인 참여자들을 찾을 수 있다. 그러나 대다수 한국인은 악령(evil spirits)에 절을 한다(bow down). 조상에게 제사 지내는 사람들은 일반적으로 악령에게도 경배를 드린다. 아들이 모든 시간 동안 부모를 사랑하지 않은 것은 이해될 수 있는 일이다. 그러나 만약 생전에 존경을 보이지 않고 죽은 후에도 숭배하지 않고 5대 동안 제사 지내지 않는다면, 그는 매우 불충하고 몹쓸 아들로 여겨질 것이다. 얼마 전에 한 할머니가 영생(永生, eternal life)에 관해 다음과 같이 말한 적이 있다. "내가 뭘 더 바라겠습니까? 내 무덤에 제사 지내줄 세 아들이 있잖아요." 아들 없는 여자는 인생의 참된 목적을 이루지 못한 사람으로 취급받는다.

이 나라에 오기 전에 나는 한국인이 악마 숭배자(devil worshipers)라는 말을 들었다. 나로서는 그 사실을 글자 그대로 받아들이기는 힘들었다. 그 정도로 타락한 사람들이 있으리라고는 상상할 수 없었다. 그러나 이곳에서 지낸 이후, 나는 많은 기독교인이 이전에 악령에게 예물을 바쳤다는 말을 들었으며, 여러 번 악령 숭배를 직접 목격하기도 했다.

어느 여름 우리는 북한산(Poukon mountain)에서 장마철을 보냈다. 구름이 산봉우리 위로 걷히고 해가 나와 짱짱하게 비추던 어느 날, 나는 걸어 다니다가 일 마일[1.6 킬로미터]도 더 되는 먼 산허리에 흰 물체들이 움직이는 것을 보았다. 망원경으로 보니 그 흰 물체가 악령 숭배를 하는 네 명의 한국 여인임을 알 수 있었다. 그들은 널찍한 바위 위에서 음식을 바치면서 확연히 구분되는 몸짓으로 차례로 절을 하며 몸을 내던지고 있었다. 나는 그들이 얼마나 오랫동안 예배(worship)를 했는지 알지 못한다. 하지만 나는 몸이 피곤하고 속으로 역겨워질 때까지 서서 그들을 바라보았다. 나는 한국어로 잘 말할 수 없었지만, 집에 돌아오기 전에 기독교인 여성 한 명을 그 작은 마을에 보내어, 모든 사람을 위한 큰 제사(Great Sacrifice)에 관하여, 그리고 자녀들의 기도를 듣고 응답을 주실 우리 주님에 관하여 그들에게 말하도록 했다.

다른 경험은 우리가 그 지방에서 돌아올 때 우연히 지나가던 악령 사원(devil temple)에 들른 일이다. 우리는 양철판을 두드리는 것 같은 소리가 뒤섞인, 이 세상 소리가 아닌 것 같은 소음을 듣고 멈춰 섰다. 그 소리가 무엇인지 물어보니 한 남자가 무당(moutangs, or sorcerers)이 예배드릴 때 나는 소리일 뿐이라고 답해주었다. 우리는 문 앞으로 가, 들여보내 달라고 청하였다. 허락받고 들어갔을 때, 나는 그 장면을 잊을 수 없을 것이다. 진귀한 한국 음식들이 잔뜩 차려져 있었고, 밝은 색 옷을 입은 한 무당이 많은 무구(巫具, implements of worship)를 들고서 방 가장자리에 서 있었다. 근처 마루에는 여자 둘이 앉아서, 적당한 이름이 없어 그냥 북이라고 불러야 할 물건을 두드리고 있었다. 다른 사람들은 양철판 비슷한 것을 부딪치고 있었다. 무당들은 비명을 지르고 가장 고음의 목소리로 소리 지르며 일종의 찬가를 부르고 있었으며, 그러면서 뛰고 온갖 방법으로 몸을 비틀며 춤을 추었다. 그들이 얼굴에 짓는 표정에서 나는 악령(demon)이나 미치광이를 떠올렸다. 열 명 남짓한 여자들이 방에 있었고, 문가에는 이 모든 의식의 대상이 되는 아픈 여자애가 있었다. 어머니가 내 가까운 곳에 앉아있었는데,

나는 용기를 내어 그녀에게 낮은 목소리로, 가장 소박한 기도조차 들어주시는 위대한 의사 선생님(the Great Physician)에 관해 말해주었다. 어머니는 조금 관심이 있는 것 같았지만, 아픈 아이는 내가 귀신을 노하게 해서 치료를 방해할지도 모른다고 겁을 냈다. 그래서 나는 적절한 기회를 기다리는 것이 낫다고 생각하였다. 우리는 이내 물러났고, 다시는 그들을 보지 못하였다. 한국인은 우주가 악령으로 가득하다고 생각해서, 질병이나 어떤 고난이 닥치면 해당 악령이 언짢아하는 것으로 생각하고는, 복과 안녕을 다시 얻기 위해 어떠한 제사라도 드린다.

한국인들은 신부가 아버지를 떠나 신랑 집으로 갈 때 가신(家神)들도 그녀를 따라간다고 믿는다. 이것은 아버지 집안이 망하는 것을 의미하기 때문에 그녀는 가까운 제단에 색동천을 매어 정령들이 더 가지 못하도록 기도를 드린다.

우리에게는 이 모든 것이 매우 순진하고 바보 같아 보이지만, 한국의 이교도들에게는 이것들이 성스러울(sacred) 것이다. 우리 종교가 우리에게 그렇듯이 말이다. 오랫동안 쌓여온 전통 때문에 한국인들, 특히 고위 계층이 기독교를 받아들이기는 매우 힘들 것이다. 그것은 오랜 세월을 거쳐 그에게 전해진 종교의 거의 모든 부분을 뒤엎는 일이 될 것이기 때문이다. 또한 그가 속한 사회 계층에서 쫓겨나게 될 위험을 안고 있으며, 또 실제로도 그런 일이 있기 때문이다. 그러나 빛이 비추어짐에 따라 그들은 점점 더 자기 종교의 공허함을 발견하고 있으며, 우리 종교의 아름다움과 진리를 발견하고 있다. 그들 중 많은 이들이 예수를 좇아 희생하고 십자가를 지고 있다. 아마도 한국은 세계 어떤 다른 나라보다도 그리스도에게 빨리 다가가고 있을 것이다.

윌러드 크램,
속박의 세월에서 벗어나서

W. G. Cram, "Rescued after Years of Bondage," *The Korea Methodist* 1-11, Sept., 1905, pp. 148-49.

| 해제 |

윌러드 크램(Willard Gliden Cram, 1875~1969)는 1902년부터 1922년까지 한국에서 활동한 남감리교 선교사로 한국 이름은 기의남(奇義男)이다. 그는 1902년 내한한 이후 철원, 김화에서 선교하였고, 1905년에는 선교연회 감독을 대리하며 서울에 거주했다. 그가 1905년에 기고한 이 글은 한국 개신교회가 급성장한 1900년대 초 대부흥회 기간에 일어난 무당의 개종을 보고한 글이다.

글 첫 부분에서는 한국 무속의 접신(接神), 즉 '귀신 들림'을 성서의 사건과 연결하는 흥미로운 주장을 선보인다. 즉 예수가 내쫓은 귀신을 한국 전통 관념 귀신과 동일시하고 있다. 서양 선교사들이 본국에서는 경험하지 못한 선교지의 문화적 경험을 통해 성서의 사실성을 확인하는 일이 있었음을 볼 수 있다. 다른 한편으로 그들은 그들이 적대시했던 '귀신'이라는 존재의 종교적 사실성을 인정하기도 했다. 중반 이후부터는 무당의 개종을 이야기한다. 선교사에게 무속은 기독교 선교의 경쟁자로 인식되었고, 이와 관련한 적대감이 이 글에서도 나타난다. 그런 존재인 무당이 기독교로 개종하는 사건은 초기 선교사에서 가장 극적인 장면으로 받아들여졌다. 무당의 개종은 가장 어두운 이교도의 세계에서 밝은 기독교 세계로 전환되는 선교 내러티브의 구조를 갖는다. 전환의 절정을 이루는 순간은 무당이 전에 사용하던 도구(페티시)를 불태우는 장면이다. 이 이야기는 선교 소설의 주요 소재로도 사용되기도 했다. 이 글은 무당 개종을 전하는 기록으로 가치를 지닌다.

예수 그리스도의 복음이 전해지지 않은 이교도 국가에서는 하느님 나라가 진전하고 발전하는 사건들을 많이 만날 수 있다. 한국은 복음 전파의 초기 단계이기 때문에, 교회가 번영하는 본국의 고급문화에서는 만날 수 없는 것들을 만나게 된다. 본국에 있을 때 우리는 성경을 통해서야 귀신 들림(devil possession)에 관해 읽고, 그리스도가 그런 일들을 어떻게 처리하는지 알게 된다. 하지만 귀신에 들린 사람을 실제로 볼 일은 거의 없다. 그런데 한국에서는 그러한 일들을 예사로 만나게 된다. 선교지에 오는 사람은 "성서 이후 시대(latter days)[1]에 귀신 들림"은 완전히 사라졌다는 믿음을 의심할 필요가 있다. 귀신(devil)은 때때로 남녀의 몸 안에 거처를 마련한다. 이 사실은 특히 이교도 국가에서 여지없이 증명된다. 이 악령의 들림은 여러 형태로 나타난다. 때로는 무당(sorceress)을 통해 나타나기도 하도 때로는 '귀신 숭배(devil worship)'와 특별한 연관이 없는 사람을 통해 나타나기도 한다. '무당'은 한국의 귀신 숭배 체계의 제사장이다. 그녀는 북, 징, 비단 물품, 특이하게 생긴 모자, 종, 그 외에 표현하기 어려운 다양한 복장을 갖고 다닌다. 그녀는 이것들을 사용해서 병자의 다양한 질병을 경감시키거나, 귀신에게 간청해서 귀신 섬기는 미신을 가진 사람들의 많은 바람을 충족시켜주는 임무를 수행한다. 한국 여자들은 귀신 숭배자들이고 그들의 신심이 너무 간곡하기에, 무당은 벌이가 좋은 고위 사제직이다. 사실 무당은 금세 부자가 된다. 돈이 잘 벌린다는 단순한 사실 때문에 무당들에게 이 사악한 직업을 포기하라고 설득하기는 어렵다.

---

1 "latter day"는 성서의 사도와 예언자 이후의 시대를 뜻한다. 더 구체적으로 표현하면 성서 시대 이후 그리스도의 두 번째 재림이 있기 이전인 현시대를 말하는 용어이다.

그녀가 사람들을 속인다는 사실을 인정하게 할 수는 있겠지만, 그녀
는 즉시 이렇게 대답할 것이다. "이런 식으로 내 가족의 생계를 유지
해야 하는데, 어떻게 생업을 포기할 수 있겠습니까?"

그러나 도시 교회에서 시작해서 전국 회중으로 힘차게 확장된 최
근 부흥회 동안, 주님께서는 그 지역[황해도]에서 가장 큰 무당이 일을
그만두게끔 하는 힘을 주셨다. 송도(松都)에서 풍화된 화강암이 깔린
멋진 길로 6마일[9.6킬로미터]만 가면 한국에서 가장 멋진 산기슭에 작
은 교회가 있다. 이 교회는 6년 이상 훌륭하게 고른 성장세를 유지하
고 있었다. 산 정상에는 이 지역에서 가장 유명한 불교 사찰이 있다.
매년 수많은 참배객이 석상 신(stone gods)의 사원을 찾고 있지만, 그
아래 있는 우리 작은 교회는 마을 사람들에게 정의와 진리를 향한
영향력을 미치고 있다. 이 작은 마을에 앞서 말한 무당이 살고 있다.
그녀는 60년이 넘게 역시 무당이었던 어머니와 할머니로부터 배운
속임수 기술로 이상한 부적 장사를 해왔다. 어느 날 그녀가 기도를
위해 밥 몇 공기를 정해진 곳에 놓은 후 기도하는데, 손이 모이지 않고
입에서는 말이 나오지 않았다. 그때 그녀 나이 여든두 살이었는데,
"거의 바다에 빠지기 직전"의 느낌이었다고 했다. 그녀가 즉시 생각한
것은, 산기슭의 작은 교회의 구역 지도자가 그녀의 기도하는 손이 들
어 올려지지 않고 입이 다물어지게 해달라고 기도했으리라는 것이었
다. 한국인은 미신과 징조로 가득 찬 세계에 살기에, 그들에게 일어나
는 모든 일에 대해 준비된 해답은 일상적인 일의 경로 바깥에 존재하
기 마련이다. 그녀는 구역 지도자의 집에 가서 그가 하느님에게 기도
해서 그녀 일에 훼방을 놓는 것이 아니냐고 따졌다. 그는 그런 것이
아니라고 말한 뒤, 한국 기독교인 특유의 열정으로 그녀에게 복음을

전도하고 귀신 숭배를 그만둘 것을 권했다. 그녀는 진지하게 듣고는 가버렸다. 비록 구역 지도자는 기도로 그녀 일을 방해한 것이 아니라고 말했지만, 그녀는 여전히 자기가 전처럼 귀신을 모실 수 없는 것은 그의 기도 때문이라고 것을 굳게 확신하고 있었다.

몇 주 후 그녀는 작은 교회로 내려왔다. 무당 일을 계속하는 것이 불가능해진 이후로 그녀가 할 수 있는 것은 그리스도를 받아들이는 것뿐이라고 말하였다. 나의 개인 교사가 직접 지도하는 특수 부흥회가 마을 교회에서 시작되었을 때, 그녀는 결심한 후 두 달 동안 일요예배에 정기적으로 출석하던 중이었다. 그는 신자 가운데 있는 그녀를 발견하고는 그녀의 이전 행적을 이야기해달라고 부탁했다. 그는 그녀가 무당 때 사용하던 도구들을 모두 없애달라고 부탁하였다. 한국에서는 누군가가 그리스도를 믿게 되었을 되면, 〈에베소서〉에 나온 대로 이교도 숭배에서 사용되었던 물건, 그릇, 옷 등 모든 것을 없애버려야 하기 때문이라고 하였다.[2] 이 무당은 당시 한국 돈 800달러에 해당하는 물건을 가졌다. 그리스도에 대한 진실하고 헌신적인 예배가 무엇인지에 대한 설명과 권유를 들은 후, 그녀는 아침 예배 직후 화톳불을 피우기로 했다. 그리하여 하느님의 강력한 힘이 임재한 아침 예배를 드린 후, 여든두 살의 늙은 무당이 앞장서서 작은 초가로 향한 샛길을 올라갔다. 그녀 뒤로는 삼대 이상 악한 요술에 사용된 도구들을 불태우고 불꽃을 관리할 신실한 신도들이 힘을 내어 따라갔다. 자

---

2   여기서 언급되는 내용은 〈에베소서〉 4장 22-24절이다. "여러분은 지난날의 생활방식에 얽매여서 허망한 욕정을 따라 살다가 썩어 없어질 옛 사람을 벗어버리고, 마음의 영을 새롭게 하여, 하나님을 따라 참된 의로움과 거룩함으로 지으심을 받은 새 사람을 입으십시오."(새번역)

기 쌀과 옷이 불타는 것을 보게 될 노인의 자식들이 강하게 막아섰지만, 노인은 결단력 있게 설득하였다. 그녀는 강력한 반대를 맞받아치며, 그리스도를 자기 구세주로 받아들이겠다는 강력한 희망과 믿음으로 귀신의 작업을 파괴하고 그리스도를 받아들였다. 그녀는 팔았다면 삼 년 이상 먹을 수 있는 음식과 옷을 불꽃 속에 사라지게 했을 뿐 아니라, 생계를 유지하고 더 많이 벌 수 있는 직업을 포기했다. 그래서 이것은 진실한 신앙이었다. 우리는 이러한 일을 매일 같이 본다. 하느님은 한국이 변화하는 시기에 강력한 은총을 내려서 한국을 구원하고 계신 것이다. 기도로 우리를 도와주소서.

호머 헐버트,
『대한제국 멸망사』 제30장 종교와 미신

Homer B. Hulbert, *The Passing of Korea*, New York: Page & company, 1906, pp. 403-431.

| 해제 |

호머 헐버트(Homer Bezaleel Hulbert, 1863~1949)는 한국을 사랑한 것으로 잘 알려진 감리교 선교사이다. 그는 1886년 근대 교육기관 육영공원(育英公院)의 교사로 조선에 입국했고, 1893년에 감리교 선교사 자격으로 다시 내한했다. 그는 일본의 조선 침략을 비판하였고, 헤이그 만국평화회의에 고종의 특사로 참가해 을사늑약의 부당함을 폭로하였다. 그는 1909년 이후 한국에 들어오지 못하고 미국에서 한국의 독립을 지원하는 활동을 했다. 해방 이후 1949년에 이승만 대통령의 초청으로 내한하였으나 일주일 만에 사망하여 양화진외국인선교사묘원에 안장되었다.

그는 한국 문화에 조예가 깊은 선교사로 꼽힌다. 1901년부터 『코리아리뷰』(The Korea Review)를 발행하였고, 1905년에 『한국사』(The History of Korea), 1906년에 『대한제국 멸망사』(The Passing of Korea)를 저술하였다. 『대한제국 멸망사』는 한국의 민족성, 역사, 문화, 산업, 사회제도 등을 종합적으로 다룬 저서로, 한국 문화에 대한 그의 관심이 집약된 저서이다.[1] 이 책의 30장 "종교와 미신"에는 한국종교에 관한 그의 관심이 총체적으로 서술되어 있다. 헐버트의 이 글은 존스의 "한국의 정령신앙"과 함께 한국종교에 관한 초창기 개신교 선교사의 학문적 연구를 대표하는 성과라고 할 수 있다.

---

[1] 이 책의 전체 번역으로는 다음을 볼 것. H. B. 헐버트, 신복룡 역주, 『대한제국멸망사』, 집문당, 2019.

　헐버트는 글의 첫 부분에서 종교의 정의를 유연하게 설정하여 한국종교를 '종교'로서 인식해야 한다고 제안한다. 이어서 한국인은 세계관을 설명하며 "한국인은 사회에 있을 때는 유교인, 철학할 때는 불교인, 어려움에 빠질 때는 정령숭배자가 된다."라는 명언을 제조하였다. 한국인 특유의 종교적 중층다원성(中層多元性)을 설명하기 위해 현대 종교학자들도 자주 인용하는 문구이다.

　그가 정령숭배, 즉 무속(巫俗)을 한국의 종교적 심성의 기초로 보았고, 글 대부분을 할애하여 이에 관해 서술하였다. 그는 무속의 신 관념, 즉 정령 관념과 종류, 신앙과 상징을 상세히 설명한다. 그다음에 무속의 담당자인 무당의 역할과 굿에 관해 설명한 후, 무당이 행하는 점술의 종류를 상술하였다. 이 부분은 그가 『코리아리뷰』에 연재한 "한국의 무당과 판수"의 내용을 정리한 것이다.

　그는 글 마지막 부분에서 대중적인 점술서 『직성행년편람』의 내용을 소개하였다. 직성(直星)에 따른 운수, 오행이나 윷을 사용한 점술, 민간 치료의 내용을 책을 따라 소개하였다. 이 부분에서 그가 한국의 점술서를 얼마나 면밀하게 이해하고자 했는지 알 수 있다.

　한국의 종교들을 논하기에 앞서 용어를 정의할 필요가 있다. 이것은 서양 독자들에게는 이상하게 생각될 것이다. 그들은 종교가 무엇인지 잘 알고 있기 때문이다. 그러나 동양 사람들에게는 어느 지점에서 종교가 끝나고 어느 지점에서 순전한 미신이 시작되는지 분간하는 것이 너무나도 어려운 일이다. 나는 종교(religion)라는 단어를 가장 넓은 의미로 이해하는 것이 좋다고 생각한다. 즉 종교는 인간이 초인간적(superhuman) 현상, 인간 외부의(infrahuman) 현상, 더 넓게 말한다면 인간을 넘어선(extra-human) 현상들과 맺고 있는, 혹은 맺고 있다고 상상하는 모든 관계들을 포함하는 단어이다. 여기서 '인간을 넘어선'이라는 범주에는 죽은 인간의 정령(spirit)이 포함된다는 설명을 덧붙일 필요가 있다. 이렇게 정의할 때 우리는 한국의 종교들이 매우 복잡한 연구 대상을 이루고 있음을 볼 수 있을 것이다. 한국인의 삶의 어떤 영역에서도, 다양한 개인들뿐 아니라 어떤 개인에게도 유지되는 종교 신념들의 혼성물(mosaic)만큼 문명의 유구함을 분명하게 보여주는 것은 없다. 우리는 이 신념들을 따로 다룰 수밖에 없지만, 독자들은 다음과 같은 사실을 유념해야 한다. 모든 한국인의 심성에는 전체가 뒤엉켜 있다. 아무리 논리적으로 서로를 부정하는 것이라고 해도, 다른 신앙 간에는 어떠한 대립도 존재하지 않는다. 그 신앙들은 수 세기에 걸쳐 함께 침잠(沈潛)하여 일종의 종교 복합체(religious composite)를 이루었고, 사람들은 이 복합체로부터 자기가 좋아하는 요소를 선택하면서도 나머지 요소를 무시하지 않는다. 누구도 이 복합 종교에서 어느 한 부분만 배타적으로 신앙하지 않는다. 그는 마음의 어떤 상태에서는 불교적 요소에 의존할 수도 있고, 다른 때는 조상의 주물숭배(呪物崇拜, fetishism)로 전환할 수도 있다. 일반적으로 전인적인 한국인은 사회에 있을 때는 유교인, 철학할 때는 불교인, 어려움에 빠질 때는 정령숭배자가 된다고 할 수 있다. 어떤 사람의 종교가 무엇인지를 알고 싶다면, 그가 어려움에 빠졌을 때를 지켜보아야 한다. 그럴 때 그의 진정한 종교가 나올 것이다. 이러한 이유에서 나는 한국인의 밑바탕에 깔린 종교이자 다른 모든 단순한 상부구조들의 기초는 한국인 본래의 정령숭배(spirit-worship)라는 결론을 내렸다. 일반적으로 이 용어는 애니미즘(animism), 샤머니즘, 주물숭배, 자연숭배를 포함한다.

　불교는 서기 원년 후 몇 세기 안에 한국에 소개되었고, 유교도 곧이어 소개되었다. 불교는 철학적 측면 때문에 백성들에게 호소력을 갖기에는 너무 신비주의적이었다. 불교는 당대 유행하는 국가 종교로 도입된 것이기에, 사변적 성격은 중요한 장점이었다. 반면에 유교는 인간 본성의 감정적 차원에 호소력을 갖기에는 너무 차갑고 유물론적이었다. 그래서 유교는 단순한 정치 체제가 되었고, 유교의 도덕적 요소는 대중적으로 큰 규모의 추종자를 형성하지 못했다. 그러나 두 체계 모두 결국은 본래의 정령숭배와 섞여 종교 복합체를 형성하게 되었다. 이상하게 들릴지 모르겠지만, 오늘날 한국인이 가진 가장 순수한 종교 관념은 하느님(Hananim) 신앙이다. 하느님은 수입된 신앙들과 전혀 연결되어 있지 않고 조잡한 자연숭배로부터도 멀리 떨어져 있는 존재이다. 하느님이라는 단어는 "하늘(heaven)"과 "님(master)"의 조합이며, 중국어 단어 "천주(天主, Lord of Heaven)"에 해당하는 순수 한국어이다. 모든 한국인은 이 존재를 우주의 초월적 지배자라고 여긴다. 하느님은 자연에 어디에나 창궐하는 다양한 귀신들과 악귀들의 세계 바깥에, 그로부터 완전히 떨어져서 존재한다. 이러한 관점에서 볼 때, 한국인은 엄격한 일신교도(一神敎徒, monotheist)이다. 이 존재에 부여된 속성과 권능은 여호와와 너무나 맞아떨어지는 것이어서 외국 (개신교) 선교사들은 거의 만장일치로 기독교에 대해 가르치는 데 이 단어를 사용하는 것을 받아들였다. 로마 가톨릭은 같은 의미를 가진 순한문 천주를 채용하였다. 그러나 이 단어는 기독교가 들어오기 오래전부터 사용된 동일한 대상을 가리키는 말이기도 해서, 이교 신의 이름을 부르는 것이 될 수도 있다. 그러나 중국에서는 천주라는 이름을 가진 우상을 볼 수 있지만, 한국인은 하느님에 대한 물질적 표상을 만들려는 노력을 절대로 하지 않았다. 하느님은 어떠한 우상숭배적인 제의를 통해서도 숭배된 적이 없다. 한국인의 마음속에서 그 개념은 하느님 자신의 성격을 나타내기에 전혀 손색이 없다. 한국인이 물질적 하늘을 이 신의 위격(位格, person)으로 여기는지에 대해서는 논의의 여지가 있다. 좀 더 무지한 사람들은 그가

[그림 2] 불교 주지

보이지 않는 존재임을 부정하고 하늘을 가리켜 보임으로써 증거를 대고자 할 것이다. 그러나 한국인은 하느님에게 햇빛과 비를 내려 아버지처럼 인간을 돌보아주는 속성과, 벼락이나 다른 질병을 내려 악인을 벌주는 응보(應報)의 속성을 부여한다. 가뭄, 전염병, 기타 자연재해가 일어날 때 황제가 그것을 바로잡기 위해 기도를 올리는 천제단(天祭檀, Temple of Heaven)은 순전히 중국의 창안이다. 이것만이 두 나라에 존재하는 공통되면서도 독립적인 신격 관념으로부터 한국의 하느님이 갈라져 나왔다는 연결성을 보여주는 유일한 것이라고 말할 수 있겠다. 일반적으로 백성들은 하느님에게 제사(worship)를 올리지 않는다. 방금 말한 대로 황제만이 제사를 올릴 수 있는데, 이것을 두고 한국인이 이 존재의 관념을 중국으로부터 받아들였다고 성급하게 단정하는 사람이 있을지도 모르겠다. 그러나 나는 이 관념이 중국뿐만 아니라 한국에도 고유한 것이라고 확신한다.

유교가 인격적인 초월적 존재를 상정하는 한에서, 방금 말한 내용은 한국종교의 유교적 요소와 일치한다. 그러나 불교 측면을 보면, 셀 수 없는 수의 신들이 존재하고 한국인에게 가장 일반적인 존재는 초월적 지배자 옥황상제(玉皇上帝, Jade King)이다. 불교 신격들의 다양한 "쓰임새"는 점복에 관해 이야기할 때 다시 나올 것이다.

[그림 3] 종교와 예술
(위) 강당 처마 / (아래) 불교의 거룩한 존재

이제 한국인의 실제적인 종교라고 부를 수 있는 것, 개인의 일상에 분명한 영향을 끼치는 셀 수 없는 정령들에 대한 믿음을 이야기하도록 하자.[2] 상위 신격들은 특별한 날에 모셔지지만, 다른 신들은 매일같이 눈에 띠어 일반적인 한국인들은 그들을 늘 염두에 두고 있다. 이 점을 과장해서 말하기는 어렵지 않지만, 사실 많은 한국인은 어떤 종류의 신이나 위력에도 신경을 쓰지 않는다. 그들은 자신의 감정을 속박하는 것에 도덕적으로 반감을 보이며, 있을지도 모르는 그런 정령을 달래는 것에 자기 재산이 좌우된다는 것을 믿을 정도로 지적 능력이 떨어지는 것도 아니다. 그들도 그러한 사실을 인정할지도 모르지만, 그것을 논리적으로 적용하는 데 매달리지는 않는다. 그러나 그러한 정령의 존재를 믿고 그들을 달래려 전전긍긍하는 다른 많은 한국인도 존재한다. 이들 중 압도적 다수는 여성들이고, 이들은 상대적으로 적은 교육을 받아 미신을 받아들이기 쉽다고 말하는 편이 안전할 것이다. 많은 남성도 평소에는 도깨비를 비웃으며 우습게 보지만, 병상에 있게 되거나 다른 고통스러운 재난을 당했을 때는 이전의 회의주의와는 타협하고 기꺼이 같은 도깨비에게 다량의 뇌물을 바칠 것이다. 이미 말했듯이 어려움에 빠질 때 믿음이 나오는 법이다. 한국 민담에서는 한 양반이 정령과는 무관하게 아픈 상황에 놓인 이야기가 많이 있다. 하지만 부인은 반대로 생각해서 남편 모르게 무당과 판수를 찾아가 질병 악귀를 쫓아내려고 한다.

우리는 앞에서, 유교 때문에 열등한 지위를 부여받은 여성들이 일

---

2 'spirit'은 무속의 맥락에서 신령, 신, 귀신으로 옮기는 것이 자연스럽지만 번역의 일관성을 위해 '정령'으로 옮겼다.

반적으로 불교의 가장 큰 신봉자들이라는 사실을 지적한 적이 있다. 유교는 악귀와 도깨비 신앙을 적대시한다고 공언하였으나, 불교는 이런 존재들과 혼합되어서 한국 여성들은 두 신앙을 포용하지 않고서는 신앙을 유지하기 힘들 정도이다. 대부분의 한국 양반들은 정령들이 사람의 운명을 좌우한다는 생각에 냉소적이지만, 부인들이 하위의 신앙에 매달리는 것을 막지는 않는다.

　두 계열의 정령이 있다. 알려지지 않은, 인간을 넘어선 기원을 가진 것들과 망자의 영혼을 나타내는 것들이다. 샘물, 바위, 나무, 동굴, 강에 출몰하는 다양한 요정(elf)들은 자연신들로, 순수하고 단순하며 인간 운명과 별로 관계가 없다. 다만 사람들이 행운을 얻기 위해 그들에게 제사를 지내는 정도이다. 그들은 선한 요정(fairy)으로 표현되며 달래질 필요는 없다. 단지 복이나 도움을 달라고 빌기만 하면 된다. 질병과 재앙의 정령들도 일반적으로 자연신으로 여겨지지만, 인간적 기원을 가진 것으로 여겨지지는 않는다. 이들은 달래어지거나 다른 곳으로 쫓겨나야 하며, 이를 위한 의식은 무당이나 판수의 지위에 있는 사람에 의해 거행된다. 이 정령들은 모두 귀신(kwisin, kweesin)이라는 이름으로 통용된다. 그러나 도깨비(tokgabi)라고 불리는 다른 부류가 있는데, 이들은 서양 민속에 나오는 악한 임프(imp)에 해당하는 존재이다. 그들은 항상 짓궂은 장난에 몰두하고 있어 남을 골탕 먹이는 것에 큰 기쁨을 얻는다. 그들은 부엌 근처를 날아다니다가 솥과 냄비를 두드린다. 착한 사람의 상투를 잡아당기고 잘라서 날아가 버린다. 솥뚜껑을 솥 바닥에 집어넣는다. 이 모든 것들과 다른 장난들이 그들이 집 주변에서 하는 것들이다. 그들은 떼 지어 다니기 좋아하고 멀리 나가서 떨어진 곳에 자기들끼리 지내려고 하지 않는다. 만약 구두쇠가 돈을 묻었다면, 그들은 그 자리를 봐두었다 그 주위를 맴돌아서, 자기들은 돈이 소용없어도 다른 사람도 감히 그곳에 생활할 수 없도록 한다. 그러나 악귀(malignant spirit)는 대부분 모두 폭력적인 죽음을 겪었거나 잘못되어 비극적으로 죽었지만 복수할 수 없는 사람들의 손상당한 영혼들이다. 일반적으로 이들은 살아있는 동안 착한 사람이었다. 지금의 개탄할만한 상황은 과거 잘못에 대한 징벌이 아니라, 매장되지 않은 사람의 영혼에 대한 고대 그리스인들의 생각과 어느 정도 마찬가지의 상황에 그들이 놓여 있기에 발생한 것이다. 정령이 안식을 얻기 전에는 이루어져야 할 일이 있다. 정령은 "안치(安置, laid)"되어야 하기 때문이다. 정령은 이 일이 이루어지기까지는 사람들을 성가시게 하고 괴롭혀야 한다고 생각하는 것처럼 보인다. 자기에게 해를 주었던 사람에게 장난칠 기회를 노리면서 기다리고 있는 수많은 정령이 있다. 이 덫과 함정들을 치우는 데 성공한 사람은 그들의 박해 대상이 되지 않는다.

이 그림자 같은 존재들이 분명히 초인간적인 능력을 지니고 있다고 해도, 어떤 측면에서는 이들이 인간보다 못한 존재라는 점을 인식하는 것이 중요하다. 한국 이야기에서는 대부분 악령이 한 올바른 사람의 말에 의해 좌절하게 된다. 그는 단지 두려워할 뿐 아니라 복종해야 하는 것이다. 그러나 그 이야기는 이쯤 하고, 이제 몇몇 한국 신들의 고유한 이름과 특징들을 상위 단계부터 시작해서 알아보도록 하자.

알라(Allah)가 『아라비안나이트』의 신령(gnome)이나 요정(naiad)과 분리되어 있는 것처럼, 하느님은 다른 신들과 완전히 분리되어 멀리 떨어져 있다. 한국인은 하느님 외에 오방장군(五方將軍, Five Point Generals)을 믿는다. 이들은 눈에 보이는 하늘의 다섯 방향—동서남북과 중앙−을 지배한다고 한다. 맹인 축귀사인 판수는 악령을 억누르기 위하여 이들에게 기도하고 제사를 올린다. 다섯 신은 각각 십만 군대를 거느리고 있고, 판수는 이들에게 실질적인 도움을 청한 것이다. 오방장군은 흔히 마을 신으로 여겨지고, 기묘하게 새겨진 기둥이 시골 마을 입구에 세워져 있는 것을 흔히 볼 수 있다. 이정표라고 잘못 불리기도 하는 이 기둥은 오방장군을 표현한 것이며 입구에서 악령을 막아주는 수호자로서 서 있다.

그다음으로는 지신(地神, earth spirits)이 있다. 한국인들은 지신 때문에 땅을 파서 광물 채취하는 것을 꺼린다. 그러면 지신이 도둑맞았다고 생각해서 벌줄 것으로 생각하는 것이다. 이러한 이유에서 광부들은 사실상 버림받은 이들로 멸시받는다. 무덤을 팔 때마다 지신에게 고해야 한다. 실수가 생기면 망자의 자손이 아침에 일어나서 무덤이 비고 시신이 사라진 것을 발견하고 영원한 불명예에 빠지게 될지도 모르기 때문이다. 집은 지신이 허락해 준 곳에만 지어져야 하고, 한 채 이상의 집이 있다면 무너뜨리고 다른 곳에 지어야 한다. 왜냐하면 지신의 발가락이 짓밟혔기 때문에 신이 내릴 무서운 불운이 닥칠 것이기 때문이다.

여행자들은 흔히 길가에 작은 돌들이 쌓여있는 무더기와 넝마, 머리털, 색동옷 조각, 돈과 각종 쓸모없는 물건들이 달린 덜 자란 나무를 만나곤 한다. 그런 장소는 평지에서 볼 수도 있지만, 두 계곡 사이 통로 꼭대기 근처에서 보게 되는 경우가 더 많다. 이 성스러운 장소는 특정한 정령에 봉헌되는 곳이 아니라 어느 지역 신이나 전체 지역 신들에 봉헌되는 곳이다. 여행자는 돌멩이를 하나 집어 돌무더기 위에 던져 놓는다. 이것이 여행의 성공을 비는 그의 기도이다. 만약 "행운의 뱀”이 행운을 주지 못할 것이라고 걱정할만한 이유가 있다면, 그는 돌무더기에 침을 뱉는다. 물건 꾸러미를 이웃 장터에 팔러 가는 사람은 그 앞에 서서 “운을 위해” 나뭇가지에 돈 한 푼을 묶는다. 이것은 정령에게 바치는 것으로, 재정적인 성공을 비는 것이다. 마을에서 온 여인은 밥 한 공기와 약간의 꿀을 갖고 언덕으로 올라와 음식을 돌 앞에 진설(陳設)하고 허리를 굽힌 자세로 비손한다. 그녀는 고기잡이 나간 아들이 제때 집에 돌아오기를 빌거나, 병에 걸린 아들이 빨리 쾌유하기를 빈다. 신부가 자기 치맛단을 잘라 나무에 묶는 일도 있는데, 이것은 아버지 집의 선한 신이 그녀의 새집으로 따라오느라 부모의 집을 잊는 일이 일어나지 않도록 하기 위한 것이다.

이 정령들의 이름이 많은 만큼, 정령을 모신 다양한 사당들의 이름 목록도 길어질 수밖에 없다. 특수한 바위의 정령을 위해 세워진 바위당(石堂, Boulder Hall), 불교와 주물숭배 가운데에 있는 미륵당(佛堂, Buddha's Hall), 천체의 정령을 위한 칠성단(七星堂, Ursa Major[큰곰자리] Hall), 불교 경전을 가리키는 경당(經堂), 주물을 묶는 나무나 돌무더기가 있는 자리의 일반적인 이름인 성황당(城隍堂, Wall and Moat Hall), 제주도 사람들만 볼 수 있는 남극노인성(南極老人星)을 모신 노인당(老人堂, Old Man Hall), 그 밖에도 할미당(Grandmother Hall), 국사당(國師堂, Kingdom Teacher Hall), 용신당(龍神堂, Dragon Spirit Hall) 등이 있다.

한국인이 산신령(山神靈, mountain spirit)이라고 부르는 존재도 있다. 그는 한국의 초자연적인 존재 중에서 서양의 천사에 가깝지만, 항상 흰 수염을 길게 늘어뜨린 나이 지긋한 남성으로 표현된다. 그는 가까이 갈 수 없는 산꼭대기에 거하며 항상 지복(至福)의 상태에 있다. 산신령을 볼 기회가 있는 사람에게는 행운이 있다. 만약 어떤 사람이 모범

적인 삶을 살면, 그는 신선(神仙)이 되어 산 위의 행복한 무리에 속하게
된다고 한다. 한국 이야기에는 이 신령들이 나타나는 곳에 가는 착한
소년의 신나는 모험담이 많이 있다. 이 이야기 중 하나는 립밴윙클(Rip
Van Winkle) 이야기와 비슷해서 잠시 소개할 필요가 있다.[3]

박순이는 직업이 나무꾼이었고, 그의 아내는 바가지가 심했다. 그
는 하루 일당을 벌면 걱정이 없었지만, 아내는 그가 많이 벌어오지
못한다고 야단이었고 행여나 일감이 없는 날에는 크게 역정을 냈다.
어느 날 아침 그는 등에 지게를 짊어지고 평소와 같이 산등성이에서
장작을 모으고 있었다. 매우 더운 날이어서 그는 잠시 나무 그늘에
앉아 더위를 식혔다. 그가 자연스레 꾸벅꾸벅 졸기 시작했을 때, 두
지긋한 노인네가 한 명은 장기판을, 한 명은 장기알을 들고 다가오는
것이 보이는 게 아니겠는가? 그들은 그늘에 앉아 장기를 두기 시작했
고, 나무꾼 쪽으로는 쳐다보지도 않았다. 그는 흥미롭게 판이 진행되
는 것을 구경했다. 그것은 그가 본 것 중 최고의 장기 게임이었다.
마침내 노인 한 명이 말을 옮기며 "장이야"를 외쳤다. 그것이 그가
들었던 최초의 말이었고, 그때 그는 자기 발을 쳐다보았다. 노인들은
연기처럼 사라졌고, 그는 남아서 허망하게 도끼와 지게를 찾았다. 지

---

3 립밴윙클(Rip Van Winkle)은 미국 소설가 워싱턴 어빙(Washington Irving)의 『스케치
북』(The Sketch Book, 1819~1820)에 수록된 단편소설의 주인공이다. 립은 미국 뉴욕
주 허드슨강 근처 마을에 사는 게으름뱅이이며 공처가이다. 어느 날 산에 사냥 갔다가
이상한 모습의 낯선 사람들을 만나 그들의 술을 훔쳐 마시고 취하여 잠들었다. 깨어나
마을로 돌아와 보니, 20년의 시간이 흘러 아는 사람이 없었다. 그 사이에 미국은 독립하
여 낯선 국기가 걸려 있었다. 과거 세계에서 돌아온 립은 당혹감을 느끼지만, 아내가
죽고 없다는 사실에 안도하며 자식과 함께 잘 살았다. 다음에 인용된 한국 이야기와
여러 면에서 닮았지만, 한국 이야기는 아내가 여전히 살아있다는 것이 다르다.

게는 사라졌고, 도끼에는 녹슨 쇳덩어리만 남아있었다. 그의 옷은 넝마가 되었고 수염은 허리까지 자랐다. 그는 비틀거리며 산등성이에서 내려와 마을로 갔다. 모든 것이 바뀌어 있는 것 같았다. 얼굴들이 낯설었다. 한 사람을 멈춰 세워서 박순이라는 이름을 가진 자가 사는 곳을 아느냐고 물었다. 그 남자는 물끄러미 쳐다보더니 박순이는 30년 전에 사라졌다고 했다. 그는 아마 산속을 떠돌다가 호랑이에게 잡아먹혔을 거라고 했다. 그때 한 할머니가 물을 뜨러 우물에 가다가 서서 이야기를 듣고 있었다. 혼란스러워진 나무꾼은 자기가 박순이라고 외쳤다. 이 말을 들은 할머니는 물동이를 떨어뜨렸고, 이내 누더기 상태의 그의 상투를 잡고서 길거리로 끌고 갔다. 게으른 한량이 30년 동안이나 마누라를 홀로 남겨놓고 이제 와 무슨 낯짝으로 돌아와 얼굴을 내미느냐고 허공에 소리를 지르는 것이었다. 이것은 옛날과 똑같은 반응이어서 박순이는 행복했다. 어쨌든 그가 미친 것은 아니라는 것을 알 수 있었기 때문이었다. 장기가 느린 게임이라고 생각하는 사람은 이 이야기에서 확신을 얻을 수 있을 것이다.

이들 외에도 마을 신(village gods)들이 있다. 마을 신은 특정한 장소를 지켜주는 존재로, 사람들은 그를 위해 사당을 세우고 매년 제사를 올린다. 제사에는 마을 사람 모두가 관여하고 비용은 함께 부담한다.

용(龍) 숭배는 중국에서 만들어졌다고 추정하는 것이 안전하다. 한국인들은 상상력이 풍부해서 산의 존재들에 관한 생각을 커다란 용의 몸체에 연관시켰다고 볼 수도 있지만, 이 생각은 한국인들이 발달시키기 훨씬 이전에 중국에 존재했다. 사실 정령 중에는 중국인들이 생각하는 것과 동일한 신들도 있는 반면에 한국 고유의 것들도 있다. 각종 관념과 그 조건이 한반도에서 혼합되었기 때문에, 우리는 많은 관찰을 바탕으로 편견을 배제하고 말해야 한다. 우리는 유교와 불교가 어디서 전래되었는지 안다. 그러나 그 나머지 부분에 대해 우리가 "아는" 유일한 것은 그것이 여기에 존재한다는 것이다. 용은 한국인의 삶에서 중요한 역할을 하고 있고, 그 영향은 항상 좋은 쪽으로만 나타난다. 우리는 이 신화적 동물이 한국인의 운명과 접하게 된 수많은 지점을 기술하는 것부터 논의를 시작할 수는 없다.

페티시(fetich)의 문제는 앞으로의 논의와 밀접하게 관련된다. 많은 정령에 대한 믿음 때문에 사람들은 물리적 표상을 통해 정령들의 위치를 정해주고자 하였다. 그들은 페티시가 정령 자체라고 생각한 것이 아니라, 정령이 페티시에 묶여 있어서 필요할 때면 페티시를 통해 찾을 수 있다고 생각하였다. 한국의 페티시에 관한 권위자는 조지 허버 존스(George Heber Jones) 박사이다.[4] 그는 다음 내용을 가장 중요한 것으로 강조한다. "한국인은 이사할 때 그의 '신들'을 함께 데리고 가지 않고 그가 가는 집의 신들의 지배영역으로 이동한다." 이러한 이유에서 한국인은 정확한 신들의 목록을 아는 것에 매우 조심한다. 만약 병이나 불운이 닥치면 어려움에서 벗어나기 위해 정확히 누구에게 기도를 드려야 하는지를 알아야 하기 때문이다. 각 가정에는 성주(Holy Master)가 있다. "성주의 페티시는 백지(白紙)와 작은 쌀 봉지로 이루어져 있는데, 그것은 안방 대들보 위에 걸려 있다." 새집을 지을 때는 정교한 의식이 거행되곤 하는데, 주인이 미신적이면 더욱 그러하다. 무당을 부르고, 그녀는 비의(秘儀) 기술에 사용해 성주를 초청해서 지

---

4 이 부분은 이 책에 수록된 조지 존스의 "한국인의 정령숭배"(1901)를 부분적으로 인용한 것이다.

[그림 4] 한국종교의 상징
(위) 은진의 거대한 석상 / (아래) 오른쪽에 '악마 기둥', 가운데는 여행자가 행운을 비는
돌무더기, 왼쪽 끝에는 정령을 달래기 위해 나무에 헝겊, 돈, 생선 대가리 등이 달려 있다.

붕 아래 살게 하고 집사람들의 전체 운을 관장하고 병을 쫓아내고 통상적인 보호를 수행하도록 한다. 그때부터는 누구도 집 문지방 위를 밟지 말고 넘어가야 한다. 문지방은 집안 신의 목이고, 그것을 밟는 것은 신을 노하게 해 불행을 몰고 오기 때문이다. "성주 다음의 지위를 가진 것은 터주(Lord of Site)이다. 터주의 페티시는 막대 세 개 위에 부스처럼 세워진 짚단으로 이루어진다." 터주는 집을 지배하는 것이 아니라 집이 지어진 터를 지배한다. 그가 좋은 기분을 유지해야지, 안 그러면 어려움이 일어날 것이다.

한국인들은 복(福)에 굉장히 의지하는 사람들이다. 그들은 결국 그 관념을 신격화해서, 각 가정에 행복(Good Luck)에 대한 페티시를 두고 일 년에 두 번 매우 정확하게 제사를 올린다. 존스 박사는 매우 적절하게 다음과 같이 말한다. "신이 그의 자녀에게 순수한 사랑과 친절로부터 친절한 신적 호의를 부여한다는 관념은 한국에서 나타나지 않는다. 한국의 종교는 길함(luck)과 불길함(ill-luck)이 있다는 낮은 수준에 머물러 있을 뿐이다. 만사가 잘 풀리면 정령들이 가족에 길함을 내려 주는 것이다. 일이 잘 풀리지 않으면 길함이 물러나고 불길함이 들어선 것이다." 이와 관련해서 한국인들은 복을 부르는 다양한 종류의 물건을 갖고 있는데, 이것은 미국 흑인들이 토끼의 다리를 갖고 다니는 것과 마찬가지이다. 한국에는 복뱀, 복돼지, 복두꺼비, 복족제비, 복동이가 있다. 이 나라에는 사람들이 복뱀을 모시는 자리가 있고, 집 근처에 큰 뱀이 나타나는 것은 좋은 징표로 환영받는다.

매년 새해 무렵에 한국인들은 작은 짚 인형을 만들고 동전 몇 닢을 인형 몸속에 넣고는 길거리에 던져 버린다. 아이들은 그것을 주워 뜯어내고 돈을 얻는다. 이런 식으로 액운이 분해되고 무효화 되었다고

[그림 5] (좌) 전쟁 신의 경호원 / (우) 마을의 악마 기둥

생각하는 것이다. 어떤 이들은 문신(門神, Door-spirit)의 페티시로 집 현관에 모자와 저고리를 걸어놓는다. 다른 이들은 다양한 가정 신격들의 페티시로 낡은 신, 볏단, 생선 대가리 등을 걸어놓는다.

모든 질병의 정령 중에서 역신(疫神)이 가장 위험하다. 역신이 들어오지 못하게 하기 위해서, 이미 들어왔다면 몰아내기 위해서 복잡한 제사가 치러진다.

이상이 한국인을 둘러싼 많은 정령이다. 이들은 항상 한국인을 감시하고 언제든지 그에게 재앙을 내릴 준비가 되어 있다. 그가 산에 가더라도, 안방에 가더라도, 지구 저 끝 먼 곳으로 여행을 가더라도, 그들은 한국인을 따라다닐 것이다. 그러므로 한국인이 상상력에 의한 허구의 존재, 그에게는 여전히 매우 실재하는 존재와 어떻게 좋은 관계를 유지하는지를 탐구할 필요가 있겠다.

　동양의 상상 세계 어디에나 존재하는 신비한 힘을 다루는 것을 목표로 하는 두 기술자에 의해, 한국 사회는 복을 받기도 하고 저주받기도 한다. 이 소명을 따르는 사람들을 무당이나 판수라고 부르는데, 이에 가장 가까운 영어는 "요술사(sorceress)"나 "축귀사(exorcist)"이고, 넓게는 마법사(wizard)나 마녀(witch)라고 불릴 수도 있다. 무당(巫堂)이라는 말은 "무리를 미혹함"을 뜻하고, 판수는 "운명을 정하는 사람"을 뜻한다. 무당이라는 이름은 특히 적당하다. 무당은 항상 여성이고, 사회 계층 중 최하로 여겨진다. 일반적으로 결혼하기는 하지만, 그녀는 항상 버려진 인물이다. 그녀는 일종의 영매(靈媒, spiritual medium)를 자처하며, 정령들과의 친분이 있어 원하는 대로 정령에 영향을 줄 수 있는 척한다. 기자(箕子)는 중국에서 강신술(降神術, necromancy)을 가져온 것으로 알려져 있다. 무당과 가까운 관련이 있는 인물이 수천 년 동안 중국에 존재한 것은 확실하다. 만일 기자가 실제 인물이었다면 그는 주문 암송(incantation) 형식을 가져왔을 것이다. 우리는 그가 정령 숭배를 가져온 것인지 단지 정령을 다스리는 한 방법을 가져온 것인지에 대해서는 결론을 내릴 수 없다. 무당에 의해 거행되는 의식, 그것 없이는 무당의 역할이 불가능한 이 의식을 굿(kut)이라고 부른다. 굿을 통해서 그녀는 열 가지 다른 형태의 역할을 수행한다.[5]

　가장 요구되는 역할은 질병 정령을 쫓아내는 일이다. 하지만 왜

5　무당의 개념을 설명하는 이 단락에서 시작하여, 무당의 역할, 굿의 종류, 판수의 점복, 점복의 종류를 설명하는 이하의 내용은 헐버트의 다음 글을 요약, 수정한 것이다. 헐버트는 1903년 자신이 편집한 『코리아리뷰』에 "한국의 무당과 판수"라는 글을 6회에 걸쳐 연재했다. Homer B. Hulbert, "The Korean Mudang and P'ansu," *The Korea Review* 3-4, 5, 6, 7, 8, 9 (1903).

정령들은 이런 식으로 사람을 괴롭히는 것일까? 글쎄, "굶주린" 정령들이 있다. 당신이 식사할 때 그들은 문 주위를 어슬렁거린다. 만약 당신이 밥 한술 던져주지 않는다면 그들은 앙심을 품을 것이고 당신을 몸져눕게 할 힘을 갖는다. 두 친한 친구 중 한 명이 죽는다면, 그 정령은 죽은 후에도 친구를 따라다닌다. 이것 역시 문제를 일으킨다. 그가 정령의 존재를 부정해서 정령에 예의를 갖추지 않는다면, 정령이 그의 머리를 방문하게 된다. 한 자리에 오래 쌓여있는 각종 쓰레기 더미에는 거하는 정령이 있어 자기를 성가시게 하는 사람에 해를 입힌다. 만약 죽은 사람의 집에 간다면, 죽은 사람 정령이 당신을 집까지 따라와 문제를 일으킬 수 있다. 이러한 것들은 정령의 악의에 의해 사람이 해를 입는 수많은 방식 중 몇 가지이다. 우리는 이 사례들로부터 사람의 실제 잘못 때문이 아니라 오직 순전한 우연에 의해서 이런 일이 일어남을 알 수 있다.

　어떤 사람이 재수가 없어 병에 걸리게 되었다고 생각해보자. 그는 이것이 정령에 의한 것인지 확신할 수 없을 것이다. 그러나 그가 그런 의심을 할 근거가 있다고 해도 그는 무당의 집에 사람을 보내 무당에게 그의 증상을 말하고 무슨 정령이 병을 일으켰는지 물을 것이다. 그녀는 어떤 정령 이름을 대거나 우선 환자를 보아야겠다고 말할 것이다. 2, 3달러의 사례를 받고 나서 그녀는 굿이 열릴 길일을 알려준다. 굿은 환자에게 지불할 수단이 있느냐에 따라 환자 집에서 열릴 수도 있고 무녀의 집에서 열릴 수도 있다. 준비가 얼마나 복잡한지 역시 경우에 따라 다르다. 만약 그 어려움이 죽은 친척이 일으킨 것이라면 큰 주의가 요구된다. 그러나 일반적인 정령에 의한 것이라면 보통 때 먹는 것 약간만 길가에 던져 놓아도 고통이 떠나가게 될 것이다.

확실히 갔는지 알아보기 위해 음식을 놓은 뒤 식칼을 길에 던져 본다. 만약 칼날이 문 바깥쪽을 향하며 떨어지면 정령이 떠난 것이다. 그러나 날이 문 쪽으로 향해 있으면 정령이 떠나기 전에 더 요구한다는 것이다. 환자가 돈이 많은 사람이라면 가까운 굿당에서 의식이 거행될 수도 있다.

환자의 집에 도착하면 무당은 전체 자리를 주관해서 음식을 진설 (陳設)하고 아픈 사람 친구들이 특정한 방향을 향하도록 자리를 잡아 준다. 그녀는 보조자를 데려오는데, 모든 준비가 끝나면 보조자는 앉아서 바구니를 뜯기 시작한다. 이것은 정령을 끌어오는 것이라고 한다. 무당이 춤추기 시작하고 정령이 오도록 부른다. 그녀는 완전한 열광 상태에 도달하고, 이 시점에서 구경꾼들은 정령이 그녀 몸에 내렸다고 믿는다. 이제 모든 말은 정령의 말이지 무당의 말이 아니다. 그녀는 몸에 들어온 귀신의 이름을 외치고 환자를 치료하기 위해 해야 할 일을 말해주는데, 이 지시사항에는 가윗돈을 얼마나 더 주어야 할지에 대한 것도 일반적으로 들어가 있다. 마침내 정령은 병을 물리겠다고 약속하고, 무당은 몇 발짝 더 뛴 후에 정령이 물러감을 알리는 소리를 지른다. 갑자기 고요해지고 이전의 흥분은 흔적도 남아있지 않게 된다. 그녀는 완전히 지친 척을 하거나 죽은 사람처럼 쓰러지는 식으로 더 완전한 속임수를 쓰려고 하지 않는다. 의뢰인의 미신이 막대하기 때문에 그런 자잘한 일은 전적으로 불필요하다. 정령에 드려졌던 음식은 무당과 환자의 친구들이 거하게 먹어치운다는 것은 더 말할 필요도 없을 것이다. 이 모든 소요와 소란이 환자에게 가져온 결과가 매우 유익한 경우는 좀처럼 없을 것이다.

두 번째 종류의 굿은 사망 이후에 거행된다. 망자의 정령은 사망 이후 삼일 간 집 주변에 머물러 있을 것이고, 종종 이보다 오래 있기도 한다. 친척들이 망자에게 뭔가 할 말이 있었는데 할 기회가 없었다고 판단하면 무당을 부른다. 무당을 통해서만 정령과 뜻을 주고받을 수 있다고 생각하기 때문이다. 무당이 와서 음식을 진설하고 접신(接神)한다. 하지만 이때에는 춤추거나 소리 지르지는 않는다. 정령은 무당을 통해 원하던 사연을 전하고, 그 후에 친구들은 울며 작별을 고하고 정령은 떠난다. 그 후에 모두 흩어지고 상은 치워진다.

어떤 때는 시신이 매장된 후 다른 굿이 거행되기도 한다. 만약 망자가 큰 신 중 하나가 보낸 전령[저승사자]에 의해 불려가 목숨을 잃은 것이라고 생각되면, 무당이 불려와 저승사자를 부르도록 하여 망자를 고생길(purgatorial stage)을 거치지 않고 극락으로 바로 가게 하도록 부탁한다. 이때는 망자의 정령을 불러와 마지막으로 좋은 모습으로 나타나게 할 능력이 있어, 마지막 작별 인사를 고한다.

이것으로 모든 게 끝난 것이 아니다. 매장한 지 한 달 후 망자의 친구들이 돈이 있으면 인근의 잘 알려진 굿당에서 큰 굿을 한다. 무당은 잘 차려입고, 인상적인 의식이 될 수 있도록 모든 것을 준비한다. 굿의 목적은 망자의 영향력을 보호하거나 염라대왕(閻羅大王, Judge of Hades)과 "연줄"(pull)을 놓는 것이다. 망자에게 그렇게 할 수 있는 돈이 없다고 해도 친구들이 대신 해 준다.

음식이 진설되고, 무당은 소복(素服)을 입고 평소처럼 한 바퀴 돌더니 트랜스 상태가 되고 망자의 정령이 들린다. 그는 할아버지를 만났는지, 다른 죽은 친척들을 만났는지 질문을 받고, 그런 류의 모든 질문을 더 받는다. 무당은 모순이 발생하는 것을 두려워 않고 이 질문들에 수월하게 답해준다. 심심치 않게 귀신은 아직 살아있는 자들에게 도움이 될 일을 해주겠다고 약속하기도 한다. 그래서 이득은 상호적인 것으로 보인다. 이 정령이 물러난 후, 염라대왕을 불러온다. 이 최종 심판장에는 열 명의 판사[시왕(十王)]가 있지만, 최고 판사는 염라대왕이다. 그는 음식을 받고, 저승에서 잘 지내게 해달라는 친구들의 애원을 듣는다. 그는 항상 그러겠노라고 약속하고 음식을 칭찬한다. 그후 무당은 친구를 담당하고 있는 특별 판사를 불러오고, 그 판사 역시 적당히 "구워삶아진다(fixed)." 간청하는 사람들은 약속을 통해 큰 어려움 없이 망자 사후의 생활 조건을 최대한 지낼만한 것으로 보장받는다. 그다음 그들은 망자의 집을 지키던 정령을 불러온다. 그 정령은 간단히 대접받고, 가족의 안위를 돌보겠노라고 약속한다. 그는 집안에 닥친 어려움에 대해 경고하고, 그것을 피할 최선의 방책을 충고해준다. 이들 특별한 정령을 모두 대접하면, 의식에 돈을 냈던 친척은 누구나 친구나 친척을 불러내 잡담을 나눌 수 있다. 한밤중까지 이어진다는 점 외에는, 꼭 망자와 오후의 티타임을 즐기는 것 같다.

무당의 주요 업무 중 하나는 역신(疫神, Great Spirit of Smallpox)을 다루는 것이다. 천연두는 그 자체로 특별한 구경거리가 되는 유일한 질병이다. 그리고 이것은 한국인이 이 질환을 인류가 이어받은 병에서 가장 앞자리에 두었음을 보여준다. 이것은 콜레라보다도 두려움의 대상이 된다. 가난과 마찬가지로 늘 우리와 함께하기 때문이다. 질병이 나타난 지 5일이 되면 가족 모두 머리를 빗지 않고, 새 옷을 입지 않고, 청소하지 않고, 문안에 새 물건을 들이지 않고, 나무를 하지 않고, 못을 박지 않고, 콩을 굽지 않고, 물이 빠져나가는 것을 막지 않는다. 그렇게 하면 환자가 눈에 띄지 않지만, 그렇게 하지 않으면 심하게 표시가 난다고 생각한다. 누군가 집에서 바느질하면, 환자에게 참을 수 없는 가려움을 일으킬 것이다. 조상신에게도 집의 수호 정령에게도 제사를 올려서는 안 된다. 천연두 정령이 기꺼워하지 않을 것이기 때문이다. 집안 식구들은 콩이 없는 흰 쌀밥을 먹어야 한다. 콩이 있으면 환자가 검은 얼굴이 되기 때문이다. 동물을 죽여서는 안 된다. 그러면 아픈 사람이 자기 얼굴을 할퀴어서 병이 악화하기 때문이다. 씻는 것과 닦는 것도 금지된다. 환자 코가 계속 막히게 되기 때문이다.

9일이 지나면 못 박는 것, 벽을 닦는 것, 동물 죽이는 것을 제외한 금지들은 해제된다. 13일이 되면 정령이 떠나는 날이라고 믿어진다. 그를 위한 음식이 차려지고, 싸리나무로 말 모양을 만들고, 말 등에 쌀과 돈으로 안을 채운 지푸라기 가방을 올려놓는다. 빨간 우산과 색색이 칠한 깃발이 달리고, 그 전체가 지붕 위에 설치된다. 말은 떠나는 정령이 타라고 제공된 것으로, 이것을 보면 이 일이 죽음으로 끝났는지 아닌지를 알 수 있다. 그날 무당이 와서 정교한 의식을 꼼꼼히 진행하며, 환자를 부드럽게 대해주고 마맛자국을 남기지 말고 떠나달라고 정령에게 빈다.

"용신(龍神, dragon spirit) 강령회(降靈會, séance)"[용신굿]에 관해 간단히 언급할 필요가 있다. 바다뿐 아니라 모든 강과 개천에는 용신의 거처가 있고, 강변의 모든 마을에서는 철마다 이 인자한 힘에 제사를 올린다. 그뿐 아니라 화물선에는 자체 의례가 있고, 연락선, 어선, 군함, 매년 중국에 사절을 보내는 배에는 모두 큰 용을 위한 특별한 형태의 제사가 있다. 용이 강우(降雨)를 제어하기에 이 제사는 매우 중요하다. 농업 소출이 위태로워지지 않기 위해서는 용을 달래야 한다. 의식은 보통 배의 무당에 의해 거행되고, 마을의 지도자들이 탈 수 있는 한 많이 동행한다. 무당의 수고비는 40달러 정도이다. 의식의 가장 흥미로운 대목은 무당의 춤이다. 그는 목까지 물을 채운 물병 위에 놓인 칼날 위에서 춤을 춘다. 우리는 그 칼이 얼마나 날카로운지 확증할 수는 없지만, 춤의 용 부분이 순전히 상상된 것이라 해도 수고비를 많이 받을 수 있다는 점은 추측할 수 있다.

연안(沿岸)을 오가는 배의 경우, 무당은 용신과 익사한 사람의 정령을 불러 모으고, 그들에게 바다가 잠잠해지고 항해가 성공하도록 간청한다. 고기잡이배를 위해서는 한 의례만으로 전 선박을 위해 충분하다. 무당은 사람들이 먹을 것을 잡기 위해 고약하게 무단으로 드나들었던 사실을 용에게 고백한다. 그래서 용에게 허물을 눈감아 주고 어부에게 풍어를 내려줄 것을 빈다. 연안선은 교량이 부족한 한국에서 중요한 시설이다. 배에 사람이 너무 들어차 가라앉는 일도 잦다. 매년 이 때문에 생기는 인명 손실도 상당하다. 배는 축제 의상으로 꾸며져, 돛대를 중심으로 배 전체를 뒤덮는 지붕 나무가 설치된다. 무당과 그를 따르는 군중들이 타고 해안을 떠난다. 정령을 위해 음식을 바다에 던지고, 무당이 "신들려" 흥겨워지면 물에 빠져 죽은 사람의 행동을 흉내 낸다. 무당은 지붕 나무로 뛰어올라 거기서 춤을 추고 있는 힘껏 소리를 지른다. 그들은 한 시간 정도 그런 괴상한 짓을 하고 해안으로 돌아온다. 그러면 무당은 버드나무로 달려가 꼭대기로 올라가서, 울부짖으며 놀랍게도 "올라선다." 그는 자신이 어두운 물속에 사로잡힌 정령이고, 주변을 잘 구경할 기회를 받아야 한다고 말한다. 그녀는 나무 꼭대기에서 "경치를 보고" 나서 내려온다. 무당은 계속 이를 갈면서 힘이 다하는 한 크게 울부짖는다.

1894년까지 조선 정부는 매년 북경에 사신을 보냈다. 사신이 출발하기 전에 수행원과 하인들이 큰 굿을 연다. 사신이 그런 미신과 관계된다는 것은 위신을 떨어뜨리는 일이지만, 비용의 상당 부분을 사신이 부담했다는 사실은 믿을만하다. 네다섯 명의 무당이 동원되고, 그들은 용신에게 일행을 잘 보살펴서 안전하게 돌아오도록 기원한다. 제의는 팬터마임 형식이어서, 무당 한 명이 사신 역할을, 다른 이가 조정 판서(判書) 역할을 연기한다.

위의 내용들은 무당의 예배(service)가 요청되는 사례 중 몇 개에 불과하다. 한국 민담(民譚)에는 무당이 주도적 역할을 하는 이야기들이 가득하다. 여기서는 이야기 하나만 소개하려고 한다. 한 무당의 꿈에 역신이 나타나 어느 이웃집에 들어가려고 한다고 말했다. 그리고 집에서 가장 좋아하는 장소로 한 장롱을 골랐다는 말도 했다. 무당이 깨어나 꿈에서 말한 집에 서둘러 가보니, 꿈이 사실임을 알 수 있었다. 어린 아들이 갑자기 병에 걸려, 자기를 장롱에 넣어달라고 계속 조르는 것이었다. 이를 듣고 무당은 꿈이 사실임을 알았다. 병이 중해지자 아이는 자꾸만 목을 긁어서 위험하게 부풀어 올랐다. 무당이 말했다. "집에 있는 누군가가 닭을 죽인 것을 보았다." 조사해보니 이는 사실로 드러났다. 그런데도 아버지는 아이에게 무당이 굿을 하도록 허락하지 않았다. 마침내 아이 얼굴이 검푸른 빛으로 변하기 시작했는데, 이는 다가오는 죽음의 확실한 전조(前兆)였다. 무당이 말했다. "찾아보면 누군가 집에 녹색 옷조각을 들여왔을 것이다." 이 역시 사실로 드러났다. 아버지는 더 이상 무당이 손대는 것을 막을 수 없었고, 이야기에서 아이는 당연히 회복된다.

현재 왕조가 시작한 이후가 되어서야 보령 앞바다에 젊은 처녀를 바치는 끔찍한 관습이 멈추었다고 전해진다. 무당은 그 장소에서 매년 강령회를 열어 해룡(海龍)을 달래고, 쌀 수확을 위한 풍부한 강수량과 뱃사람을 위한 안전한 항해를 기원하였다고 한다. 새로운 현감(縣監)이 이 지역에 부임하였는데, 그는 무당을 믿지 않았기에 가서 의례를 직접 보고 가능하다면 그 풍습을 중지하기로 하였다. 세 무당이 있었는데, 그들은 희생을 위해 처녀를 얻어둔 상태였다. 그들이 처녀를 물가 가장자리에 내려가게 하여 집어 던지려고 하자 그녀는 울고 소리 지르며 버둥거렸다. 현감이 이를 저지했다.

"너희들은 사람을 희생하는 것이 꼭 필요한가?"
"그렇습니다. 그렇게 하면 용이 기뻐하셔서 농사가 잘되게 해주실 겁니다."
"그걸 어떻게 아느냐?"
"우리는 그분의 친한 친구이고 그 마음을 알고 있습니다."
"그렇다면 내 생각에는 너희들 중 한 명이 희생하면 용이 더 기뻐할 것 같군."

이 말과 함께 현감은 부하에게 손짓하였고, 무당 한 명을 묶어 물속에 던져버렸다. 용이 자신을 나타내는 어떤 신호도 보이지 않자, 두 번째 무당도 첫 번째 무당을 따라 집어넣었다. 그래도 정령은 어떤 신호도 없었고, 이제 세 번째 무당도 계속 진행해서 그 말이 맞는지 증명하려고 하였다. 그것으로 모든 게 끝났다. 현감은 모든 무당 가문을 배격하는 상소문을 올렸다. 그때 이후로 무당은 가장 낮은 천민으로 여겨지게 되었다.[6]

---

6 여기서 언급된 현감 이야기는 중국 전국시대 지방관 서문표(西門豹)의 일화를 모델로 했다고 보인다. 『사기』(史記)는 서문표가 업(鄴) 지역 현감으로 부임하였을 때 토착 세력과 무당과 충돌한 이야기를 전한다. 헐버트가 전하는 이야기는 서문표 이야기에서

무당만이 정령에 영향을 주는 사람은 아니다. 판수는 정령의 장난에 대해 훨씬 잘 알고 있으며 그들의 나쁜 성질을 더 잘 이겨낼 수 있다. 우리는 무당이 일종의 영매이고 정령들과의 친교를 통해서 그들을 움직인다는 것을 앞에서 보았다. 그러나 판수는 영매이기보다는 축귀사이다. 그는 정령들의 적이고, 그들을 회유하기보다는 축출할 수 있다. 무당이라는 직업은 판수보다 훨씬 오래되었다. 판수는 지난 몇 세기 안에 생겨난 것이고, 무당은 먼 고대부터 존재해 온 것이다.

앞에서 말했듯이 판수는 "운명을 결정하는 사람"이라는 뜻이고, 이 이름으로부터 우리는 이 맹인 수도자의 주된 직무가 운명을 말해주는 것이라는 것이라고 판단할 수 있다. 그러나 그는 흔히 악령을 쫓아내는 데 불려 다닌다. 그는 무당보다 그다지 우월하다고 여겨지지 못한다. 그가 남성이라는 점이 무당에 쏟아지는 비방들에서 벗어나게 해줌에도 불구하고 그렇다. 몇 명의 여자 판수가 있긴 하지만, 그들은 정령과는 관련이 없고 무당만큼 낮은 지위에 있다. 판수의 직책은 일본의 안마사처럼 맹인 계층에 한정되어 있고, 연주창(連珠瘡)의 유행 덕분에 이 직업인들을 모을 수 있는 풍부한 바탕이 마련되어 있다.

한국인은 판수의 서비스를 사용하여 다음과 같은 물음들의 답을 듣고자 한다. 죄를 지은 사람이 벌을 피할 수 있는지? 착한 행동의 보답을 받을 수 있는지? 어떤 일이 성공할 것인지? 오늘 무슨 일이 생길지? 이번 달에 무슨 일이 생길지? 죽을 때 무슨 일이 벌어질지? 전생(前生)의 환경은 어땠는지? 몸에 불운의 씨앗을 갖고 다니는지?

현감이 무당 셋을 물속에 던진 부분을 갖고 와서 한국 보령 사례에 결합한 것으로 보인다.

잃어버린 물건이나 사람을 찾을 수 있는지? 여행은 괜찮을지? 멀리 떨어진 친척이나 친구의 상태는 어떤지? 죽을 날은 언제인지? 부자가 될 수 있는지? 아픈 이유는 무엇인지? 거주지를 바꿀 때 어느 방향으로 이사해야 하는지? 재앙을 겪지 않고 집을 수리할 수 있는지? 복권에 당첨될 수 있는지? 어떤 노비를 사는 것이 좋은지? 아들이 태어날지? 언제 관직에 오를 수 있는지? 언제 감옥에서 나올지? 자녀가 행복하게 살지? 정령을 어떻게 달랠지? 행복해지기 위해 언제 결혼해야 하는지? 어디서 좋은 사위를 구하는지? 꿈이 길몽인지 흉몽인지? 어떤 나무를 베는 것이 안전한지? 안전하게 이장(移葬)할 수 있는지? 친정에서 출산하는 것이 좋은지, 다른 곳으로 가는 게 좋은지?

점복(占卜)은 셋 중 하나의 방식으로 행해진다. 주사위 통, 동전, 한자가 그것이다. 첫째가 가장 낮은 수준이고, 둘째가 조금 더 괜찮은 방법이고, 한자를 사용하는 셋째 방식은 양반들도 비난하지 않고 사용한다. 많은 양반이 초보적인 방법으로나마 점치기를 배운다.

산통점(算筒占, dice-box divination)은 주사위 통[산통(算筒)]에서 성냥개비 크기의 여덟 개의 금속 막대[산목(算木)]를 흔들어 던지는 것이다. 막대마다 다른 수의 눈금이 새겨져 있다. 던진 후에 막대를 다시 집어넣기 때문에, 세 번 던지면 삼제곱이 형성되어 가능한 조합이 많아진다. 판수는 각각의 조합에 맞는 점괘(formula)를 배웠고, 이 점괘는 수수께끼 형태인 것이 분명하다. 상담자가 어떤 질문을 하건 답할 수 있어야 하기 때문이다. 한 남자가 자기 친구가 감옥에서 언제 나오는지 물었다고 생각해보자. 다음과 같은 대답이 나올 것이다. "그물이 낡으면, 잉어가 뚫고 나올 것이다." 판수는 당장 다음과 같이 의미를 풀어줄 것이다. 잉어는 항상 겨울에 잡히기 때문에 친구는 겨울이 올 때까지 갇혀 지내야 한다는 것이다. 판수의 기술은 다루고 있는 문제에 점괘를 꿰맞추는 데서 나타난다. 그들은 그리스 델피 신탁(Delphie Oracle)의 사제들보다 더욱 적응력이 뛰어나다. 그리스의 경우 상담자가 스스로 추측해야 하기 때문이다.

"동전점"(money divination)이라고 불리는 둘째 방식은 옛 한국 동전 넷, 여섯, 혹은 여덟 닢을 사용해 행해진다. 관청 문자가 있는 동전이 좋지만, 오래되기만 하다면 어느 것이든 상관없다. 점술가는 손안의 동전을 흔들고 특정한 개수만 떨어지게 한다. 여기서 나타나는 조합에 따라 무슨 점괘를 적용할지 정해진다. 동전을 다루는 수백 가지 방법이 있는데, 요리사마다 음식 준비를 위해 선호하는 레시피가 있듯이 판수마다 선호하는 방법이 있다.

"책점"(book divination)을 하는 방법은 질문자에게 몇 년, 몇 월, 몇 날, 몇 시에 태어났는지 묻는 것이다. 둘씩 묶어 조합된 이 네 날짜는 네 글자가 되는데, 이로부터 점술가는 시구절(詩句節)을 만들어낸다. 그리고 나서 그는 상담자의 사례에 가장 잘 맞는 글자를 선택한다. 그는 이것을 지표(index)로 사용하여 점복 책에서 해당하는 구절을 찾아낸다. 이 책은 측량사가 로그표를 신뢰하듯이 점술가가 신뢰하며 들고 다니는 것으로, 그가 찾아낸 구절은 상담자가 질문에 대한 답변으로 얻어낸 수수께끼 같은 문구가 될 것이다.[7]

---

7 이 단락까지가 헐버트가 "한국의 무당과 판수"에 게재한 것을 바탕으로 한 내용이다. 『코리아리뷰』에서 해당 기사 마지막에는 "to be continued"라고 써놓아 기사를 더 게재할 계획이었으나 사정상 더 출판하지 못한 것으로 보인다. 점술에 관한 이하의 내용은 헐버트가 그다음 기사로 준비했으나 발표하지 못한 내용일 가능성이 있다. Homer B. Hulbert, "The Korean Mudang and P'ansu," *The Korea Review* 3-9 (1903).

　다른 형태의 책 점은 "전생록"(前生錄)이라고 불리는 책을 사용해서 행해진다. 이것은 많은 한국인이 현재 삶의 질병이 전생에 저지른 죄의 벌이고 현재의 행복이 과거 선행의 보답이라고 믿는다는 사실에서 비롯한 것이다. 어려움에 빠질 때만 이런 종류의 신탁을 찾는다. 만약 어느 여성이 주정뱅이 남편에게 시달리다 절망한다면, 판수를 찾아갈 것이다. 그러면 그는 점괘를 찾아낸 후, 그녀가 전생에 소몰이꾼이고 남편은 소였다고 말해준다. 그녀가 소를 너무 심하게 때리고 학대하여서, 이제는 반대로 남편에게 학대받을 운명이 되었다는 것이다. 그러나 판수는 그녀에게 다음과 같이 일러준다. 삼베 다발을 가져가 매장 때 시신을 묶듯이 일곱 군데에 묶은 다음 방안에 그것을 숨겨두면, 남편이 술 취해서 집에 올 때 그 다발을 부인으로 착각하고 두들겨 패서 박살 낼 것이다. 그러면 부인을 학대하는 성정(性情)이 사라질 것이다. 다른 여성은 아들이 자기에게 계속 효도하게 하려면 무엇을 해야 하는지 물어보았다. 그녀가 들은 것은, 전생에 그녀가 굶주리는 개에게 매우 잘 대해주었고, 윤회의 법칙(providence)에 따라 그녀는 이 세상에 다시 돌아왔고 개는 아들이 되었다고 한다. 그녀가 아들에게 잘 대해준다면 아무 문제가 없을 것이다. 어느 남자의 소가 벼락을 맞았는데, 그는 판수를 찾아가 왜 이런 재난이 자신에게 닥쳤는지 문의하였다. 점쟁이는 그에게 집으로 돌아가 동물 가죽을 유심히 살펴보면 소의 악한 과거를 찾을 수 있을 것이라 말했다. 어리둥절한 농민이 집에 가서 찾아보니, 소뿔 한쪽에 정교한 한문으로 다음과 같은 전설이 적혀 있었다. "당나라에 재상 이임보(李林甫)가 살았다. 그는 죽은 다음 일곱 번 무희(舞姬)로 환생하였고 세 번 소로 환생하였으나, 그가 저지른 죄를 갚을 수 없었다. 마침내 하늘은 그를 벼락으로 내리

쳐서 앙갚음의 빚을 면하게 해주었다." 하나만 덧붙여 말하면, 임인보는 중국 역사상 가장 타락한 관리였기에, 이것은 좋은 거래라고 할 수 있다.

다른 형태의 점복은 "옥황상제 말씀 고찰"(Thoughts on the Work of the Jade Emperor of Heaven)[옥추경(玉樞經)]에 의존한다.[8] 질병의 데몬이 너무 사악하여 신격이 직접 내린 명령으로 쫓아낼 수밖에 없을 때, 이 책에 의지해야 한다. 정신 이상은 최악의 질병으로 여겨지며 가장 "유해한" 작은 마귀가 일으킨다고 생각된다. 판수가 집에 와서 가신(家神)들을 모두 불러 모으고 음식을 대접하여 악령이 출현해도 안전하게 지켜주기를 부탁한다. 이것을 마치면, 못생긴 녀석에게 밥을 먹이고 영원히 떠나 달라고 명령한다. 이것이 성공하지 못하면, 판수는 이 책에서 주술 점괘를 읽는데, 그러면 그가 작은 마귀를 힘으로 누르게 된다. 작은 마귀를 사로잡아 마개로 병을 막고 휙 던져 버린다. 탈출할 수도 있지만, 그렇게 하면 다시 밥을 먹인 후, 이번에는 복숭아나무 마개를 사용하고 복숭아나무 막대로 두들겨 패서 그 정령을 무력하게 만들어버린다. 병을 무당에게 넘겨주어 가서 묻게 하는데, 무당이 가는 길은 섬세하게 지정된다. 이제 치료는 완료된다.

"정령 보내기 점"은 멀리 떨어진 사람을 치료하는 데 사용된다. "만신점"(萬神占)은 일종의 모든 정령의 회합이며, 판수가 주재한다. "정령 가두기 점"은 악귀에서 보호해주는 일종의 부적을 만들어준다. "정

---

8 "Thoughts on the Work of the Jade Emperor of Heaven"은 『옥추경(玉樞經)』을 영어로 풀어 쓴 것이라고 추정된다. 원래 『옥추경』은 구천천존(九天天尊)이 설한 내용으로 옥황상제와는 무관하다. 구천천존은 원(元)나라 때 옥황상제에 버금가는 신격으로 새로 등장했다가 이후 사라진 신격이다.

령 풀기 점"은 정령 중 하나가 갇혀 있고 나머지가 그를 풀어주기를 원하는 경우 사용된다. 정령 중 하나가 땅으로 가서 사람을 질병으로 괴롭힌다. 판수가 초빙되어 오고, 정령들은 판수가 갇힌 정령을 풀어 주는 것을 보장해준다면 물러나겠다고 말한다. 판수는 보내주겠다고 약속하며 앞으로 좋은 일을 해줄 것을 확인받는다.

모든 한국인 서재에서 발견할 수 있는 것이 "육효점"(六爻占, The Six Marks of Divination), 혹은 "만복을 위한 다섯 규범"(The Five Rules for Obtaining the Ten-thousand Blessing)이라고 불리는 작은 책이다. 이것은 한국인의 가장 커다란 미신의 일부를 보여준다. 이 책을 많이 사용하는 사람은 바로 평민이지만, 상류층 여성도 책을 집 주변에 숨겨두었다가 유아 자녀의 사주(四柱, horoscope)를 본다. 이것은 불교, 정령숭배, 주물숭배의 기묘한 조합이다. 우리는 불교가 한국종교의 토착적 요소와 힘을 합쳐 어떻게 모든 취향에 부합하는 복합체를 형성하였는지를 한눈에 볼 수 있다.[9]

먼저 "행년(行年)"(procession of the year)을 볼 수 있다. 이것은 어느

---

9 여기서 헐버트가 말한 "모든 한국인 서재에서 발견할 수 있는 책"은 『직성행년편람』(直星行年便覽)이다. 여기서부터 이 글의 거의 마지막까지 『직성행년편람』의 내용을 세부적으로 소개하고 있다. 『직성행년편람』은 19세기 말부터 대중적으로 보급된 책으로, 점술서 『직성행성법』과 민간의약서 『명의경험방』을 합쳐놓은 것이다. 이 책은 주한 프랑스공사로 일했던 플랑시(Collin de Plancy)에 의해 수집되어 프랑스에 전해졌고, 당시 프랑스에 있었던 홍종우(洪鍾宇)에 의해 불어로 번역되어 기메박물관에서 출판되기도 했다. 홍종우는 책의 전반부 『직성행성법』 부분을 번역하였으며, 불어판 제목은 "모든 이의 한 해 직성을 길하게 풀고 운세를 알아보는 지침서"(Guide pour rendre propice l'étoile qui garde chaque homme et pour connaître les destinées de l'année)였다. 장정아·이은령, "홍종우의 『直星行年便覽』 불역본과 쿠랑의 「한국의 종교의례 약사(略史)」를 중심으로 본 19세기 말 프랑스 한국학의 한 양태", 『인문연구』 86호, 영남대학교 인문과학연구소, 2019, 115-152쪽.

별[직성(直星)]이 10세부터 64세까지 매년 사람의 생활을 지배하는지 알려준다. 직성은 평안과 성공을 보장하기 위해 무엇을 해야 하는지 알려주고, 불분명한 유사성을 바탕으로 몸 상태가 어떻게 될지 말해준다. 이것은 10세부터 시작된다. 그전에는 결혼하는 사람도 없고 머리 깎고 중이 되는 사람도 없기 때문이다. 이것이 어떤 식으로 행해지는지 보이기 위해 점괘 두세 개를 인용하겠다. 예를 들어 11세 남자아이는 "토성(土星)"의 영향을 받고, 그의 보호자는 여래보살(불교 성인)이며, "재에 든 매"와 같기에 몸에 특히 주의해야 한다. 11세 여자아이는 "사람 모양의 별"[제용직성(祭俑直星)]의 영향을 받고,[10] 보호자는 관음보살이며, 정령들에 정성을 보일 의무가 있다. 그녀는 "구렁에 든 노루"와도 같다.[11]

이런 식으로 64년 전체가 진행된다. 다른 직성으로는 금성(金星), 수성(水星), 태양(太陽), 화성(火星) 등이 목록에 있다. 보호자들은 불교 주요 성인의 긴 목록으로 구성된다. 몸이 어떠한지 나타내는 사물은 다음과 같다. 끓는 물에 든 돼지, 꽃에 든 노루, 산에 든 매, 수풀에

---

10 '제용직성'은 나후직성의 다른 이름이다. 운수를 맡아보는 직성은 모두 9개로 토직성(土直星), 수직성(水直星), 금직성(金直星), 일직성(日直星), 화직성(火直星), 계도직성(計都直星), 월직성(月直星), 목직성(木直性), 나후직성(羅睺直星)이다. 그중 나후직성은 '처용직성'이나 '제용직성'으로 불린다. 나후직성에 든 사람은 액운을 맞이한다고 하여 이를 거두어 내기 위해 제웅을 사용하였다. 풀로 만든 인형 제웅을 만들고 생년월일을 쓰고 이를 때려 액운을 피하는 제웅치기 놀이가 여기서 유래하였다. '제웅'은 제사 지낸 허수아비 '제용'에서 유래한 말로 '제웅'이라고 표기되기도 한다.

11 『직성행년편람』의 첫 부분에서는 나이와 성별에 따라 직성, 보호자, 운수, 몸 상태를 나열한다. 여기서 예로 든 11세의 경우 다음과 같이 서술된다. "11세 男/토직성(土直星)/여래보살/신후(信后: 재산이 늘어나고 귀자를 두게 됨)/재에 든 매의 몸" "11세 女/제용직성(祭俑直星)/관음보살/하괴(河魁: 자손이 발전하고 높은 지위에 이름)/구렁에 든 노루의 몸"

든 쥐, 섬[자루]에 든 이리, 재에 든 꿩, 강에 든 사자. 여덟 짐승이 있고, 그것들이 처하는 상황은 12종으로, 강, 마당, 구렁, 섬[자루], 밭, 재, 수풀, 산, 끓는 물, 꽃, 방앗간, 동산이다. 동물에는 좋고 나쁨의 구분이 없지만, 조합된 결과물은 불길한 것일 수 있다. 재에 든 매, 강에 든 쥐, 섬에 든 돼지, 방앗간(쌀을 빻는 방앗간)에 든 매 등은 분명히 나쁜 징조이다. 반면에 산에 든 노루, 밭에 든 이리, 마당에 든 쥐, 재에 든 돼지 등은 아마 길한 조합일 것이다.

그다음에 다른 별의 영향력과 남녀의 운명에 끼치는 위력이 소개된다. 예를 들어 태양의 해[일직성(日直星)]에는 복 많이 받고, 돈 많이 벌고, 여행 갈 기회를 얻고, 남에게 좋은 말을 듣는다. 그러나 1월, 5월, 9월에는 질책당하고 돈을 잃을 것이다. 이러한 악운을 없애기 위해서, 그는 정월 보름에 붉은 종이를 둥글게 베어 싸리나무에 매어 지붕 위에 세우고 사방에 절을 한다. 그렇게 하면 모든 근심에서 벗어날 것이다. 반대로 화성의 해[화직성(火直星)]에는 모든 것이 잘못될 것이다. 사람들은 아프거나 질책당할 것이다. 집이 불탈 수도 있다. 3월과 9월에는 거의 확실히 아플 것이다. 5월과 10월에는 아들이나 손자가 돈을 잃고 도둑을 조심해야 한다. 멀리 여행 가도 안 되고 새로운 하인을 들여도 안 된다. 그러나 정월 보름에 웃옷의 깃을 떼어 남쪽을 향해 사르면 안전해질 것이다.

책의 다른 부분[오행점론(五行占論)]은 오행(五行, five elements), 즉 금(金), 목(木), 수(水), 화(火), 토(土)를 다룬다. 이러한 유형의 점복은 정월 보름에 그해 운이 좋은지 나쁜지 알아내기 위해 행해진다. 그는 손에 다섯 개의 작은 나무 원판[수통(數筒)]을 드는데, 원판마다 한 면에는 오행의 이름 중 하나가 있고, 다른 면은 비어 있다. 원판들을 손에서 흔들며 그는 이렇게 말한다. "밝은 하늘 아래 서서 기도합니다. 나는 황해도 해주시 부용동 사는 김문석입니다. 밝은 하늘에 기도하노니, 올해 길운인지 액운인지 꼭 보여주기를 바랍니다." 그런 다음에 원판들을 땅에 던진다. 그 결과 나온 다른 조합들을 책을 참조하여 운이 어떻게 될지 지시하는 내용을 알아낸다. 만약 원판들이 하나 빼고 빈 것이면 운은 보통이다. 다만 그 하나가 '수(水)'인 경우는 길운을 뜻한다. 만약 글자가 모두 보이게 나오면 대박이다. 나무는 물에 뜨기에 수와 목은 조합은 좋다. 물과 불은 너무 달라 서로 간섭하지 않기에 화와 수의 조합은 약간 불안하지만 좋다. 철은 나무를 자르기에 금과 목의 조합은 나쁘다. 이런 식으로 목록은 계속된다. 각각의 조합은 원판을 던진 이에게 잘 되리라 기대되는 것, 피하거나 나쁜 것으로 치워야 할 것을 말해준다.

행운을 점치는 또 다른 방법[척사점론(擲柶占論)]은 둘로 쪼개진 연필처럼 생긴 0.5인치[1.3센티미터] 가량의 작은 나무 네 개를 던지는 것이다. 세 번 던져서 평평한 면이나 볼록한 면이 나타나서 생기는 조합으로 무슨 일이 생길지 말한다. 점괘는 다음과 같은 것들이다. 당신은 (봄, 여름에는 야위고 가을, 겨울에는 살이 찌는) 곡창에 든 쥐처럼 될 것이다. 밤의 등잔처럼 될 것이다. 꽃이 봄을 만날 것이다. 임금이 땅이 없을 것이다. 나비가 등잔 위에 뜰 것이다. 학이 집을 잃을 것이다. 거북이 농장에 들어갈 것이다. 용이 바다에 들 것이다. 죽었다가 깨어날 것이다. 이들은 완결된 이야기를 담고 있어서 더 설명할 필요는 없을 것이다. "중이 퇴속(退俗)하다"라는 비유에는 불교 요소가 보인다.

지금 묘사하고 있는 이 책은 미국 가정집의 의학책과도 같다. 무당을 고용해서 치료할 형편이 안 되는 사람들은 이 책 한 장 한 장에

의존하게 될 것이다. 이것이 이 책의 어마어마한 판매량을 설명해준
다. 이 책은 인간의 몸이 두 종류의 질병, 즉 약으로 치료되는 질병과
축귀를 필요로 하는 질병에 속해 있다고 단언한다. 어떤 사람들은 어
리석게도 두 질병을 약으로만 치료하려고 해왔다. 신선 장씨(the hermit
Chang)는 질병의 데몬을 쫓아내는 것과 관련된 규정을 만들었다. 그는
어떤 경우라도 축귀가 성공하지 못하면 그 질병은 약으로 치료되는
것이 틀림없다고 현명하게 말했다. 축귀가 먼저 시도되어야 한다는
것의 숨은 의미에 주의할 필요가 있다. 그것은 직종을 위한 특별한
간청의 미화된 표현이다. 이 책[귀신병점(鬼神病占)]은 그달의 어느 날에
특별한 질병이 발생할 것인지, 병을 일으키는 정령의 이름은 무엇인
지 말해준다. 어느 병이 되었든 작업은 흰색 혹은 황색 종이(색은 작업
이 행해지는 날에 따른다) 위에 작은 마귀(imp)의 이름을 쓰는 것으로 시
작하며, 거기에는 정령이 온 방위(方位)를 함께 쓴다. 동전 5냥을 그
종이에 싸서 문밖 작은 마귀에게 던진다. 작은 마귀들은 죽은 사람들
의 정령이라고 생각된다. 그들은 집에서 먼 곳에서 사고로 죽은 사람,
나이 든 여성 친척, 노랑머리의 사람, 위증자, 물에 빠져 죽은 사람
등 죽 이어지는 목록으로 세분화된다. 각각의 경우 축귀자는 특정한
방향으로 정해진 숫자대로 걸어가서 돈을 던지라는 말을 듣는다. 현
명하게도 신선은 며칠 후 저절로 나을 병에 한정하여 말했다. 그가
피마자기름을 충분히 투여하여 마귀 군단 전체를 쫓아내지 않은 것은
슬픈 일이다.

그 책은 재앙의 다양한 종류를 묘사하고 그것을 피하는 방법을 지
시한다. 사람들은 "일 년 주기"에서 언제 불운이 닥치게 되어 있는지
가려낼 수 있다. 그것을 피하기 위해, 그는 생일 아침에 땅에 자리를

펴고 자리 위의 상에 흰 쌀밥 세 공기, 강정 세 접시, 막걸리 세 잔을 차려야 한다. 그리고 나서 아홉 번 절하고, 다른 상에 흰 종이 세 장을 깔고, 종이에 약간 양의 흰 쌀을 싼 후 문 너머로 걸어둔다. 삼 년이 지난 후 그것들을 내려서 요리하고 정령들에게 던져야 한다. 또 재앙이 닥치리라 예정된 정월 동안에 매 세 마리를 종이에 그려서 부리를 문 쪽으로 향하게 하여 방에 붙여 두어야 한다.

이 책의 의학 부분[명의경험방(名醫經驗方)]은 거의 전적으로 여성[부인문(婦人門)]과 아이들[소아문(小兒門)] 질병을 다룬다.[12] 이것은 이 책을 사용하는 이들이 남성이 아니라 여성임을 보여준다. 여기서는 사용되는 처방 몇 개를 보여줄 수밖에 없다. 가장 흔히 사용되는 것은 쇠똥 찜질제, 은행 열매 21개, 살구씨 알맹이를 반으로 갈라 한 면에는 '일(日)'이라고 쓰고 다른 한 면에는 '월(月)'이라고 쓴 후 꿀로 한데 붙여 놓은 것, 지하세계 이정표 나무판을 끓여 넣은 물, 개구리 세 마리, 끓인 개 다리 세 개, 태운 머리를 끓여 넣은 물, 구워 죽인 개구리가 든 황토, 흑우(黑牛)의 침, 복부 구멍을 실지렁이로 채워 끓인 닭. 이런 것들이 처방의 일부이다. 어떤 경우도 환자에게 의사를 부르라고 재촉하지 않는다. 그 책의 필자는 독자들이 의사를 부를 형편이 아니라는 것을 분명히 알고 있는 것이다.

멀리 1880년대로 되돌아가서, 딱 한 번, 달을 삼키려는 "하늘 개(Heavenly Dog)"를 겁주어 쫓아내는 신기한 의식을 목격할 귀한 기회가

---

12 『직성행년편람』(直星行年便覽)의 후반부는 민간의학서 『명의경험방』(名醫經驗方)가 합본되어 수록되어 있다. 그 내용은 "부인문"(婦人門)과 "소아문"(小兒門)으로 구성된다.

있었다. 먼 고대부터 월식(月蝕)은 한국인에게 무서운 일로 여겨졌고, 심지어 이 현상의 원인을 알고 월식을 예측하게 된 지 수백 년이 되었어도, 동물을 쫓아내는 고대의 관습은 여전히 존재한다.

우리는 10분 정도 빠른 걸음으로 가서 교외(郊外) 경계에 도착했다. 거기서 수천 명 이상의 한국인 무리가 반원을 이룬, 산에 둘러싸인 원형 땅에 모여 있는 것을 볼 수 있었다. 그들은 경사진 산 위에 모인 조용한 군중이었고, 흰옷을 입고 있어서 매우 질서정연한 유령들의 회합을 보는 것 같았다. 가운데 터에는 자리가 깔려 춤 무대가 마련되었고, 양편에는 거대한 화톳불이 있었다. 원형 가장자리에 한국의 오케스트라가 앉아 있었는데, 그들의 연주만으로도 하늘 개를 겁먹게 하기에 충분해 보였다. 10시에 지구의 그림자가 달 표면을 가로지르기 시작했다. 어둠이 갑자기 현장을 뒤덮었고, 달빛과의 경쟁이 중단된 두 불은 새로 강렬하게 번쩍이며 사람들 얼굴을 비추었다. 사람들의 고요한 얼굴은 악사들이 만들어내는 기묘한 음색의 미묘한 의미를 놓치지 않으려 열중하는 모습이었다. 오직 "타고난 식으로", 동양에서 태어난 의연한 신비주의(神秘主義)가 핏줄에 흐르는 사람만이 기묘한 음악에서 한국인이 이해하는 바를 모두 알 수 있다. 달에 그림자가 드리우는 동안 군중은 경외심을 갖고 조용히 숨죽이고 있었다. 그들은 이것이 모두 단지 연극임을 알고 있지만, 자연의 드라마틱한 요소에 이끌려 먼 옛날 원시인 선조들이 달빛이 영원히 어두워질까봐 진짜로 겁먹고 얼어붙었던 그 순간으로 잠시 돌아간 것이다.

달 일부가 그늘을 벗어나고 태양 개가 "씹을 수 없는 것을 뱉어낸" 것이 확실해지면, 음악이 갑자기 바뀌고 군중에 동요가 인다. 그들이 무언가를 갈망할 때, 한 남자가 원형 복판으로 뛰어든다. 그는 흉측한 가면을 쓰고 땅에 끌리는 핏빛 소매가 달린 옷을 입었다. 춤은 말로 형언할 수 없는 종류이다. 그 광경의 기억을 완화해준 많은 세월이 지난 후, 지금 남은 인상은 발의 움직임과 손의 움직임, 두 종류의 움직임이 있었다는 것이다. 반쯤 취한 남자가 외발로 서서 다른 쪽 양말을 신으려고 한다고 상상해보자. 그는 한 발이 잘린 주연 배우이다. 그는 긴 소매 두 짝으로 매우 완강한 벌떼의 공격을 막아내려 하고 있었다. 이것은 한 발과 한 손으로 된 온전한 조합이었고, 벌은 계속해서 몰려들었다. 오래지 않아 다른 배우가 완패한 상황에 참가하고, 공연은 단순한 익살극이 되어 버려, 곧 시들해진다. 그러나 흰 옷을 입은 군중들, 거친 춤사위, 피리들의 기묘한 으르렁거림, 무엇보다도 잠깐씩 번쩍이는 큰 화톳불, 이 모든 것들이 금방 잊을 수 없는 광경을 만들어낸다.

조지 존스,
『한국』 제3장 토착 종교

Jones, George Heber, *Korea: The Land, People, and Customs*, New York: Eaton and Mains, 1907, pp. 49-64.

| 해제 |

조지 허버 존스(George Heber Jones, 1867~1918)는 1888년에 내한하여 1909년까지 한국에서 활동한 감리교 선교사로, 한국 이름은 조원시(趙元時)이다. 존스는 1892년부터 1903년까지 인천 지역에서 선교하였고, 1906년 이후에는 협성신학교를 설립하고 교장을 역임하며 서울에서 활동하였다. 앞에 수록된 "한국의 정령숭배"(1901)가 인천에서 활동하면서 한 무속 연구의 총결산이라고 한다면, 이 글은 존스의 선교사 말년에 한국종교 전반을 간결하게 정리한 성격을 갖는다.

1907년에 출판된 『한국: 땅, 사람, 풍습』은 제목 그대로 한국의 지리, 사람, 풍속, 종교 생활의 순으로 한국의 주요 정보를 소개하는 110쪽 분량의 압축적인 책이다. 한국 선교에 관심 두는 이들을 위한 간단한 안내서로 보인다. 존스는 머리말에서 분량상의 한계로 내용을 충분히 다루지 못했다고 거듭 양해를 구한다. 책의 결론 부분에서는 한국의 기독교 선교가 성공했다고 서술한다. 그 이유 중 하나로 전통적인 "이교 믿음과 종교의 황폐함"을 든다. 기독교가 실질적으로 경쟁자 없이 도덕적으로 타락한 암흑에 비춘 빛의 역할을 했기에 선교가 성공적이라고 주장한 것이다. 책의 내용은 다음 해에 선교 저널 『코리아 미션 필드』에 2회에 걸쳐 재수록되었다.[1]

책의 3장에서는 길지 않은 분량으로 존스의 한국종교에 관한 견해를 서술하였

---

1 George Heber Jones, "The Native Religions," *Korea Mission Field* 4-1 (Jan., 1908); *Korea Mission Field* 4-2 (Feb., 1908).

다. 한국에는 종교가 있다는 진술로 시작하여, 그가 중시하는 무속을 정령숭배로 서술하고, 유교, 조상 숭배, 불교의 순으로 간결하게 서술하였다. 마지막 부분에서는 한국종교가 기독교 선교에 긍정적인 바탕이 되었다는 그의 성취론(fulfillment theory)적 견해가 제시되었다.

한국인은 종교적인 사람이다. 그는 무신론자(無神論者, atheist)가 아니다. 바울이 고대 아테네 사람들에게 말했던 것과 마찬가지로, 한국인도 매우 종교적(very religious)이라고 말할 수 있다.[2] 그는 어디서나 신들을 발견하기 때문이다. 모든 자연이 신들로 가득 차 있다. 사자(死者) 숭배에서 분명히 볼 수 있듯이, 한국인은 사후의 지속적 존재의 관념을 막연하게나마 갖고 있다. 한국인은 도덕적 가치를 지니고 있다. 수세대 동안 유식(有識) 계층의 주된 업무는 윤리에 관한 철학화 작업이었다. 한국에는 종교 현상이 풍부하다. 유교에서 볼 수 있는 고도로 발달한 국가 종교(national religion)의 형태와 나란히, 귀신에 대한 믿음과 자연의 힘에 대한 두려움 같은 야만 종교(savage religion)의 잔존물도 존재하고 있는 것을 볼 수 있기 때문이다.

---

2   〈사도행전〉 17장 22절을 인용한 표현이다. 해당 내용은 다음과 같다. "아테네 시민 여러분, 내가 보기에, 여러분은 모든 면에서 종교심이 많습니다."(새번역) 그런데 '매우 종교적인'이라는 표현은 개정된 번역에 의한 것이다. 과거의 영어 번역, 특히 킹제임스 성경(KJV)에서 이 부분의 표현은 '매우 미신적인'(too superstitious)이다. 그러나 존스는 이 부분을 '매우 종교적인'(very religious)이라고 수정한 번역을 인용하였다. 옥성득은 그가 인용한 판본이 미국 표준역(ASV, 1901)이라고 하였다. G.H. 존스, 옥성득 편역, 『한국 교회 형성사』, 184쪽, 주1.

• 정령숭배

한국인에게 가장 보편적인 믿음은 정령숭배(spirit worship), 즉 애니미즘(Animism)이다.[3] 하늘, 천둥, 나무, 산, 호랑이가 신들로 여겨진다. 이교도는 자신의 복과 관련된다고 생각하고 이들을 두려워하며 숭배한다. 하늘로부터 비가 내리는데, 여기에 농사의 성공이 달려 있다. 천둥은 화난 신의 목소리이고, 나무는 피할 곳을 제공해주며, 호랑이는 힘 있는 존재이다.

한국인의 숭배를 받는 다른 대상들이 있다. 이것들은 자체로 특별한 가치가 있어서가 아니라, 한국인이 자기 힘으로 정령을 거주하게 했기에 숭배 대상이 되었다. 이 페티시즘(fetishism) 숭배에는 가신(家神)과 일상생활의 신이 포함된다. 한국인들은 집을 건립할 때 먼저 집지을 땅을 차지하고 있다고 믿어지는 정령의 소유권을 인정해야 한다. 그래서 그는 큰 의례와 제사를 지내서, 그 정령을 상징하는 종이 한 장으로 만든 옷을 지붕을 떠받치는 대들보에 붙인다. 이 의례에 의해 설치된 이후, 이 종잇조각 혹은 천 뭉치는 성스러운(sacred) 것이 되어 한국인은 그것을 평생 두려워하며 산다. 그것이 모셔진 방에서 식사할 때는 등을 보이지 않으려 주의해야 한다. 병마(病魔)가 자신이나 가족에 닥치면 그가 처음 떠올리는 것은 이 정령의 노여움이고, 약을 사용하거나 의사의 진찰을 받기 전에 화를 누그러뜨리려 정령에 제사를 올린다. 한국인의 가정생활에 연관된 다른 정령들로는 터주,

---

3   여기서 존스는 에드워드 타일러(Edward B. Tylor)의 애니미즘 개념을 사용하고 있다. 타일러는 『원시문화』(Primitive Culture)에서 최소한의 종교 정의로 "영적 존재에 대한 믿음"(belief in Spiritual Beings)을 제시하였고, 이를 애니미즘이라고 불렀다.

복신, 생명의 신, 조왕신이 있다. 이들은 볏단, 검은 토기, 작은 쌀 주머니, 생선 대가리, 다양한 천 쪼가리로 표상된다(represent). 모든 집에서 이 신들이 모셔지기 때문에 이들의 수는 주민 수보다 많다. 한국에는 사람보다 더 많은 신이 있다.

이 정령들의 이름은 무수히 많다. 한국인들의 마음속에서 그들은 하늘, 땅, 바다 어디에나 존재한다. 그들은 나무에 출몰하고, 산골짝에서 뛰놀고, 맑은 샘물가에서 춤추고, 산꼭대기마다 올라가 있다. 푸른 산등성이에, 평화로운 경작지 계곡에, 수풀이 우거진 골짜기에, 나무가 있는 고지대에, 호숫가와 냇가에, 길과 강 주변에, 그리고 동서남북에 그들이 가득하다. 그들은 인간의 운명을 조롱하고 사람들을 무서워 미치게 만든다. 지붕마다, 천장마다, 아궁이마다 그들이 있다. 그들은 굴뚝, 헛간, 부엌을 채우고 있다. 그들은 집 떠나 여행하는 사람들 앞에 매복해 있다. 그들은 사람들의 앞에, 뒤에, 옆에, 위에, 아래에 존재한다. 태어날 때부터 무덤까지 사람들 삶 모든 지점에 간여하며 따라다니고는, 무덤에 묻힐 때는 그 위에서 춤을 춘다. 그들은 모든 잘못에 사정없이 벌을 내리는 냉엄한 주인이고, 모든 병마의 원인이다. 사실, 어떤 질병은 신격화되기도 해서 한국에서 천연두는 신이 되어 있다.

• 점술가(soothsayer)와 여자 주술사(sorceress)

사실상 진실한 하느님의 무소부재(無所不在)함을 슬프게 흉내 낸 이 방대한 정령숭배는, 두 계층으로 나누어진 사제들에 의해 주관된다. 첫 번째 계층은 점술가[판수]이다. 그는 주술 의식(儀式, rite)을 사용하

여 정령 친구들을 안전하게 제어하고, 그들의 도움을 받아 병을 가져
오는 정령들을 사로잡고, 환자에서 정령을 끌어내어 건강하게 해준
다. 이 점술가들은 일반적으로 맹인으로, 점복, 예언 등의 기술을 연마
하여 풍족하게 산다. 이 계급에 속한 다른 사람으로는 지관(地官)이
있다. 지관은 지세(地勢), 거기서 나오는 영적인 영향력, 그리고 그것이
개인의 미래에 갖는 의미와 관련된 민간전승들을 알고 있다. 사제의
두 번째 계층을 이루는 이들은 이 숭배의 여자 주술사(sorceress), 여사
제인 무당이다. 그들은 정령이 들렸기(possessed) 때문에 자신이 특별
한 의식을 행할 자격이 있다고 생각한다. 이 의식은 춤과 음악이 동반
된 제사로, 무당은 광란에 도달하여 신탁(神託)을 말할 때까지 춤을
춘다. 자신이 올리는 제사를 통해 그녀는 사람을 병들게 하는 정령을
쫓아내고 친밀한 관계를 복원할 수 있다고 생각한다. 과거에 무당들
은 수가 매우 많았고 형제들[판수]과 마찬가지로 물질적인 번영을 누
렸다.

• 유교

한국 황제에게 백성의 종교적 믿음에 관해 묻는다면, 교육받은 남
자들은 공자의 가르침을 따르고 실천한다는 답을 들을 수 있을 것이
다. 아마 다른 한국인도 똑같이 대답할 것이다. 유교는 왕가(王家)의
종교이고 국가 종교이다. 수백 년 전 중국으로부터 소개된 유교는 국
가 생활의 기초를 형성하였고, 그 이후 유교의 영향을 받지 않은 백성
의 제도는 없게 되었다. 정부는 유교의 모델에 따라 조직되었고, 공직
(公職)에 오르고자 하는 이는 유학자가 되어야 했다. 물론 이것은 현재

기독교인의 경우 사문화된 법이다. 토지 법률의 근간이 되는 도덕적 기준은 유교에 근거를 두며, 이 도덕률을 위반하면 정부의 세속적 힘에 의해 처벌받는다. 앞서 말했듯이 교육은 유교 철학을 익히는 것으로 구성된다. 예절은 유교적 이상과 정신으로 가득 차 있다. 전체 사회 경제가 유교의 기반 위에 서 있다. 백성의 도덕은 유교 도덕이다. [그래서] 오늘날 공자는 중국의 성현(聖賢, sage)인 동시에 한국의 성현이다.

한국 유교에서는 다음 네 영역이 도덕적 통제에 속한다고 생각한다. (1)개인의 인간적인 생활, (2)가정, (3)민족이나 국가, (4)인간과 관련된 우주[천하]. 이 영역들의 운명과 목적은 특정한 수단에 의해 달성된다. 개인은 성실성을 통해서, 가정은 효도를 통해서, 국가는 질서정연한 다스려짐을 통해서, 천하는 평화를 통해서 자신의 운명을 달성한다. 성실성, 효도, 질서정연한 다스려짐, 천하의 평화는 핵심적인 진보와 관계가 있다. 한국 유교인은 개인의 성실성 없이는 가정의 효도가 없으며, 가정의 효도 없이는 질서정연한 다스려짐이 없으며, 질서정연한 다스려짐이 없으면 천하의 평화가 없다고 주장한다.

• 공자 숭배

유교의 숭배는 공식적이고 공공적 기능을 하는 성현 자신에 대한 숭배와 개인적 종교의 기능을 하는 개인 조상에 대한 숭배로 구성된다. 성현은 "성왕"(聖王, the most complete and perfect Sage, the accomplished and perspicacious king)이라는 명칭으로 숭배받는다. 이것은 600년 전 중국의 몽골 왕조의 황제가 공자에게 수여한 신적인 명칭으로, 당시 몽골과의 관계가 밀접했던 한국에 수용되었다. 성현에 대한 공식 예배는 중국의 것과 매우 비슷하다. 주요 사당(祠堂)은 수도 서울에 있으며, 제사는 황제 스스로 혹은 그의 대행자를 통해 드린다. 각 도(道)에는 공식적으로 공자 사당이 설치되어 있고 제사는 행정관이 관리의 도움을 받아 거행한다. 성현에 드리는 제사는 봄에는 2월에, 여름에는 8월에 지내며, 이 시기는 공적이고 의례적인 중요성을 지닌다. 이 사당에는 공자의 상(像)이나 그림은 없고, 다만 사당 벽 쪽에 늘어선 유명한 제자들과 함께 위패(位牌)로 표현된다. 그 위패 중에는 스승으로 함께 숭배할만한 가치가 있는 한국인 학자들의 것도 있다. 유교 사당에 시성(諡聖, canonization)되는 것은 한국인으로서는 영광의 절정에 있는 것으로 드물게 이루어진다.

사당의 의식은 극도로 조직화되어 있다. 독자적인 사제직은 없으며, 행정관에 의해 임명되거나 학자들에 의해 선출된 관리가 제사를 담당한다. 이 사람들은 기도를 읊고 제사를 진설하는 의무를 갖는데, 제사상은 잡은 소, 양, 돼지에다가 쌀, 과일, 막걸리, 다른 농산물로 구성된다. 성가를 부르거나 설교하는 것은 예배 절차에 없으며, 예배에는 숭배(worship)와 공경(homage)만이 허용된다. 양반만이 참석이 허용되며 천민과 노예들은 배제된다.

• 조상 숭배

조상 숭배는 한국에서 보편적이고 모든 도덕의 주춧돌로 간주된다. 조상 신주(神主)를 파괴하고 망자에 대한 제사를 거부하는 자는 이 나라에서 가장 잔인한 형태로 처형된다. 바로 이 지점에서 이전의 기독교 포교가 백성의 관습과 습관과 가장 심각한 충돌을 빚은 바 있다.

로마 가톨릭교회의 포교로 처음 기독교인이 된 사람 중 몇 명이 이것을 위반해서 처형되었고, 19세기의 첫해에는 망자 제사를 거부하는 신성모독의 패륜(悖倫)을 저지르는 기독교인을 모두 죽이라는 법이 선포되었다. 복음 선교 초창기에는 신앙을 받아들이는 한국인에게 사형이 내려질 수도 있다는 점을 인지하면서 복음을 전해야 했지만, 오늘날 이 법은 사문화(死文化)되었다. 망자의 위패를 모신 사당은 선반에 보관될 수 있는 작은 상자 모양의 것부터 숭배자의 집에 연결해서 건축한 정교한 누각에 이르기까지, 서울이나 지방에서 다양하게 볼 수 있다. 하층 계급에서는 위패 대신에 망자의 이름을 종이에 써서 제사하는 동안 벽에 붙여 놓았다가 제사 후에 소각(燒却)한다.

• 가문

한국의 매우 강력한 가문(家門, clan) 조직은 사자 숭배의 중심에 있다. 죽은 조상에게 드리는 가문 제사를 유지하는 것은 가문 성원들의 지위를 유지하기 위한 제일의 의무이다. 조상 사당을 주로 관리하고 제사를 지내야 하는 의무를 지닌 사람은 장남(長男)이다. 웃어른의 선례(先例)를 좇아 장남이 가문의 봉건적 가장(家長)이 되고, 그의 말은 영적, 정치적, 사회적, 업무의 사안에서 구속력을 갖는다. 그래서 장남이 기독교로 개종하는 것은 다른 가족들의 동의를 얻지 못한다면 심각한 문제를 일으킨다. 종교적 의미에서 장남의 개종은 가장 지위의 상실을 의미하며, 가족 처지에서는 조상 정령 앞에 설 때마다 불완전한 가계(家系)를 보여주게 된다. 그는 또한 조상의 땅에 대한 권리를 갖고 있는데, 모종의 합의가 없는 한 조상 사당에서 제사를 멈추어야 한다. 이것은 한국인의 종교적 인식에 충격을 주는 일로, 기독교 국가에 사는 사람들로서는 충분히 이해하기 어려운 일이다. 한국인이 기독교인이 되는 것은 쉬운 일이 아니기 때문에, 그는 기독교인이 되는 특권을 얻기 위해 무거운 대가를 치르는 경우가 많다. 그러나 기독교를 받아들인 많은 한국인은 기꺼이 가장으로서의 일시적인 이득을 포기하고, 즐겁게 재산을 처분하며, 개종의 진실함을 증언하기 위해 때로는 사적인 폭력까지 감수하는 것을 명예롭게 생각한다.

• 불교

인도에서 가장 큰 숭배인 불교는 한국에 4세기에 중국을 경유하여 도입되었다. 처음에는 파란만장한 사연이 있었으나, 곧 남부 지역에 단단히 정착한 이후 점차 전 왕국으로 퍼졌고 결국엔 나라를 지배하는 종교 신앙이 되었다. 불교는 나라 전체에 사원을 짓고, 오늘날 볼 수 있는 많은 유적을 건립하였으며, 백성들의 종교적, 사회적, 정치적 경제를 자기 특유의 재능으로 다시 형성하여 거대한 부를 축적하였다. 불교 사제는 교육과 배움을 독점하였고 백성들의 조언자이자 지도자가 되었다.

몇 세기 동안의 무제한적인 권력을 누린 후, 불교는 너무 탐욕스럽게 권력을 향해 질주하는 바람에 제동이 걸리게 되었다. 한때는 의심할 바 없이 유식하고 검소한 몸이었던 불교 사제들은 번영을 누린 탓에 타락했다. 사제들의 삶을 통제하던 규칙들은 해이함으로 인해 파괴되었다. 수도승(修道僧)과 주지(住持)는 중세 기독교 주교들이 그랬던 것처럼 기꺼이 전투에 참여하였다. 궁궐에서는 권력이 더 막강해져서, 심지어는 그들의 권세로 몇몇 왕들을 좌천(左遷)시키기도 하였다. 그들은 백성을 타락시켰고, 그 타락상은 형언할 수 없을 정도였다. 사원은 쾌락의 장소가 되었고 비구니 사원은 창녀촌에 다름없이 되었다. 백성들은 난을 일으켰고 불교의 권력은 땅에 떨어졌다. 불교는 지난 왕조의 수립과 함께 추락하였으며, 불교의 멸망에 대해서는 이전 지도자들의 책임이 크다.

'불교를 찾으려면 뒤져보아야 한다'라는 말이 오늘날 한국의 신앙 상태를 잘 보여준다. 여전히 많은 사원이 나라 곳곳에 흩어져 있지만, 그것들은 산속 깊이 자리 잡고 있어 사람이 사는 마을에서 멀리 떨어진 곳에 있다. 이들 암자(庵子)에는 흔히 중 한 명만 살면서 절의 땅을 부치거나 백성들에게 시주(施主)를 돌며 받은 보시(布施)로 불확실한 생활을 이어가고 있다. 한 주의 깊은 관찰자는 절에서 넉 달간 머물면서 300명의 사람이 방문하는 것을 보았는데, 그중에는 남자가 한 명도 없었다.

•불교의 위계

수가 줄고 빚과 가난에 쪼들려 있지만 불교의 위계는 여전히 강하게 조직되어 있다. 많은 절은 정부의 원조를 받는다. 승려와 비구니 외에는 진정한 불교 숭배자를 보기 힘들다. 한국인의 생각에 불교인이 된다는 것은 절에 들어가는 것이다. 그러나 미신과 실천 중 많은 것들이 여전히 백성들 사이에서 성행하고 있고, 종교로서의 구속력은 와해 되었지만 철학으로서는 많은 백성의 견해에 스며들어 있다. 승려는 고아나 절에 맡겨진 아이들로부터 충원된다. 그들은 절에서 자라고 일반적인 교육을 받지 않는다. 그들 중에서 진짜 불교 교리의 개념을 알고 있는 사람은 발견하기 힘들다. 여기엔 몇 가지 이유가 있는데, 가장 중요한 이유는 불교 승려가 이 나라의 최하층 계급을 이루기 때문이다.

• 종교적 특성

한국인의 종교 생활은 다음과 같은 것을 증언해주지는 않는다.

> "죄를 용서받았다는 의식, 분노가 가라앉았다는 의식,
> 무거운 죄책감의 의식이 멀리 날아가다.
> 가슴 속엔 한동안 잊혔던 평화가 스며들고,
> 한낮의 해처럼 빛나는 확고한 신념은
> 의무가 놓인 길을 가는 사람을 밝혀준다."

기독교 신앙의 주장들을 한국인에게 제시할 때 선교사에게는 큰 유연함이 필요하다. 한국인의 종교 생활의 중심에는 삶의 따스한 관계들, 사람 마음의 깊은 감정들이 자리한다. 그들 앞에서 잘난 척하는 사람은 인간의 영혼을 사랑스러운 믿음 반대쪽으로 밀어 넣는 것이며, 철갑을 두른 전사 앞에서 지푸라기 공격을 하는 것에 지나지 않는다. 한국의 기독교 포교는 그런 성격과는 거리가 멀었다. 선교사는 한 사람으로서 사람들의 종교 생활을 다룰 때 두드러진 유연함, 예의바름, 사려 깊음을 지녔으며, 그럼으로써 이 땅에 기독교 신앙이 퍼지는 데 이바지했다.

한국 사람의 종교적 특성 중 많은 것이 그를 기독교 신앙의 제자로

만들어주기에 적합하다. 정령(spirit)의 보편적인 존재를 믿기에 그에게 하느님의 영적인 성격(spiritual nature)이라는 교리를 받아들이게 하는 것은 어렵지 않다. 사람은 도덕적 존재이며 도덕 법칙을 지켜야 한다는 사실을 오랫동안 주장해온 유교는, 삶 속에서 기독교 윤리를 예증할 준비를 성실히 해왔다. 어떤 작가들은 이교 아래 있는 한국의 종교 생활은 오류의 강을 지나서 암흑과 절망의 바다로 나아가는 것이라고까지 믿지만, 이 모든 경험은 한국인으로 하여금 기독교의 인도를 기꺼이 받아들이게 해서 인생의 강을 지나 하느님의 옥좌로 힘차게 흘러가도록 한다. 이교(pagan) 신들에게 값비싼 예배를 드렸던 한국인들의 적극성이, 하느님을 향한 자유롭고 매임 없고 정성 가득한 사랑과 그를 따르는 사람들에 대한 봉사로 변화하였다.

호러스 그랜트 언더우드, 『한국의 부름』 제3장 사람들의 종교 생활

Horace G. Underwood, *The Call of Korea*, New York: Fleming H. Revell, 1908, pp. 77–99.

| 해제 |

호러스 그랜트 언더우드(Horace Grant Underwood, 元杜尤, 1859~1916)는 1885년 내한하여 30년 가까이 한국 개신교 선교의 초석을 놓은 선교사이다. 선교부 정착과 장로교단 형성, 복음 전파, 성경 번역, 학교와 병원의 설립 및 운영 등 초기 개신교 역사에서 절대적인 역할을 하였다.

그는 처음에는 다른 선교사와 마찬가지로 한국종교에 부정적이었다. 선교 초기인 1892년에 작성한 보고서에서는 "한국인들은 옛 종교들에 대한 믿음을 잃어가고" 있고 "종교가 없는 땅"이라고 할 수 있다고 했다. 그러나 오랜 경험이 쌓이고 동료 선교사의 연구가 축적된 1908년에 출판된 『한국의 부름』(The Call of Korea)에서는 한국종교의 존재를 인정하고 서술하는 태도를 보여준다. 도덕적 타락을 언급하는 비판적인 태도는 유지되고 있다.

이 책에서 언더우드는 유교, 불교, 샤머니즘의 순으로 한국종교를 서술하였다. 특히 "샤머니즘은 선교사가 한국에서 마주해야 할 가장 완강한 적"이라고 주목하면서, 샤머니즘 서술에 가장 큰 비중을 할애하였다. 언더우드의 서술은 동료 선교사의 연구를 활용한 내용이 많지만, 자신의 풍부한 경험을 적재적소에 배치하여 역동성을 잃지 않는다. 그리고 다소 비판적인 코멘트를 여러 곳에 삽입하여 자신의 견해를 드러내었다. 그는 이 책 출판 2년 후인 1910년에 『동아시아의 종교』(The Religions of Eastern Asia)를 출판하였다. 여기서 한중일 종교 비교를 통해 동아시아 종교를 강의하였는데, 『한국의 부름』에서 정리된 내용이 이 비교의 바탕을 형성하게 된다.

• 종교 없음

　한국인은 종교 없는 사람들이라는 이야기를 듣는다. 분명히 그들은 그다지 종교적이지 않은 것처럼 보인다. 그들에겐 사원(寺院, temple)과 사당(祠堂, shrine)이 거의 없다. 우리는 한국인이 사원에 북적이는 것을 본 적이 없고, 공적이거나 개인적인 예배에 많은 시간, 돈, 정성을 쏟는 것을 본 적도 없으며, 매우 낮은 계급인 사제의 복전함(福田函)에 기부하는 것도 보지 못했다. 아프리카인들의 미신, 인도, 티벳, 중국, 그리고 심지어 일본의 신봉자들과 비교해 볼 때, 오래된 형태의 종교들이 한국인에게 거의 영향력을 유지하고 있지 않은 것으로 보이는 것이 사실이다. 다양한 영향력들이 복합되어 오래된 종교들에 대한 한국인의 신앙이 냉랭해지고 약화했고, 그들의 예배는 형식적이고 진심이 실리지 않게 되었다. 심지어 그들은 자신이 지녔던 세 종교를 버리다시피 했다고 말하며, 왜 타국(他國)에서 들어온 네 번째 종교를 받아들여야 하는지 묻기도 한다. 굳이 종교 하나를 골라야 한다면 고유의 숭배 중에서 하나 골라 자신의 개성을 유지하는 것이 낫다고 말하기도 한다. 그렇다면 이들 세 종교를 잠시 살펴보도록 하겠다.

• 유교

　첫째로 유교를 보도록 하자. 유교는 이른 시기에 중국 문명과 문자와 함께 전래되었고, 처음부터 사람들의 사상과 생활을 형성하는 데 적지 않게 작용하였다. 그러나 유교가 처음에 중국에서 전래된 형태가 무엇이었든지, 지금 이 땅에서 어떤 모습인지 상관없이, 우리가 오늘날 한국에서 볼 수 있는 유교는 종교라는 이름을 가질 자격이 거의 없다. 그것은 종교라기보다는 모든 사람이 행해야 하는, 혹은 행해야 한다고 말하는 효도에 기반을 둔 윤리 체계이다.

그러나 유교는 이 땅의 문화와 문헌으로서의 생명력과 깊이 관계를 맺어왔다. 유교는 가장 학문적인 사람들만 할 수 있는 중국 고전 공부에 의존하는 것이어서, 충실한 유교인은 훌륭한 학자라는 인식이 받아들여지고 있다. 많은 경우 그 역(逆)이 성립하기도 한다. 그 결과 문사(文士)의 이름을 열망하는 사람들은 모두 유교인임을 자임한다. 어디에나 이 숭배를 강하게 지킨다고 말하는 사람들이 있다. 하지만 그들 중 가장 열렬한 사람들이 있는 곳에 가보더라도, 조용히 토론하는 모습을 보노라면 그들에게 유교가 종교가 아님을 알아차릴 수 있다.

• 서울의 사원들

서울에는 사원이 없다는 이야기를 흔히 한다. 이것은 큰 실수이다. 왜냐하면 꽤 큰 유교 사당이 몇 채, 무당 굿당이 약간 있으며, 저택의 뒤뜰 경내에는 조상 위패를 모신 건물이 있어서 정해진 때가 되면 3대, 4대, 때로는 드물게 5대까지 조상 신주에 제사를 지내기 때문이다. 앞의 말이 잘못되었음은 쉽게 알 수 있다.

• 조상 숭배

조상 숭배는 유교의 필수적인 부분이고 한국 전체에 퍼져있다. 이 의식을 따르지 않는 사람은 동료들의 눈에 무신론자(無神論者), 불신자

(不信者), 추방된 사람으로 비추어진다.

사람이 죽을 때는 세 영혼이 분리되어 하나는 저승(Hades)으로, 하나는 무덤으로, 다른 하나는 조상 신주로 간다고 일반적으로 믿어진다. 신주는 맞대어 붙인 두 장의 좁은 나무판자로 되어 있는데, 안쪽 면에 혼령(魂靈, spirit)의 이름이 쓰여 있다. 위쪽 근처에는 조그만 구멍이 나 있어 내부를 바깥 공기와 통하게 해주는데, 이것은 혼령이 드나들기 위함이다. 신주들은 서 있을 수 있도록 받침대에 끼워져 있다. 삼 년의 일반적인 애도 기간에는 망자의 위패 앞에 과일 접시가 항상 놓이고 정해진 때에 특별 제사가 드려진다. 남자 상주들은 삼 년간 특별한 복장을 하고 돌아가신 아버지의 위패 앞에서만 특별한 예배를 드린다.

그 이후에는 아버지, 조부, 증조부의 기일에 위패를 모신 집이나 사당에서 제사를 드린다. 이외에도 한국의 여덟 명절에 드리는 제사가 있다. 이 모든 제사의 의미는 중국과 같다. 한국인은 중국인과 마찬가지로 망자와 살아있는 자의 행복이 제사에 크게 의존한다고 믿는다.

이 모든 경우에 장자가 맏상제이자 최고 사제이다. 한국의 가문(家門, clan) 조직은 매우 견고하다. 종갓집의 장자는 가문의 최고 사제이고, 모든 제사 비용은 [가문] 부동산으로 충당한다. 그래서 이 최고 사제가 가문의 정치적, 사회적, 종교적 수장이 되고, 그의 관할 아래 신주가 놓이게 된다. 그런 가문의 어른 혹은 최고 사제가 기독교로 개종하면 금세 가문이 난리가 나는 모습을 볼 수 있다. 때로 최고 사제의 가족 전체가 개종했을 때는, 최고 사제가 영향력을 행사해서 별 어려움 없이 가족 성원의 동의를 얻어내기도 한다. 그러나 그렇지 못한 경우에는 최고 사제의 권능이 정지되고 불완전한 가계(家系)가 남겨져 무수히 많은 어려움이 야기된다. 오래된 법에 따르면 조상 신주를 파괴하는 것은 죽음에 처할 행위이다. 이것이 그리스도를 받아들이고자 하는 자의 길 앞에 놓인 장애물이라는 생각에 관해서는 충분히 많이 이야기되었다. 그가 높은 신분이고 가족에 영향력이 인물이라면 더욱 그러할 것이다. 교육받은 사람들은 이 숭배의 실효성에 대한 믿음이 없으며 단순히 효도의 표현일 뿐이라고 주저 없이 명백히 공언한다. 그러나 조상 숭배에는 모든 유형의 숭배가 내포되어 있고 유사한 숭배를 포함하기에, 선교사가 종교적 사안에 관련해 올바른 규정을 정해주는 노력을 하지 않는다면, 그리스도에 대한 신앙을 고백하는 사람들이 그러한 제사가 한 분 진실한 하느님에 대한 예배와 양립할 수 없는 것임을 깨달을 수 없을 것이다. 그 노력의 결과 현재는 그리스도를 믿는다는 것이 조상 숭배의 중단을 뜻한다는 점이 잘 알려져 있고, 그 노력의 다른 결과는 적지 않은 사람들이 복음의 진실이나 관련된 어떤 말도 들을 생각을 하지 않는 일도 흔히 있다는 것이다.

한국에서 조상 숭배는 유교에 남아있는 유일한 종교적 요소이다. 기독교가 유교인들 가운데 성공하는 유일한 길은 부모님이 살아계신 동안의 효도를 모범적으로 보여주어 과시적인 숭배를 부끄럽게 만드는 것이다. 생전(生前)에 부모님을 소홀히 했던 사람이, 그리고 사치스럽게 사는 바람에 부모님에 가난의 고통을 안긴 사람이 부모님이 돌아가신 후에는 법도에 맞는 제사를 지내서 훌륭한 유교인이라고 불리는 일이 한둘이 아니라는 사실을 한국인 자신이 자각하고 있다. 오늘날 조상 숭배는 일반적으로 다른 어떤 종교보다도 한국에서 강력한 영향력을 지니는 신앙이다. 그러나 이것은 인간의 진정한 바람에 대한 응답이 아니다. 왜냐하면 이것은 자연적인 종교적 본능의 요구를 전혀 충족시킬 수 없는, 인간이 만든 신앙이기 때문이다.

• 불교

불교는 한국에 4세기 초에 들어왔고, 적절한 때에 땅에 뿌려진 씨
앗과도 같이 삼국(三國) 전역에서 번성하였다. 한국이 일본에 불교를
전해주었다는 것은 잘 증명된 사실이다. 일본의 가장 오래된 사찰에
있는 불상과 경전이 한국에서 넘어온 것이고, 일본 건축의 일반적인
양식이 한국 건축과 물질적으로 비슷하고, 사원 건축은 똑같다는 점
이 인정되기 때문이다. 그리피스(Griffis) 박사는 한국에 관한 책에서,
가마쿠라[鎌倉]의 윤장대(輪藏臺, revolving library)에 있는 불경이 한국에
서 얻은 것이라고 언급하였다. 애스턴(Aston)은 신도(神道, Shintoism)에
관한 최근 저서에서,[1] 모든 일본사 연구자가 한국이 일본에 불교를
전해주었음을 인정하고, 더 나아가 550년경 와니(Wani)라는 이름의 한
국인이 처음으로 일본에 불교를 소개했다고 일반적으로 주장하고 있
지만,[2] 그 시기, 그것이 재도입이었는지, 같은 나라로부터 온 것인지,
125년 정도 이후인지, 언제 불교가 널리 받아들여졌는지에 관해서는
일반적인 합의에 이르지 못했다고 말한다.

1 　애스턴의 다음 책을 말한다. W.G. Aston, *Shinto(The Way of the Gods)*, New York:
　Longmans, Green, and co., 1905. 언더우드는 1906년에 애스턴의 책을 읽고 서평을
　남겼다. Horace G. Underwood, "Shintoism (A Review)," *The Korea Review* 6-3
　(March, 1906), pp. 87-94.

2 　『일본서기(日本書紀)』 기록을 소개한 것으로 보인다. 이 기록에 따르면 백제 성왕(聖
　王)이 552년 10월에 일본에 노리사치계(怒唎斯致契)를 보내어 석가모니불의 금상 1구,
　번개(幡蓋) 약간, 경론(經論) 몇 권 전하였다.

한국에서 불교는 전국에 빠르게 전파되었지만, 앞서 말했듯이 현재 조선 왕조 전에 있었던 왕씨(王氏) 왕조[고려]가 시작되기 전까지는 불교가 가장 강한 권력을 갖지는 못했다. 고려 왕조의 창시자는 왕위에 오르고 왕국을 통일하고 송도(松都)에 수도를 건설한 후, 매우 적극적으로 사찰을 건축하고 수행도량(修行道場, monastery)을 건립했다. 그래서 불교는 온 나라의 국가 종교(national religion)가 되었고 왕조가 몰락할 때까지 유지되었다. 고려의 몰락 이후 그 지위는 유교로 대부분 돌아갔고, 불교가 정치적으로 적극적인 당파성이 있고 심지어는 군사적으로도 새 왕조에 반대하는 힘 있는 세력이라는 사실 때문에 새 왕조는 불교를 매우 꺼렸다. 이것은 최소한 많은 수의 사찰을 철거하는 것과 유력 수행도량을 해산하여 땅문서를 몰수하는 것의 구실이 되었다. 3세기 전에 일본군이 불교식 휘장(揮帳)과 깃발을 들고 이 나라를 침략했고, 적지 않은 저명한 한국 불자가 이에 동참했다고 알려진 탓에 이러한 거리낌은 적지 않게 커졌다. 일각에서 주장한 바에 따르면, 일본군은 삭발한 머리와 승려 복장을 하고 수도에 들어와서는 시내에서 승려 행세를 한 후 도성과 군사력에 관한 자세한 정보를 얻어 돌아갔다고 한다. 그 결과 더 엄격한 법령(法令)이 행해져 도성(都城) 내에 한둘 있던 사찰도 파괴되었고, 중일전쟁(中日戰爭)이 벌어진 최근까지도 도성 내에는 불교 사찰이 하나도 없을 뿐 아니라 승려도 사대문 안에 들어오지 못했다.

고인(故人)이 된 여왕[명성황후]이 매우 독실한 불자였고 많은 사찰과 수행도량을 후원했음에도 이 법령은 유지되었고, 중일전쟁 이후 일본을 옹호하는 정치세력이 집권한 이후에야 철폐되었다. 법령은 철폐된 이후에도 다시 한번 시행되어 삭발한 승려는 불교의 옹호자인

[그림 6] (좌) 한국의 마을 우상 / (우) 한국 불교 승려들

일본이 두 번째로 돌아오기 전까지 감히 도성에 들어올 수 없었다.[3]

　　그렇다면 불교는 최근까지 어느 정도 터부시된 신앙이었다. 승려는 여전히 사회 최하층에서 멀지 않다. 도살(屠殺)로 먹고사는 백정이 가장 낮은 계층이고, 모기 하나 죽이지 않는 종교적 믿음을 가진 사람이 기이하게도 그다음으로 낮은 계층이다. 그러나 그런 사실에도 불구하고 불자들은 여전히 많고 전국 곳곳에 수행도량이 번창하고 있다. 그중 몇몇은 옛 왕조 동안에도 크게 지원받았다. 고인이 된 여왕의 지원은 황제에 의해서도 부분적으로 계속되었고, 이는 자연스럽게 불교의 권력을 증진했다. 그러나 권력에 의해 가장 억압받던 시절에도 불교는

3　승려의 도성 출입금지 해제는 1895년 4월, 일본 일련종 승려의 건의를 김홍집이 받아들여 고종에게 윤허를 받아 이루어졌다.

사람들에게 계속 영향력을 유지한 것으로 보인다. 추종자들은 대부분 여성이었지만. 교육받은 양반과 귀족은 불교 신앙을 고백하지 않고, 그것은 여자와 어린아이를 위한 것이라고 현실적으로 이야기한다. 그러나 집안에 불행이나 병마가 닥쳤을 때 자신의 노력으로는 어떻게든 위안을 얻을 수 없다면, 승려의 도움을 요청하는 일이 흔히 있다.

• 샤머니즘

한국의 신앙 중 가장 오래된 것은 샤머니즘의 한 종류이다. 샤머니즘은 유교와 불교가 한국에 들어오기 이전에도 영향력을 행사했다. 역사를 통해 알 수 있는 것, 그리고 현재 볼 수 있는 바에 따르면, 불교와 유교가 최상의 위치에 있었을 때도 샤머니즘은 그들 아래에서, 그리고 그들을 통해 여전히 영향력을 행사했다. 오늘날에도 불교 승려는 여전히 샤머니즘 신앙을 유지하고 있다. 그리고 굳건한 유교인도 샤머니즘이 바보같다고 말하면서도 현실적으로는 그 영향력 안에 꾸준히 머물러 있다. 종교의 관점에서 볼 때 샤머니즘은 오늘날 한국에서 가장 강력한 힘을 갖고 있다.

한국의 샤머니즘에서 세계는 정령, 데몬, 선신과 악신들—주로 악신—로 가득하다. 일반적인 믿음에 따르면 이 정령들은 통상적으로 사람의 행복을 어그러뜨리는 음모를 꾸민다. 복과 행운을 원한다면 그들을 달래어 그들의 선한 의지를 얻도록 해야 한다. 모든 언덕, 길, 산, 시내, 집 자리, 집, 부엌, 거의 모든 방에는 신이나 데몬이 있다. 이러한 적들의 무리에 둘러싸여 사는 한국인이 좋은 시간을 보낼 수나 있는지 의문이 들 정도이다.

• 소방대(fire brigades)

화재와 불은 화신(火神, fire-god)의 소관이고, 그렇게 선택된 건물은 신에 대한 제사로 바쳐져야 한다. 만약 마을에 불이 나면, 이에 대처해야 하는 사람들은 그저 건물 주변을 보호하려고 하고 나머지 절반은 나팔과 징을 들고 열심히 신을 다독여서 선택된 집만 마음껏 즐겁게 누리게 해서 마을의 다른 집은 무사하게끔 한다.

1896년 겨울 저녁에 한 선교사와 함께 도성 내에서 화재의 외침에 놀란 적이 있었다. 도움을 주려는 생각에 현장으로 바로 간 우리는 집주인 가족이 불길이 진행되는 것을 보면서 울부짖고 눈물 흘리는 것을 볼 수 있었다. 조력자들과 함께 온 한국인 경찰들은 여느 때와 같이 긴 나팔과 뿔피리를 불어댔는데, 우리에겐 그것이 즐거운 소리로 들렸다. 한국인들이 보여준 무력함에 놀라긴 했지만, 두 외국인은 도와주겠다는 생각만 하면서 동시에 물통을 들고 이내 근처 우물에 있는 물로 불을 껐다. 그런데 도움을 받은 가족을 포함해 아무도 고마워하지 않았다. 사방에서 불쾌한 웅성거림이 들렸다. 때리려는 조짐마저 있었다. 한국의 관습과 신에 관해 알지 못했던 두 외국인이 화신을 노엽게 한 것이었다. 아마도 화신이 그날 밤 근처에 있다가 도시에 보복을 가했다면 많은 집이 탔을 수도 있었을 것이다. 외국인에 대한 신중한 두려움이 우리를 살렸다. 그날 밤 도시의 집은 불타지 않았지만, 우리가 다음날 떠나지 않았다면 악한 기운이 우리에게 미쳤을 것이라는 점은 의심의 여지가 없다. 왜냐하면 화신의 집에서 5마일[8킬로미터] 거슬러 올라간 곳의 다른 집이 이유 없이 불타 쓰러졌기 때문이다. 하지만 사람들이 외국인을 응징하러 시내로 왔을 때, 우리들은 떠나고 없었다.

1905년 궁궐에 화재가 일어났을 때, 대문이 굳게 닫혀 일본과 영국의 소방 회사는 진입하지 못했다. 한국 황실이 불길을 잡으려 한 유일한 노력은 황제 폐하가 피신한 궁궐 땅 바깥에 있는 건물 지붕으로 남자와 아이들을 보내어 계속 불꽃 방향으로 옷가지를 흔들어 불이 오지 못하게 하는 것이었다.

• 천연두

천연두는 집을 방문한다. 만약 당신이 천연두의 공격을 누그러뜨리고 싶다면 친구에게 '귀한 손님'이 집에 왔다고 알려주어야 할 것이다. 당신은 맹인과 여자 마법사(sorceress)를 부를 터인데, 그들은 이 의례(cult)를 담당할 판수(priest)와 무당(priestess)이다. 그들은 춤추고 탬버린을 치며 일행 중 한두 명이 무아경(無我境, trance)이나 황홀경(悅惚境, ecstasy)에 빠질 때까지 굿(rite)을 계속한다. 그러면 그들을 통해 천연두 신이 말하면서 무엇을 해야 할지 선언한다. 당신은 이 지시를 따를 때만 원하는 대로 쉽게 벗어날 수 있을 것이다. 어떤 형태로든 약의 사용은 엄격히 금지된다. 그렇게 하면 '귀한 손님'을 노하게 해서 환자의 명을 줄일 것이 분명하기 때문이다.

• 정령 나무(spirit trees)

정령 나무 혹은 데몬 나무는 어디에나 있고, 한국인의 숭배 대상인 은행나무인 점이 두드러진다. 이것은 석탄기(石炭紀, Carboniferous Age)에 속하는 선사시대의 나무로, 중국, 일본, 한국에서 발견된다. 정령

나무는 길가에, 특히 산으로 향하는 길에 있다. 여행자와 행인은 돌을 집어 들어 나무 발치에 놓으며, 액운이 그 돌과 함께 떠날 것으로 생각한다. 아이가 아프거나 죽음의 문턱에 다다르면, 다른 방도를 모르는 불쌍한 어머니는 옷에서 천 조각을 찢어 고생해서 번 돈을 거기 묶고, 과일, 쌀, 막걸리를 사서 머리에 이고 온다. 그는 나뭇가지에 낡은 천을 묶고 깨끗한 종이에 소원을 적어 천 옆에 걸어놓는다. 돌무더기 아래 제물을 놓은 후, 그는 아이를 아프게 한 악귀가 가져온 옷 조각에만 머물러 있어서 아이 생명을 구해달라고 애원하며 절할 것이다.

• 길의 수호신들

길가를 따라 찡그린 표정의 나무 우상들이 길의 수호자들로 자리한다. 그 위에는 모든 데몬을 지나가지 못하게 막아 그들을 세운 이들을 위해 마을을 보호해 달라는 탄원이 새겨져 있다. 이 막대들은 초자연적인 힘을 갖는다고 일반적으로 믿어진다. 1886년에 필자가 한 항구 도시를 방문했을 때, 배에서 내려 도시로 들어가려고 했을 때, 나는 더 들어오지 말라는 간곡한 몸짓에 멈춰 섰다. 사람들은 나와 한국어로 대화하고자 하였는데, 그들이 말하고자 한 것은 더 가면 내 목숨을 내놓아야 한다는 것이었다. 길의 수호신들이 있어 그냥 지나치면 목숨을 빼앗는데, 그들은 특히 외국인은 들어오지 못하게 한다고 했다. 필자가 친절한 친구들에게 알아서 감당하겠다고 말하니 그들은 겁먹고 뒤로 물러섰다. 내가 지나가려 하면 병들어 죽을 것이 틀림없다고 믿는 게 분명했다. 그들에게 놀랍게도 아무런 불행 없이 통과가 이루어졌고, 그 이후로는 그런 경고를 들은 사람은 없는 것으로 알고 있다.

그들의 신앙은 치유의 계열을 따라가는 성향도 있지만, 자연스럽게 예방의 계열을 따라가기도 한다. 연초(年初) 첫 보름에 새해 점괘가 좋지 않게 나온 사람들은 작은 지푸라기 인형을 사서 동전을 손, 팔, 발, 다른 부위에 집어넣고는 시내 복판에 던져놓는다. 그렇게 해서 그해에 앞날을 위험하게 할 질병 역시 던져 버릴 것을 바라는 것이다. 또 이 나라 많은 곳에서는 해악이나 죽음이 예상될 때 집의 대문 양편 위에 피를 뿌리면 악령이 들어오는 것을 매우 효과적으로 막을 수 있다고 보통 많이 믿는다. 어디서 이런 풍습이 유래했는지, 이집트 땅에서 이스라엘 아이들을 구한 소식이 이렇게 멀리까지 퍼진 것인지,[4] 혹은 누군가가 말하는 것처럼 한국인이 잃어버린 열 지파(lost Ten Tribes)인지의 문제는,[5] 우리가 여기서 진지하게 논의하지 않겠다.

---

4 구약성서 〈출애굽기〉에 따르면 이집트 파라오가 모세가 이끄는 유대인 무리를 떠나지 못하게 하자, 하느님이 열 가지 재앙을 내린다. 열 번째 재앙은 사람 짐승 가릴 것 없이 모든 맏이를 죽이는 것이었고, 이스라엘 민족은 문설주에 피를 발라 재앙을 피할 수 있었다. 하느님이 모세와 아론에게 한 말은 다음과 같다. "그 날 밤에 내가 이집트 땅을 지나가면서, 사람이든지 짐승이든지, 이집트 땅에 있는 처음 난 것을 모두 치겠다. 그리고 이집트의 모든 신을 벌하겠다. 나는 주다. 문틀에 피를 발랐으면, 그것은 너희가 살고 있는 집의 표적이니, 내가 이집트 땅을 칠 때에, 문설주에 피를 바른 집은, 그 피를 보고 내가 너희를 치지 않고 넘어갈 터이니, 너희는 재앙을 피하여 살아 남을 것이다."(〈출애굽기〉 12장 12-13절)

5 고대 이스라엘 민족에서 야곱의 열두 아들을 족장으로 한 12가문을 12지파(支派)라고 한다. 기원전 722년에 아시리아 제국에 의해 북이스라엘 왕국이 멸망하고 백성들이 아시리아로 추방된 이후, 북이스라엘 왕조에 속했던 10지파에 대해서는 역사적으로 언급이 나타나지 않는다. 그래서 '잃어버린' 10지파가 그 이후 어떻게 되었는지에 관한 다양한 전승이 생겨나게 된다.

• 귀신 들림

귀신 들림(demonical possession)에 대한 믿음은 일반적이다. 그런 들림이 일어나면 축귀사(exorcist)를 부르는데, 그가 성공했다고 하는 일도 드물긴 하지만 있다. 기독교인의 예수님이 데몬을 쫓아낸다는 소식이 주변에 널리 퍼졌다. 때때는 귀신 들렸다는 말을 듣는 남녀나 최소한 정상적인 정신이 아닌 사람들이 신자들의 기도에 응답하여 회복되는 일들이 많이 보고된다.

최북단의 한 마을에 작은 기독교인 집단이 있다. 몇 마일 떨어진 곳에서, 새로 시집간 젊은 여성이 악귀가 들렸다는 말을 듣고 친정으로 되돌려보내졌다. 전통 축귀사를 불렀으나 실패했다. 이웃들이 와서 "산 너머 사람들이 모시는 예수가 악귀를 쫓는다네."라고 말했다. 어머니는 그 기회를 간절히 잡고 싶어서 딸과 함께 예배당에 출석해 그것이 사실이냐고 물었다. 기독교인들은 "그렇다"라고 말하고 당장 소녀를 위한 기도를 시작했다. 그들은 하루에 두세 번 만나 기도했지만 효과가 없었다. 이웃들은 "당신네 예수 신도 당신이 바라는 것을 어찌할 수 없군."이라며 놀리기 시작했다. 기독교인들은 성경을 공부하고 "이런 부류는 기도와 금식을 하지 않고는 나가지 않는다"[6]라고 믿으며 믿음을 멈추지 않고 다시 기도를 시작했다. 그들은 결과를 얻기까지는 기도를 멈추지 않기로 결심했다. 다음날 자정 조금 전에 신들린 소녀가 벌떡 일어나 예배당 문밖으로 나갔다. 그는 마을 악귀(devil)를 모시는 신당(神堂)까지 가서 자리에 앉더니 "너희는 감히 들어올 생각 말고 나를 위해 기도나 해라."라고 기독교인들에게 경멸조

---

6 〈마태복음〉 17장 21절. "this kind goeth not out but by prayer and fasting"

로 쏘아붙였다. 기독교인들은 즉시 무릎을 꿇고 기도를 다시 시작했고, 얼마 되지 않아 소녀가 쓰러져 엎드려 있다가 치유되어 일어났다.

샤머니즘은 선교사가 한국에서 마주해야 할 가장 완강한 적이다. "선교사들에 의해 주로 공격받는 종교는 무엇입니까?"라는 질문을 받는다면, 나는 일반적으로 어떤 공격도 다른 종교에 행해지지 않는다고 말할 것이다. 외국 선교지에 나가는 선교사는 선교지의 낡은 신앙을 공격하는 데 낭비할 시간이 없다. 그가 할 일은 단순히 십자가에 못 박힌 그리스도를 굳게 세우는 것이다. 그렇게 하면 그분의 존재 앞에서 다른 어떤 신앙도 살아남지 못할 것이다. 이것이 오늘날 한국에서 이루어지고 있는 일이다. 한국인은 느리지만 확실히 십자가를 향해 나아가는 중이다.

그러나 우리는 하느님이 성령을 통해 우리가 이 땅에 도착하기도 전부터 이곳에서 속속들이 활동하셨음을 알게 되었다. 이 땅 전역의 남녀들이 오래된 종교에 대한 신앙을 잃게 된 것이다. 교육받은 양반들이 흔히 하는 말이, 그런 오래된 종교들은 여자나 어린이에나 어울린다는 것인데, 이것이 생각의 경향을 명백히 보여주는 것이리라.

대다수의 유교인은 조상 숭배가 효도를 표현하는 것 말고는 쓸모가 없다는 것을 깨닫고 있다. 불교의 가장 열성적인 신봉자일 거라고 우리가 예상하는 불교 승려들은, 스스로 깨닫고 있듯이 보통 단순 생계로서 그 일을 하고 있을 뿐이다. 평민 계급의 사람들은 종이신 앞에서 소지(燒紙, paper prayer)를 사르고, 움직이지 않는 나무줄기에 천과 실을 동여매고, 짚으로 만든 인형을 던져 버리고, 정령 나무나 바위 주변의 서낭당에 돌을 올려놓는 등의 행위보다는, 병이 났을 때 더 효과적으로 쓸 수 있는 치료 방법이 무엇인지에 관해 자신이 믿어온 것이 과연 상식에 맞는지를 되묻기 시작하고 있다.

　몇 년 전 이웃에 있는 한국의 오래된 사찰에서 토요일 밤을 지낼 특권을 누린 적이 있다. 우리 소개를 하자 정문에서부터 실로 진심이 담긴 환대를 받았고 주빈(主賓) 객실을 확보받았다. 저녁 식사 후 우리는 다양한 건물을 안내받은 끝에 벽 근처에 책더미가 쌓여있는 도서관에 다다랐다. 문답을 통해 우리는 그것들이 그들의 '성경(聖經)' 즉 성스러운 경전임을 알 수 있었다. 다음 날 아침 다른 무리의 사람들이 뜰을 지나고 있을 때, 필자는 방에 혼자 앉아 책을 읽고 있었고, 그때 주지(住持) 스님이 들어왔다. 책을 읽는 나를 보고서 그는 책의 이름이 무엇인지 물었다. 나는 전날 밤 그가 사용한 단어를 써서 우리의 성경, 성스러운 경전을 읽고 있다고 답했다. 주지 스님은 "귀하께서 우리에게 몇 구절 읽어주셔도 괜찮은지요?"라고 말했다. 내가 즉시 그렇게 하겠다고 동의하자, 그는 동자를 불러 종을 치라고 하였다. 모든 승려가 모여들자, 나는 〈요한복음〉 14, 15, 16, 17장과 마지막으로 〈출애굽기〉 20장의 첫 부분을 읽어주었다. 참석한 모든 이들이 비상한 관심을 보여주었다. 내가 십계명 낭독을 마쳤을 때 주지 스님이 그 내용이 불교 교의(敎義)와 비슷하다고 하였다. 그러나 그의 제자는 방안의 불상(佛像)을 가리키며 "어떻게 불교가 십계의 제2계명에 동의할 수 있겠습니까?"라고 물었다.[7] 이야기를 조금 나눈 후 주지 스님은 기독교 책을 거기 두고 가라고 부탁했다. 그는 그들이 불자인 것은 불교를

7　제2계명의 내용은 다음과 같다. "너희는 너희가 섬기려고 위로 하늘에 있는 것이나, 아래로 땅에 있는 것이나, 땅 아래 물 속에 있는 어떤 것이든지, 그 모양을 본떠서 우상을 만들지 못한다."(〈출애굽기〉 20장 4절)

믿어서가 아니라 단지 생계의 수단이라고 말했고, 이에 모두가 동의했다.

• 점복과 판수

종교와 사제(priestcraft)에 관해 말한 것 외에도, 그냥 지나쳐서는 안되는 두 부류가 있다. 판수와 무당이다. 가장 반문명적이고 야만적인 국가에서도 시력을 잃은 사람에게 감추어진 사물을 보는 특별한 능력이 부여된다는 믿음은 일반적이다. 그래서 한국에서 맹인은 점쟁이, 점술가, 예언가가 되어 점괘를 던져 분실물을 찾는 일을 한다.

그들은 계층(階層)을 이루었고, 일반적으로 점술에 대해 큰 보상을 받는 것으로 믿어진다. 실명(失明)은 다른 나라에서와 같은 대단한 불행으로 여겨지지 않는다. 그들에게 붙여진 판수라는 이름은 운명의 결정자를 의미한다. 그들은 불운과 질병의 원인에 관련한 상담을 하고, 미래에 관련된 불확실한 이득의 모든 문제를 의논한다. 그들은 특히 부유하고 지위가 높은 사람들의 길한 무덤 자리를 찾는 일로 돈을 많이 번다. 고대 델피 신탁(Delphic oracle)에서 그러했듯이, 한국의 판수가 사용하는 가장 큰 기술은 이중적 의미로 읽힐 수 있는 문구와 표현을 사용하는 데서 볼 수 있다.

• 마술과 무당

판수와 무당의 일의 많은 부분이 마음속에서 겹치고, 때로는 실질적으로는 한 사람의 일에 다른 사람을 부르기도 하지만, 둘은 이론적으로는 구분된 두 영역을 유지한다. 무당은 마술(sorcery)과 악령 쫓아내는 일을 담당한다. 때로 집에 생긴 병환(病患)과 우환(憂患), 닥쳐올 액운이 달래어져야 할 신령의 노여움의 결과라면, 괴롭힘당하는 사람들은 무당에게 전갈을 보내어 문제를 일으키는 정령이 누구인지 묻고 축귀에 도움을 달라고 간청한다. 이들 판수와 무당의 일에 관한 매우 주의 깊은 설명은 헐버트(Hulbert)의 『대한제국 멸망사』(Passing of Korea) 412쪽에서 428쪽에서 나온다.[8]

　세 종교가 이 나라의 도덕(道德)에 끼친 영향은 무엇이었는지 물음이 자연스레 떠오른다. 샤머니즘은 옳고 그름에 관한 도덕적 인식과 올바른 실천의 필요성이 제외된 일종의 자연숭배(自然崇拜)이기에, 도덕적 감성을 심어준 것은 거의 없다고 말할 수 있다. 불교는 자연적 감정과 욕망을 제어하는 자기 부정을 강화하지만, 한국에서 보여주는 것처럼 그것은 이타적 동기가 아니라 이기적 동기에서 출발한 것이다. 불교의 가르침은 부분적으로는 동물에 대한 자비와 생명 일반에 대한 배려를 길러주지만, 인간과 인간의 관계에서 국가적 행위에는 대개 영향을 주지 않았다고 보인다. 그러나 유교는 폭넓은 문헌 연구를 바탕으로 공들여 체계화된 도덕 체계와 인간관계의 원칙을 제공했다. 오상(五常, five virtues)을 가르치고 오륜(五倫, five social relationships)에 강조점을 둔 유교의 감탄스러운 윤리 체계는 이 나라 전체에서 학습되었다.[9] 그러나 이 모든 윤리 체계는 무엇이 행해져야 하는지

8　이 책에 수록된 "호머 헐버트, 『대한제국 멸망사』 제30장 종교와 미신"(1906)을 참고할 것.

9　오상(五常)은 인(仁), 의(義), 예(禮), 지(智), 신(信)의 다섯 덕목을 말한다. 오륜(五倫)은 임금과 신하, 어버이와 자식, 남편과 아내, 어른과 아이, 친구 사이에 마땅히 지켜야

공식화된 진술로 그대로 발전하는 데 큰 어려움을 겪었다. 한국인 목회자가 언급한 사례는 유교가 한국인에게 실제로 한 일이 무엇인지를 잘 보여준다. 그는 공자가 올바른 길을 보여주며 서 있는 고대의 성현(聖賢)임을 설명하면서 청중들의 주목을 이끈 뒤에, 그 모든 것에도 불구하고 인간은 어떤 면에서라도 죄에 빠진다는 것을 생생하게 보여주었다. 반면에 그는 타락한 사람들 가운데로 내려오신 그리스도를 이와 대조하였다. 그분은 사람들을 타락으로부터 건져 올리고, 새로운 마음을 주어 선한 것을 희망하도록 만들어주고, 올바른 길을 걷게 해주셨다.

한국의 세 신앙, 혹은 미신이나 철학은 모두 이 나라에 진정한 도덕의 분위기를 부여하는 일을 거의 하지 못했음을 인정해야 한다. 유교의 효도가 아이들에게 누차 이야기된 만큼, 자녀가 부모에게 거짓말해서는 안 된다는 가르침도 전해졌다. 여기에서 추론이 쉽게 가능하다.

그렇다면 이 체계는 끊임없이 윤리 규범을 반복함으로써 분명히 영향력을 행사했을 것이다. 하지만 그 영향력은 도덕적 이끎이나 진정한 도움이 제공되지 않은 곳에서 볼 수 있는 정도에 불과하다. 이 민족의 일반적인 도덕적 색채는 야만 민족보다는 확실히 우월하다. 가족생활의 신성함이 유지되고 있다. 토지법은 도덕성의 측면에 기반을 둔다. 그러나 우리가 여기서 볼 수 있는 것은 하느님과 그리스도가 알려지지 않은 곳에서 당연히 기대할 수 있는 수준에 불과하다.

유교에서 조장(助長)되고 만날 수 있는 축첩제(蓄妾制, concubinage)의

할 도리로, 부자유친(父子有親), 군신유의(君臣有義), 부부유별(夫婦有別), 장유유서(長幼有序), 붕우유신(朋友有信)을 말한다.

존재는 남성 계승자의 필요성을 강조하여 가정생활에 큰 혼란을 일으
킨다. 정부의 지원 아래 많은 수의 무녀(舞女)[기생]가 고용되어 계층을
이루고 있다. 재판에서 사용되는 고문은 기본적으로 누구도 죄를 인
정하기 전까지는 처벌받지 않는다는 유교적 사고에 의해 도입되었다.
정의의 명백한 남용, 여성의 처지, 그리고 여성을 갑갑하게 가두는
필연적 논리 등. 이 모든 것들이 이 민족의 도덕적 상태를 말해준다.
그러나 한국인을 무가치하고 타락한 존재로 보이게 하는데 신난 사람
들에 의해 생긴 이 모든 불명예와 경멸에도 불구하고, 우리는 한국인
이 다른 아시아인과는 반대로 좋은 기회를 갖고 있다고 말하고 싶다.
우리는 한국인이 이웃 민족보다 도덕적으로 열등하지 않으며 사실 어
떤 점에서는 그들보다 우월하다는 것을 알고 있다.

• 장례식

매장과 장례식은 자연스럽게 지역에 따라, 가족이 사용할 수 있는
재산에 따라 매우 다르다. 그러나 이러한 예식(禮式)을 적절하게 준수
하는 것이 모든 집안의 앞으로의 번영을 좌우하기에, 때로는 온 집안
재산을 제사에 쓰고 크게 빚지는 일이 지금도 일어난다.

물론 부자들에게 이 의식(儀式)은 가장 정성 들여야 할 일이고, 이
의식 하나를 해설하기 위해서 책 한 권이 만들어져 있을 정도이다.
그러나 항상 준수되고, 가장 공들인 확장을 가능하게 하는 한 두 가지
두드러진 중요한 특징이 있는데, 의례의 확장에서 집안의 재산 규모
를 알 수 있다.

사망이 확실히 확인된 이후 의례에서 사망 사실을 크게 알리는 일

은 때로 "초혼(招魂, the calling of the soul)"이라고 불린다. 그것은 신임하는 하인이나 친한 이웃이 망자의 옷을 들고 지붕을 올라가 시체가 누운 장소 위에 서서 북쪽으로 망자의 혼(魂)이 몸을 떠났다고 크게 알리며 들고 있는 옷을 흔드는 절차이다. 그는 옷을 세 번 흔들고, 세 번 크게 알린다. 첫 번째는 망자의 성명(姓名), 두 번째는 그의 직위(職位), 세 번째는 그가 사망했다는 사실을 알린다. 이 의례는 사망 후 최소 한 시간이 지날 때까지는 거행되지 않고, 의례가 끝날 무렵에는 가족이 모두 들어와 잠시 기다린다.

초혼 이후 바깥에 상이 차려지고 거기에 망자를 위해 온 정령들을 위한 음식이 진설된다. 큰 정령 셋을 위해 밥 세 그릇이 차려지고, 수행원들을 위해서는 큰 대접 하나가 차려진다. 수행원의 수는 남성의 죽음의 경우 열둘, 망자가 여성인 경우는 아홉이라고 한다.

이러한 의무들이 적절한 형식에 따라 지켜진 후, 시신을 정성스레 씻고, 거친 천을 몇 겹으로 단단히 묶어 매장(埋葬)을 준비한다. 몇 겹으로 싸는지는 앞에서 말한 비율대로 여성은 9겹, 남성은 12겹으로 남녀가 다르다.

집안 형편이 된다면 소나무 관(棺)을 짠다. 오랫동안 집에서 보관한 목재로 짜거나 그럴 사정이 아니라면 관을 구매한다. 장례 기간은 집안의 재력과 중요도에 따라 사후 3일에서 석 달, 때에 따라서는 1년까지 다양하다. 1년을 치르는 경우 섬세한 준비를 위해 많은 공력이 필요하다.

무덤 자리는 매우 조심스럽게 선택된다. 판수가 불려 와서 그의 풍수(風水, geomancy) 지식을 총동원해달라고 부탁받는다. 무덤 자리가 길한지에 따라 집안 운명이 결정되기 때문이다.

한눈에 보아도 이들 세 종교의 미신과 교리들이 얼마나 기독교에 적대적인지 알 수 있을 것이다. 조상 숭배는 인간 본성의 가장 강력한 두 감정인 부모님에 대한 사랑과 사후에도 기억되고 싶은 욕망을 통해서, 불교는 보편적인 자비(慈悲)와 널리 받아들여진 윤회(輪廻) 관념을 통해서, 샤머니즘은 신비적이고 시적이고 자연을 사랑하는 사람들의 미신에 대한 영향력을 통해서, 복음의 전진을 가로막는 강력한 장애물이 되었다. 그러나 다른 한편으로는 선교사들이 진출했을 당시 사람들은 이 오래된 종교들에 대한 충성도가 식었고 많은 사람이 신앙심을 잃었다. 한국인은 자기 이성의 힘을 따라 인간이 만든 신앙들의 공허함과 그릇됨을 볼 수 있는 특별한 민족으로 보인다. 동시에 그들은 종교적 본능을 따라 그리스도를 안내받을 때 그 안의 진리를 받아들이게 될 것이며 그분의 가르침을 열성적으로 실천하게 될 것이다.

처음 도착했을 때 우리는 옛 [종교] 체계들에 보이는 한국인의 태도 때문에 그들에게 종교 감정(religious sentiment)이 부족하다고 믿었다. 하지만 선교 작업의 결과, 한국인이 두드러지게 종교적인 사람들이라는 점을 확실히 증명할 수 있다고 생각한다.

제임스 게일,
『전환기의 한국』 제3장 한국인의 믿음

James S. Gale, *Korea in Transition,* New York: Young People's Missionary Movement of the United States and Canada, 1909, pp. 67–92.

| 해제 |

제임스 게일(James Scarth Gale, 1819~1937)은 1888년부터 1927년까지 40년간 한국에서 활동한 장로교 선교사로, 한국 이름은 기일(奇一)이다. 1888년에 YMCA 선교사로 내한했고, 1891년부터 북장로교 선교사로 활동하였다. 선교 초기에는 부산과 서울에서 활동하였고, 북장로교 선교사가 된 이후 1892년에 원산으로 발령받아 8년간 활동하였고, 1900년 이후에는 서울 연못골교회(연동교회)에서 목회하였다. 그는 한국 문화를 가장 사랑하고 깊이 이해한 선교사로 유명하다. 최초의 한글 번역인 『텬로력뎡』을 비롯해 많은 책을 번역 소개하였고, 한국을 소개한 다수의 영문 기고문이 있으며, 『구운몽』을 영어로 번역하였다. 1925년에는 "조선어풍(朝鮮語風)을 어기지 않는" 독자적인 성경 번역 『신역 신구약전서』를 출판하기도 했다. 1927년에 귀국한 이후 영국에서 지내다 1937년 사망하였다.

　『근대전환공간의 한국종교 I』에서는 그의 『한국 스케치』(1898), "한국인의 믿음"(1900), "한국인의 하느님 관념"(1900)을 소개한 바 있다. 이 글들이 그의 초기 경험과 원산 활동 시기의 연구를 반영한 것이라면, 이번 『전환기의 한국』(1908)은 그가 처음 온 이후 20년이 지난 시점의 변화된 한국의 모습을 반영한 저작이다.[1] 특히 제목의 '전환기'는 을사늑약 이후 대한제국이 일본에 종속되어가는 정치적 변화를 말하며, 이러한 변화 속에서 선교 현장의 반응을 함축한 책이다.

1　이 책의 전체 번역으로는 다음을 볼 것. J. S. 게일, 신복룡 옮김, 『전환기의 조선』, 집문당, 2019.

그런 한편 이 책은 한국 선교를 준비하는 이들을 위해 쉽게 서술된 책이기도 하다. 내용은 키워드에 따라 최대한 분절되어 있고, 장 끝에는 더 생각할만한 질문과 읽을거리를 제시하고 있다. 게일은 다양한 지식을 전달하면서도 서양인 처지에서 이해될 수 있도록 위트 있는 문장으로 한국종교의 여러 측면을 소개하였다. 여기서 게일이 생각하는 한국종교의 핵심이 무속보다는 조상 숭배라는 점은 주목할만하다. 그는 존스, 헐버트, 언더우드와 같이 무속에 더 주목한 동료 선교사와는 달리 조상 숭배에 더 주목한 기포드의 태도에 찬성하는 모습을 보여준다.

• 종교가 없어 보이는 외적 표지들

한국에는 특이하게도 종교가 없는 것처럼 보인다. 서울 도성에는 평민 거주지 위로 솟은 거대한 사원이 없다. 승려, 공공의 기도, 참배객, 탁발승, 돌아다니는 성스러운 동물, 예식서나 촛불의 판매, 향을 올릴만한 그림, 엎드려 절하는 모습 등, 사실상 종교를 나타내는 일반적인 표식(標式)들을 찾아볼 수 없다. 그러나 인간의 영적인 면(the spiritual)이 자기 너머나 위에 있는 다른 영혼들에 도달하는 것을 종교라고 한다면, 한국인 역시 종교적이다. 한국인은 성스러운 책들을 갖고 있고, 기도할 때 무릎을 꿇으며, 하느님, 영, 하늘나라에 관해 이야기한다.

• 종교적 속담들

우리는 한국인이 다음과 같이 이야기하는 것들을 여러 번 들을 수 있다. "하느님은 올바른 일은 한 사람에게 축복을 내려주신다. 그릇된 일을 하는 사람에게는 불행으로 벌주신다." "하느님께 복종하면 살

것이요, 복종하지 않으면 죽을 것이다." "사람들끼리 몰래 말하는 것을 하느님은 천둥 소리처럼 들으신다. 컴컴한 방에서 짠 음모를 번갯불처럼 보신다." "이 몸이 죽고 죽어 일백 번 고쳐 죽어, 백골이 진토되어 넋이라도 있고 없고, 님 향한 일편단심이야 가실 줄이 있으랴."

• 유행하는 미신

한국의 종교는 조상 숭배(ancestor worship)가 불교, 도교, 정령숭배(spirit cult), 점복(占卜), 주술(呪術, magic), 풍수(風水), 점성술(占星術), 주물숭배(呪物崇拜)와 뒤섞인 이상한 종교이다. 용(龍)도 중요한 역할을 한다. 귀신(鬼神, kwi-shin, devil)이나 자연신들은 곳곳에 있다. 도깨비(elf, imps, goblins)들도 많이 있어 온갖 장난질을 한다. 망자의 정령은 여기저기 나타난다. 망령(亡靈, eternal shade)들은 주변을 활보한다. 산, 나무, 강, 질병 안에는 인격화된 존재들이 지하에도 공중에도 존재한다. 어떤 존재들은 살아있는 사람들의 요청을 들어주지만, 그들 대부분은 성격상 악해서 사람들에게 슬픔과 공포를 안겨준다. 성격 자체가 쉽게 삐지고 변덕 심하고 달래기가 힘들어서, 정령들의 세계는 하데스(Hades) 세계를 풀어주어 인간을 마음대로 다스리게 하는 것과 다를 바가 없다. 여호수아 시절에 아모리 사람의 왕들이 보여주었듯이 말벌에 맞서 싸우기는 쉽지 않지만, 차라리 말벌은 정통으로 맞출 수 있기는 하다.[2] 하지만 사람 중에서 그 누가 머리도 없이 튀어나오거나

---

2 구약성경 〈여호수아기〉 24장 12절을 염두에 둔 언급이다. "내가 너희보다 앞서 말벌을 보내어, 아모리 사람의 두 왕을 너희 앞에서 쫓아냈다. 이 두 왕을 몰아낸 것은 너희의

[그림 7] 조상 숭배

다른 팔다리를 달고 나오는 도깨비(sprite), 유령(wraith), 처녀 귀신
(banshee)을 이길 수 있겠는가?

• 조상 숭배가 중요한 위치를 차지함

그러나 비숍 부인(Mrs. Bishop)이나 퍼시벌 로웰(Percival Lowell)이 추
론한 것처럼, 이런 것들 말고는 나라나 민족 전체의 마음을 사로잡은
종교가 없는 것일까?[3] 나는 한국 환경에 더 오랫동안 접하게 될수록,

―――

칼이나 활이 아니다.”
3 퍼시벌 로웰은 서울에서 종교 건축물을 볼 수 없기에 종교가 없는 나라라고 주장한

더욱 더 다음과 같이 진심으로 말하고 싶다. 한국인은 종교를 갖고 있으며, 본국의 보통 기독교인들이 신앙을 위해 실천하는 것보다 더 많은 것들을 종교를 위해, 또 종교를 갖고 있기에 실천하고 있다고 말이다. 다른 모든 숭배와 관습 위에 존재하는 것은 조상 숭배이다. 이것이야말로 번영과 성공이 넘치는 행복한 땅으로 가는 한국의 관문을 지탱하는 주춧돌이다. 이것을 부정하는 것은 생명과 희망으로 가는 큰길을 막는 것이다. 한 명의 훌륭한 조상 숭배자가 부처님을 참배하고 옥황상제에게 의뢰하고 흔히 볼 수 있는 서낭당 앞에서 절하고 침을 뱉고 오방장신을 위한 기둥[장승]을 세우고 점을 치거나 운을 비는 일은 충분히 있을 수 있다. 그러나 조상을 망각하고 이러한 존재에만 의탁하는 것은 알맹이 없는 허깨비에게 기도하는 일이 될 터이다. 조상 숭배는 한국인의 마음과 정신을 완전히 사로잡고 있다.

• 조상 숭배의 외적 표시

조상 숭배를 알려줄 만한 사원, 제단, 성소, 사제, 주문이 보이지 않는데, 조상 숭배가 어떻게 드러날 수 있다는 것일까? 무엇이 조상 숭배를 나타내는 특징일까? 바로 상복(喪服), 신주(神主), 신줏단지, 무

초기의 대표적인 관찰자였다.(『근대전환공간의 한국종교 I』에 수록된 "종교의 부재"를 볼 것) 그러나 비숍 부인에 관해서는 게일이 착각한 것 같다. 비숍은 다음과 같이 말했다. 일견 종교가 없어 보이지만 그것은 성급한 관찰의 결과임을 지적하였다. "사원들이 없고 종교를 나타내는 다른 표식들도 없기 때문에, 성급한 관찰자들은 한국인들을 종교 없는 민족으로 절하할 위험이 있다. 조상숭배, 귀신 달래기, 자연의 힘에 대한 소심하고 미신적인 두려움의 결과 등이 한국인들에게는 종교의 자리를 차지하고 있다."(Bishop, *Korea and Her Neighbours*, 61.)

덤이 그것이라고 답할 수 있다. 이것들과 이에 관련된 사상들이 한국인의 삶에서 중요한 자리를 차지했고, 기독교 신앙의 교의가 서양에서 차지한 자리보다도 더 중요한 것이기에, 이들에 대해서 상세하고 주의 깊게 살펴볼 필요가 있다.

• 무덤 자리

전문적인 '지사'(地師, Chi-sa),[4] 땅의 의사, 무덤 탐사가, 뭐라고 불러도 좋다. 가장(家長)은 가족의 무덤 자리를 찾기 위해 그를 청해 부탁한다. 그는 일종의 고해신부(告解神父, father-confessor)이지만, 위를 가리키는 대신 아래를 가리킨다. 그는 또한 돈을 요구하는데, 많으면 많을수록 좋다. 가족은 길한 자리로 보답받을 수 있기 때문이다. 그는 둘러싼 봉우리들이 멀찍이 보이는, 산의 조용한 돌출부를 찾아낸다. 그것엔 새어 나오는 물이 없고, 소란스러운 사람이 없고, 신경을 거스르는 바람도 없다. 그곳에는 부드러운 산들바람, 산의 고요함, 충만한 양지바름이 있다. 그는 나침반을 들고, 가운데서 뻗어 나온 선에서 목표 지점을 잡아, 어떤 산봉우리가 위, 왼쪽, 오른쪽, 앞에 나타나는지 보려고 한다. 번영(繁榮)의 나침반 선을 따라 길한 자리를 찾을 수 있다. 그 이후엔 집안이 대대로 잘 풀릴 것이다. 교육의 선 위에 놓이면 그 이후에 집안에 대단한 학자들이 나온다. 지위의 선을 따르면 공식적인 왕이 많이 나올 것이다. 부와 재산의 선을 따르면 모두가 부유해질

---

4 지사(地師)는 풍수설에 따라 집터나 묏자리 따위의 좋고 나쁨을 가려내는 사람을 말한다. 지관(地官)과 비슷한 말.

것이다. 이 전문가가 나침반으로 가리키는 것은 하늘이다. 일단 찾은 곳이 만족스러우면 전문가는 돈을 받는다. 무덤을 파고 회, 모래, 진흙으로 발라진다. 그렇게 완전히 뒤덮으면 아버지나 어머니, 혹은 부모의 출발 준비가 된다.

• 상제(喪制, mourner)

한국인이 죽으면 곡(哭)이 한동안 진행되는데, 그것은 얌전히 소리 죽여 내는 흐느낌이 아니라 입을 벌려 울부짖는 것이다. 4일간 가족 전원은 허리와 머리를 동아줄로 묶은 마대(麻袋) 옷을 입는다. 색깔은 즐거움, 재미, 기쁨을 의미하기에 모든 색이 배제된다. 집은 청소하지 않은 채, 곡소리와 자책과 함께 황량함이 지배하는 곳이 된다. 망자의 존재에 의해 오염된 공기 속에서 집은 봉쇄된다. 그러면 당신은 한국인의 죽음과 그에 따라 일어난 일들을 지켜져야 할 것 그대로 본 것이다. 상제는 짚신을 신는다. 가죽은 안락과 편안을 의미하기에 가죽신은 신지 않는다. 그는 고기를 먹지 않고, 관직을 맡지 않고, 그의 죄지은 눈길을 하늘의 얼굴에 숨기지 않기 위해 챙이 있는 모자를 쓰고 밖에 나가지 않는다. 그는 "나의 죄로 부모님이 돌아가셨습니다."라고 말한다. 편지를 쓸 때는 "죄인 김씨 배상(拜上)"이라고 서명한다.

• 장례식

시신은 가장 좋은 비단옷을 입히고, 삼베옷으로 싼 후, 끝에 긴 구멍이 있는 줄로 사체 주위를 서너번 단단히 묶는다. 그리고 사체를

관 속에 넣고 매장한다. 망자가 특별히 귀하게 여긴 책과 물건이 함께 매장되는 일도 많다. 며칠 후, 사정이 된다면 몇 달 후, 장례 행렬이 밤에 켜진 등불과 "아이고! 아이고!"하는 곡소리와 함께 출발한다. 이처럼 참으로 부조리한 세계 속으로 바로 다음과 같은 말씀이 들어오게 되었다. "우리는 예수께서 죽으셨다가 살아나신 것을 믿습니다. 이와 같이 하나님께서 예수 안에서 잠든 사람들도 예수와 함께 데리고 오실 것입니다."[5]

• 영혼

인간은 모두 두 개의 영혼(靈魂, soul)을 가졌다고 믿어지는데, 하나는 남성 영혼(hon, 魂), 다른 하나는 여성 영혼(păk, 魄)이다. 보통 육신이 조상 무덤에서 잠자는 사이에, 남성 영혼은 하늘로 올라가고 여성 영혼은 지옥으로 내려간다. 부활(復活)을 일컫는 단어는 없다. 부활은 모든 유교식 계산을 넘어서고 초월한, 외부에 있는 개념이기 때문이다.

• 제사

유교인에게 제사는 교회에 가고, 기도하고, 주일학교에 참석해 노래 부르기에 참여하는 것과 마찬가지이다. 가문의 웃어른이 되는 것

---

5   〈데살로니가전서〉 4장 14절. 원문에서는 킹제임스성경(KJV)이 인용되었다. "For if we believe that Jesus died and rose again, even so them also which sleep in Jesus will God bring with him."

은 목사나 주일학교 교장이 되는 것보다도 대단한 일이다. 가장(家長)
은 3년간 매월 1일과 15일에 쌀밥, 떡, 쇠고기, 탕국(Irish stew), 채소,
대추, 견과, 호두, 감, 꿀떡(honey cake), 유과(油菓, oil candy), 그리고 다
른 음식물을 방에 남아있는 상에 차린다. 남성 영혼은 이 의식마다
하늘에서 내려와 흠향(歆饗)하고 되돌아간다. 불쌍한 여성 영혼은 거
기 참여하지 않는다. 곡을 석 달간 계속하고, 그 후엔 조용한 제사로
대신한다. 제사는 자정이나 수탉이 울기 직전마다 진행된다. 삼 년간
제사상이 차려지면 제사는 사당(祠堂, tablet-house)으로 옮겨지고 애도
는 끝난다. 사당에서는 세 세대만이 동시에 있는다. 새 정령이 들어오
면, 그의 증조할아버지 대(代)의 신주를 밖에 가져가 묻는다.

• 무덤을 소중히 여기기 위해 요청되는 것들

　매년 네다섯 번의 제사가 이른 아침 무덤에서 있는데, 이때 무덤은
집안의 살아있는 사람보다 훨씬 중요하게 된다. 이웃 사람이 산 사람
의 생활반경을 침범하는 일이 생긴다면 시끄러운 장면이 발생하는 정
도이다. 그러나 망자의 구역에 누군가가 침범한다면, 이것은 가장 강
한 법의 위력, 긴 곤장, 칼, 사약(死藥), 영원히 계속되는 불화(不和)를
부를 것이다. 무덤은 보살펴지고, 감시하고 돌보아지고, 풀을 다듬어
야 한다. 망자의 숙면이 무엇보다 중요하기 때문이다. 망자가 잘못된
위치에 놓이게 되면 건강, 부, 행복의 반대되는 것들이 닥쳐오게 된다.
어느 불쌍한 결핵 환자가 초췌한 얼굴로 내게 와서 어머니 무덤을
옮기게 도와달라고 부탁하였다. 그는 이렇게 말했다. "어머니가 계신
곳에 물이 새서, 내가 결핵에 걸렸습니다. 만일 어머니를 옮길 수 있다

면 나는 나을 수 있을 겁니다." 불쌍한 사람. 그의 생명의 희망의 핵심
은 그의 어머니 유해(遺骸)의 위치였다!

• 가장 절망적인 어려움

우리나라에서 어느 도둑이 아이를 납치해서 넋이 나간 부모에게
다음과 같이 편지를 썼다고 해보자. "나는 넬리(Nelly)를 데리고 있소,
당신이 오전 1시 스미스 코너(Smith's Corner)에 500불을 갖고 와서 건
네준다면, 당신은 넬리를 돌려받을 수 있소." 이 이야기는 온 마을을
들끓게 할 것이다. 그러나 이번에는 범죄자 박씨(朴氏)가 만석꾼 민씨
(閔氏)에게 다음과 같이 말한다고 상상해보자. "나는 당신 아버지의 뼈
를 파내어 갖고 있소. 당신이 정오에 장곡천(長谷川, Long Valley Steam)
으로 5,000불을 보낸다면, 그 뼈를 받을 수 있소. 보름까지 보내지 않
는다면 당신 조상의 뼈를 가루로 만들어 버리겠소." 이 경우 극단적인
정도의 절망감이 엄습할 것이다.

• 이 체계의 장점

누군가 이 체계의 장단점을 합산한다면, 우리는 이 체계가 아이들
에게 부모를 존경하라고 가르친다는 점에서 좋다고 할 수 있을 것이
다. 한국 아들의 처지에서는 아버지의 권위에 불만스러운 감정이 없
다. 그러한 것은 하느님에 대한 반역과 마찬가지이기 때문이다. 하느
님의 계시는 없어도 부모가 일종의 신격(神格)이기에, 그들의 결정에
는 고상하고 고양된 무언가가 있다. 아버지와 어머니는 분명 지상에

서 가장 높은 자리에 있다. 그들은 신도(神道)의 영웅보다 높고, 어떠한
매개적 존재보다도 높다.

• 이 체계의 파괴적 영향력

그러나 조상 숭배의 파괴적 영향력은 그 혜택보다 훨씬 막대하다.
그것은 탐욕스럽고 가차 없는 땅의 약탈자이다. 산의 가장 좋은 곳은
망자를 위한 곳이기 때문이다. 산 자들은 멀리 가버리던지(go to
Jericho) 말라리아가 우글대는 평원에서 오밀조밀 살아야 한다. 반면에
조상의 영(靈)은 산 높은 자리에서 안식을 취한다. 나무와 잔디로 기분
좋게 둘러싸인 곳은 망자를 위한 것이고, 산 자들에게 남은 것은 먼지
구덩이와 시장통의 열기와 악취이다.

• 채굴 금지

조상 모심 때문에 산에서 금, 은, 혹은 다른 보물을 파내는 것이
금지된다. 아버지 유령의 안락한 숙면과 비교하면, 황금이 무어며, 산
자들이 대수일까? 흉측한 생각들일랑 집어치우고 산을 평화롭게 놔
두어야 한다!

• 조혼을 재촉함

조상 숭배는 조혼(早婚)을 재촉하여 망자의 영에 제사 지낼 다음
세대가 서둘러 나오도록 한다. 아이들을 열 살에 결혼시켜 보내고,

때로는 열 살보다 어릴 때도 있다. 사랑의 결혼? 그것이 사랑과 무슨 상관이 있을까? 그래서 그 결과 나타나는 것이 불행한 가정, 축첩, 무책임한 부모, 작은 방 두세 칸에 옹기종기 붙어사는 많은 수의 식구들이다. 그 어리석음과 가여움은 말할 필요도 없다.

• 여행이 금지됨

조상 숭배 체계는 관광이 널리 행해지는 이 시대에 여행을 금지한다. 착한 자녀라면 제사를 지내기 위해 집으로 돌아와야 한다. 어떠한 세계적 사업도 정해진 방, 정해진 땅 한조각, 정해진 날을 방해해서는 안되고, 그래서 당신은 단단히 묶인 죄수가 된다. 어떤 효성스러운 아들들은 무덤 옆에 작은 움막을 짓고, 씻지 않고 빗질도 하지 않은 채 거처를 잡고 거기 지낸다.

• 질병이 퍼지는 이유

불결(不潔)은 조상 숭배와 같이 간다. 씻지 않음, 시체를 오래 집안에 둠, 이 모두가 질병의 전파를 가중(加重)하고, 유사(有史) 이래 한국을 좀먹어온 전염병을 촉진한다.

• 여성을 억압함

조상 숭배에서 여성이 존재하지 않음이 가장 해로운 영향이다. 여성은 제사를 지낼 수 없고, 가계(家系)를 이어갈 수 없다. 여성이 이 세상에 들어올 때 그를 맞이하는 것은 아쉬운 탄식이다. 아들을 이미 많이 낳아 둔 상태가 아니라면 말이다. 그의 삶은 복종(服從), 감금(監禁), 과다 노동의 삶이다. 그의 최종 목적지는 지하(地下, Chi-ha) 혹은 황천(黃泉)이다.

• 조상 숭배를 버려야 함

모든 제사의 끝에 사람들은 손발이 묶이고, 공직 업무에 방해받고, 여행에 저해(沮害)가 되고, 하느님이 내려준 땅을 쓰지 못하게 금지당하고, 조혼에 의해 피폐해지고 불행해지며, 뒤를 향해 걷게 되고, 점점 더 가망 없이 헤어날 수 없는 혼란 속에 빠져든다. 이 모두가 우리가 사는 시대와 충돌한다. 20세기는 조상 숭배를 위한 여지를 갖고 있지 않다. 선산(先山)을 가로질러 기찻길이 놓이게 될 터이다. 선산 앞으로, 선산을 둘러싸고, 야생의 바퀴 달린 악마가 풀려난 것처럼 울부짖으며, 가장 성스러운 골짜기에서 야성의 소리를 지르면서 운과 번영을 날려버릴 것이다.

• 근대 정신에 맞설 수 없음

심지어 기독교가 그 자리를 대체할 수 없다고 해도 조상 숭배는 사라져야 한다. '청룡(靑龍)'과 '백호(白虎)'[6]의 등뼈로부터 광물을 실은 긴 차량 행렬이 나와서, 채굴 쇄광기(碎鑛機)에서 부딪히고 갈리고 분

---

6 선산을 지켜준다고 믿어지는 정령들[원주]

쇄되어 금속이 추출되어야 한다. 거역할 수 없이 시대가 앞으로 나아
감에 따라 모든 낡은 미신은 제거될 것이고, 그들과 함께 조상 숭배도
그렇게 될 것이다.

• 조상 숭배를 접하는 선교사를 위한 지침

잘 모르는 젊은 선교사에게 조상 숭배를 정면으로 마주하는 것은
커다란 문제이다. 그것은 땅에 묻혀 있는 여러 세대에 걸쳐 깊이 뿌리
박혀 있고, 살아있는 이의 모든 영역에 영향을 뻗치고 있고, 동양의
지혜로운 사람들과 연결되어 있으며, 큰 스승(공자)과 현인(賢人)들에
의해 뒷받침되고 있기 때문이다. 대부분 풋내기인 젊은 선교사가 이
를 어떻게 다룰 수 있겠는가? 제대로 된 쟁점을 논할 수 있을까? 절대
아니다. 조상 숭배에 관해 영향력 있는 말을 조금이라고 할 수 있을
까? 아니다. 그가 할 수 있는 것은 뭐가 있을까? '큰' 턱에 '매우 위협
적인' 눈을 한, 문을 지키는 검은 개를 흑인이 만났을 때, 그가 했던
그대로만 해라. 그는 개를 가만히 두었다. 조상 숭배를 가만히 두어라.
그것에 관해 모두 알아보되, 건드리지는 말아라. 그럴 필요가 없다.
조상 숭배는 영적으로 살아있는 사람들에게 버림받는다. 거지가 왕자
가 되면 낡은 옷을 벗어 던지듯이 말이다.

• 하느님

앞에서 언급했듯이 한국인은 하느님에 관해 이야기한다. 그분은
하나님(Hananim), 위대한 한 분이다. 그분의 이름은 한문으로나 한국

어로나 '하나'면서 '위대하다'라는 뜻의 용어로 구성되어 있다. 그래서 그분은 하늘에서나 지상에서나 지하에서나 닮은꼴이나 형상이 존재하지 않는 절대 통치자이다. 위대함은 그분의 것이다. 사랑, 빛, 삶과 기쁨이 그분과 연결되지는 않는다. 문지방의 먼지를 털고 있는 (비기독교인) 할머니와 이런 이야기를 나눈 적이 있다. "오늘 비가 오겠네요." 할머니의 대답은 이랬다. "비? 그걸 누가 알아?" "하지만 조간신문(朝刊新聞)에서 날씨가 그럴 확률이 높다고 하던데요." "조간신문? 참나, 하느님이 하실 일에 대해 조간신문이 뭘 안다고?"

• 그분의 계시

다음과 같은 성경 구절을 읽으면 한국인들은 바로 답한다. "태초에 누군가가 천지를 창조하셨다." "하느님." "누가 매일 악한 자들에게 진노하는가?" "하느님." "하늘은 하느님의 영광을 선포하고 땅은 그분이 만드신 것을 보여준다." 그러나 하느님이 소외되고 상실한 자들과 더불어 이 땅의 배고픔, 삶, 고통, 죽어감 위로 내려오신다고 말하는 것은 하나의 이야기에 지나지 않는다. 그것은 동양인에게는 불합리하고 불가능한 이야기이지만, 그들 마음을 사로잡아 믿음을 일으키고 받아들이게 해줄 이야기이다.

• 불교

한국인은 때때로 부처님을 찾아간다. 불교는 기원후 372년 이후 이 땅에 있었고, 그 긴 역사는 여러 종류의 부패와 어두운 행적들로

얼룩져 있다. 마음에 드는 한적한 구석과 산의 고요하고 서늘한 곳에는 불교 사원이 있다. 사원은 사악한 속세(俗世)에서 완전히 분리되어 명상과 휴식의 고요한 세상에 고립되어 있다. 그래서 사원이 신성함이 거하는 곳이라고 생각할지 모르겠지만, 사실은 그렇지 않다. '나무아미타불(Na-mu A-mi-ta-bul)'이라는 구절이 불교 교의(敎義)의 대표적인 항목이다. 그들이 주로 준수하는 유형은 독신(獨身), 채식주의(菜食主意), 무소유(無所有)이다. 상투잡이의 나라에서 불교인은 삭발한 머리를 유지하도록 항상 주의한다. 그들이 말하기 방식과 절하기는 그들이 말하는 일반의 '속인(俗人)'과는 다르다.

• 다양한 인식

1391년 고려 왕조의 몰락은 불교의 부패한 영향력 때문으로 이야기된다. 그 이후로 이 나라는 불교를 추방된 종교로 경시하였다. 500년간 어떤 불교 승려도 서울 도성 내에 출입이 허용되지 않았다. 심지어 오늘날도 유학자들은 불교인을 만날 때마다 가장 낮고 경멸하는 말투를 사용한다. 그러나 집안에 아들 후사(後嗣)가 없을 때와 같이 어려움이 닥칠 때, 혹은 근심과 걱정이 궁궐에 닥칠 때, 부처님을 찾게 되고 승려에게 기도해달라고 요청하게 된다. 이러한 기도의 기간 때문에 필자가 밤에 잠을 깬 적도 많았다. "옴 자례주례 준제 사바하. 옴 마니 파드메 훔, 옴 마니 파드메 훔."[7] 승려는 자기가 하는 말의

---

7 "옴 마니 파드메 훔"(Om man-hi pad-mi hum)은 『천수경(千手經)』에 나오는 관세음보살의 유명한 진언(眞言)이다. "옴 자례주례 준제 사바하"(Om Cha-ri chu-ri chun-je

의미를 모른다. 그것은 길하고 운수 좋은 것이라고 승려가 전해 들은 고정된 소리이다. 마치 막혔던 병뚜껑이 열린 것처럼, 일단 흐름이 시작되면 승려는 가장 우렁차고 빠르게 영원히 계속될 것처럼 기도를 계속한다.

• 영향력과 가치

우리는 불교의 한국적 형태에 관해 어떤 칭찬의 말을 할 수 있을까? 아마 석가모니가 가르친 교훈은 부드러움과 자비일 것이다. 어떤 고승(高僧)에겐 온화함이 있다. 그리고 꿈결 같은 신비한 그 무엇이 있어 우리를 부드럽게 해주고 강철같이 굳은 마음을 영혼에서 모두 몰아내기도 한다. 그러나 불교에는 금칠한 우상(偶像)들, 죽을 사람들을 기다리는 시왕(十王, Ten Hells)의 끔찍한 묘사들, 이해되지 않는 기도, 비도덕적인 승려집단이 있기에, 인간 영혼의 불행한 관문에 지나지 않는다.

• 도교

도교(道敎)에 관련해서는 거의 존재하는 것이 없다. 이 오래된 철학자의 책을 읽는 추종자도 거의 없다. "걸어갈 수 있는 길은 영원한 길이 아니다. 이름 지을 수 있는 이름은 영원한 이름이 아니다."[8] 누군

---

sa-pa-ha)는 준제진언(准提眞言)인 것으로 보인다.
8 『도덕경(道德經)』 1장 "道可道非常道, 名可名非常名"의 번역이다.

가는 이 종파(宗派)의 정신으로 하느님을 찾아, 신과의 접촉을 위해
밤새도록 길게 기도한다. 우리 형제 길선주(吉善宙, S. J. Keel)도 한때
도교인이었다. 이 종교의 현인 중 한 명인 장자(莊子)는 이렇게 말한다.
"최고의 사람은 자기 몸을 의식하지 않고, 영적인 사람은 공로를 알지
못하고, 성스러운 사람은 자기 이름을 생각하지 않는다."[9] 다음은 장
자가 그의 책을 시작하는 시에 나오는 구절이다. 이 시는 범인의 범속
함과 비교하여 큼의 위대함을 그려 보인다.

> "북쪽 큰 바다에 물고기가 하나 있는데, 그 이름은 곤(鯤)이다.
> 그의 크기는 나에게 알려지지 않았지만, 날개가 펴질 때까지 천리는
> 족히 된다.
> 그리고 그가 엄청난 날개를 가진 새가 되는데, 끝없는 등에 꼬리가 10마
> 일이다.
> 그가 고향으로 날아오를 때, 거대한 장막으로 하늘을 덮는다."[10]

도교는 기이하고, 꿈 같고, 요정 이야기 같은 립밴윙클(Rip Van
Winkle) 종류의 교리를 갖는다.[11] 중국의 어떤 학자는 도교의 가르침에
서 히브리 성서와의 관련성과 삼위일체(三位一體)를 시사하는 내용을

---

9 『장자(莊子)』「소요유(逍遙遊)」편에 나오는 다음 구절을 번역한 내용이다. "至人無己,
   神人無功, 聖人無名."
10 『장자(莊子)』「소요유(逍遙遊)」편의 첫 구절을 의역한 내용이다. "北冥有魚, 其名爲鯤.
   鯤之大, 不知其幾千里也. 化而爲鳥, 其名爲鵬. 鵬之背, 不知其幾千里也. 怒而飛, 其翼若
   垂天之雲."
11 립밴윙클(Rip van Winkle)은 미국 작가 워싱턴 어빙(Washington Irving)의 단편소설
   제목이자 주인공 이름이다. 주인공이 산속에서 옛날 사람들을 만나 술을 먹고 20년
   동안 잠이 들었다가, 깨어 보니 미국이 독립하고 세상이 변해 있었다는 내용이다.

찾았다고 생각하기도 한다. 그러나 한국인은 그런 유사성을 생각하지 않는다. 한반도에서 도교는 죽은 신앙이다.

• 무속(Shamanism)

그러나 조상 숭배가 한국의 영적인 영역 전체를 지배하고 있다고 단순히 가정해서는 안 된다. 그것은 한국인의 위대한 종교이다. 거룩한 사회에 들어오고자 하는 사람이라면 준수하고 따라야 하는 필수적인 형식으로, 정통의 핵심적인 믿음이다. 당신은 조상 숭배자가 되라고 강요받는다. 하지만 영매(靈媒, spiritual medium), 축귀사(exorcist), 혹은 산신, 용, 점술, 점성술을 믿는 사람이 되라고 강요받지는 않는다. 그렇다고 해도, 이집트가 나라를 황폐하게 하는 메뚜기 떼에 포위당했듯이, 그 믿음들[영매, 축귀, 산신, 용, 점술, 점성술 등]은 이 나라 전체에 그림자를 드리우고 있다. 비숍 부인은 데몬 숭배(demon-worship) 때문에 한국에서 매년 10,250달러의 금이 지출된다고 말한다.[12]

• 데몬에 대한 믿음

조지 허버 존스 박사(Dr. George Heber Jones)는 정령의 존재에 관한 생생하고도 정확한 그림을 그의 필력(筆力)으로 제대로 그려낸 바 있다. 그 내용은 다음과 같다. "한국인의 믿음 세계에서 하늘, 땅, 바다는 데몬으로 가득 차 있다. 그들은 나무 그늘, 서늘한 산골짜기, 맑은 샘

12 『한국과 이웃 나라들』(Korea and Her Neighbors), 403. [원주]

물, 산꼭대기마다 출몰한다. 푸른 산등성이에, 평화로운 경작지 계곡에, 수풀이 우거진 골짜기에, 나무가 있는 고지대에, 호숫가와 냇가에, 길과 강 주변에, 그리고 동서남북에 그들이 가득하다. 그들은 인간의 운명으로 사악한 스포츠를 만들어낸다. 그들은 지붕 위에, 천장에, 아궁이에, 화덕에, 들보에 존재한다. 그들은 굴뚝, 헛간, 사랑채, 부엌을 채우고 있고, 선반과 항아리마다 있다. 수천이나 되는 그들은 집 떠나 여행하는 사람들을 불러세운다. 그의 옆에, 뒤에 있고, 그 앞에서 춤추고, 그의 머리 위에서 윙윙 돌고, 땅속에서 하늘에서 물속에서 그에게 소리친다. 그들의 수는 수십조에 달한다. 그들이 어디에나 있음(ubiquity)은 신의 무소부재(無所不在, omnipresence)를 불경하게 모방(unholy travesty)한 것이라고 충분히 할 만하다. 한국인은 이 믿음 때문에 영원한 신경 불안 상태에 놓인다. 데몬은 한국인을 무한한 공포로 둘러싸기에, 한국인이 세상에 나오는 시간부터 그는 공포 속에서 이곳에 머문다고 정말로 말할 수 있다. 이곳, 저곳, 모든 곳에서 한국인의 집은 데몬들에 속해 있다. 그들은 한국인 삶의 모든 지점에 접근하여, 한국인의 안녕을 신을 달래는 행위의 이어짐에 의존하도록 만든다. 그들은 모든 잘못에 사정없이 앙갚음하고, 태어나서 죽을 때까지 종속(從屬)의 굴레에서 벗어나지 못하게 한다."[13]

---

13 이 내용은 이사벨라 비숍의 다음 책을 인용한 것이다. Isabella Bird Bishop, *Korea and Her Neighbours: A Narrative of Travel* (London: John Murray, 1905), vol. 2., pp. 227-228. 이 부분에서 비숍은 이 내용이 존스(Rev. G. H. Jones)에 의한 것임을 각주로 밝혀 두었다. 각주에 존스의 이름만 표시된 것은 이 내용이 정식으로 출판되지 않은 원고 상태였기 때문으로 보인다. 한편 이 자료집에 수록된 존스의 "한국의 정령숭배"(1901)의 마지막 부분에 이 내용이 축약된 형태로 등장한다.

• 원한 품은 정령들

어떤 잘못이나 다른 이유로 이 땅을 떠난 망자의 정령은 그 잘못에 대한 복수가 수백 배 이루어질 때까지 산 자를 쫓아다닌다. 그들 다수는 동물에서나 사람에서나 안식처를 찾지 못해서, 대개는 벌거벗은 식인종보다도 더 위험한 상태로 남아있게 된다. 이들 원한 품은 정령은 실종되거나 전쟁에서 죽은 자들로, 말로 다 할 수 없는 공포를 지니고 다닌다. 병마, 광란, 가난, 모욕, 죽음 등이 그들이 가는 길에 나타난다. 관청에는 굶주리고 갈 곳 없고 흩어져 있는 모든 정령을 모아 제사 지내는, 여단(厲壇, yo-dan)이라고 불리는 제사 장소가 있다. 제의에서 하나라도 빠뜨리면 제관(祭官) 머리 위 상투가 날아가기 때문에, 이것은 위험한 작업이다. 밤에는 그들이 우는 소리를 들을 수 있다. 때로는 눈앞에 나타나기도 하지만, 보통은 산 사람 눈에는 보이지 않는다. 어떤 정령은 크고 어떤 정령은 작다. 어떤 정령은 온 마을을 보호해주고 모심을 받고 다른 정령은 장티푸스 등으로 마을을 공격한다. 어떤 정령은 산을 소유하며 호랑이 위에 올라타 있다. 이 산신령들은 무시당하거나 모욕당하면 장터에 불행을 퍼뜨려, 아기가 유산(流産)되거나 뱀에 물려 죽거나 다른 불행이 닥친다고 한다. 산이나 마을에는 '주인'이 있어 재난과 직접 관련이 있는데, 이들은 자신을 위해 군대를 불러낼 수 있다.

• 축귀사들

맹인 축귀사인 판수(Pan-su)는 부지런히 데몬 쫓는 일을 업으로 한다. 그들은 예를 들자면 조지 워싱턴(George Washington) 급(級)의 위대한 이름을 갖고서 그들 이름을 반복하고 이야기를 계속하면서 귀신을 쫓는

다. 그리고 무당(Mu-tang)이라고 불리는 여자들이 있다. 그들은 악귀
(devil)나 다른 존재에 의탁해서 예언하거나 신비를 계시하는 말을 한다.

• 도깨비

　반은 귀신이고 반은 요정인 도깨비는 항상 어디론가 가는 중이고
각종 장난을 벌이고 있다. 그는 한국인이 보고 있지 않을 때, 별생각
없이 평화롭게 걷고 있을 때, 상투를 잘라버리곤 한다. 그 사람은 그걸
모르고 있다가 머리 위를 만져보고는 이렇게 말한다. "여보시오, 이게
누군가? 이게 나인가, 중인가? 중이 아니지 않는가? 그렇다면 나일걸.
허허, 도깨비가 나타나 내 상투를 잘라갔구먼." 도깨비는 접시를 뒤집어
놓고 문풍지에 모래를 뿌려 놓으며 밤에는 산등성이에서 불장난한다.

[그림 8] 정령 기둥

• 데몬 기둥

이를 싱긋 드러내고 무서운 얼굴을 하고 흉악한 눈과 귀를 한, 거칠게 나무로 깎은 기둥이 길가에 서 있는 것을 한국 여기저기에서 볼 수 있다. 그들은 악귀가 지나가는 것을 막으러 그곳에 있는 것이다. 그들은 보통 이런 장군(將軍), 저런 장군이라는 장군 이름으로 불린다. 그들은 흔히 하나는 장군, 하나는 장군의 부인으로 짝을 지어서 나란히 서 있거나 마주 보고 있다. 그의 얼굴 아래에는 "천하대장군(天下大將軍, The General of Heaven)"이라고 새겨져 있고, 부인 얼굴 아래에는 "지하여장군(地下女將軍, Mrs. General of Hell)"이라고 새겨져 있다. 이들은 대대로 보이지 않는 세계의 예측하기 힘든 힘으로부터 한국의 가난한 사람들을 탄탄하게 보호해 왔다.

• 용

용(龍, dragon)은 온통 비늘 덮인 기어 다니는 짐승의 우두머리이다. 그는 억수 같은 비가 내릴 때 하늘로 높이 올라간다. 그리고 측량할 수 없는 물속 가장 깊은 곳까지 내려간다. 용은 괴물 신격(monster divinity)이다. 그는 산 아래에 존재한다. 가끔은 산길에 생살처럼 드러난 부분에서 그의 등이 돌로 포장된 모습으로 드러나기도 한다. 영국에서는 성 게오르기우스(St. George)가 용을 살해했지만, 동양에서는 아직 번성하고 있다. 일본 화폐에는 많은 소용돌이와 함께 있는 용의 발톱 모양을 볼 수 있다. 중국 깃발에서는 용이 바람을 품고 있다. 한국에서 가장 숭상받는 경전 『역경』(易經, The Canon of Change)에서 나는 다음과 같은 문장을 읽었다. "여섯 번째 효(爻, line)는 용이 들에

서 싸우는 모습이다. 용의 피는 자주색과 황색이다."[14] 용이라는 이름
은 왕에서부터 방앗간 뒤 하녀까지 모든 사람의 입에 오르내린다.

• 공포의 세계

한국인들이 살아왔고 살아가고 있는 무서운 세계라는 관념에 관해
서는 충분히 이야기한 것 같다. 한국인의 삶의 길의 모든 순간은 공포
(恐怖)의 지배를 받는다. 전에 말했듯이 한국인은 자연스럽게 운명론
자(運命論者, fatalist)가 되어, 일어날 일은 일어나고야 만다고 생각한다.
정령들이 그의 생년월일시(生年月日時)를 점유하고 있어 운명을 좌지
우지하며, 호랑이가 잡아 온 불쌍한 동네 강아지 다루듯 갖고 놀고
겁을 준다.

• 정령들

독자들이 지금까지 읽은 이 세계를 종합해서 이야기하면, 그곳에
는 모든 이성을 능가하는 교활함과 변덕을 지닌 조상 정령들이 있다.
그들은 한국인의 삶을 무서운 긴장의 여정(旅程)으로 만들기에 충분한
능력을 지닌다. 그러나 그 외에도 옛 한국에는 데몬, 도깨비, 요정,
용, 산신 등이 있다.

---

14 『주역』(周易)의 곤괘(坤卦) 상육(上六), "龍戰于野, 其血玄黃."을 번역한 것이다. 일반적
으로 이 문장은 다음과 같이 번역된다. "용이 들에서 싸우니, 그 피가 줄줄 흘러내린다."
게일은 "현황(玄黃)"을 색으로 이해하였지만, 전통적으로는 흘러내린다는 의미의 "현
황(泫潢)"을 빌려 쓴 것으로 본다. 김상섭, 『주역: 역경편(周易易經)』, 지호출판사, 2013.

• 그리스도의 능력에 관한 복음서의 그림

선교사들은 이 정령의 세계에 성경과 귀신에 관한 이야기들을 갖고 들어왔다.[15] 한국인은 성경을 읽자마자 매혹되었다. 신약성서에 수많은 귀신이 나오지만, 모두 도망가는 이야기이다. 귀신들은 갈릴리 비탈을 내리 달려 가버렸고,[16] 그리스도가 나타나자 귀신이 도망가는 바람에 맹인이 눈을 뜨고 영혼에 불이 밝혀졌다.[17] 귀신의 군대는 울부짖는 마귀들일 뿐이었다.[18] 또 마귀는 경련을 일으키고 입에 거품을 문다.[19]

• 한국에 편재하신 그분

한국사에서 데몬의 세계가 무자비하게 해치워진 일은 없었다. 이 기적을 행하는 일꾼들이 널리 퍼져서, 모든 죄인의 죄를 감해주어 그분을 받아들이게 하고 지옥에서 벗어나게 해주었다. 이 나라 전역에서 그분의 이름으로 귀신 들린 이들을 위한 기도를 해서 구원받고 있다. 치유를 위한 기도를 통해 병이 낫고 있다. 가난한 이들을 위한 기도를 통해 하느님이 재산을 보내주고 있다.

---

15 이 글에서 'demon'은 정령과 구분하기 위해 굳이 데몬으로 번역하였으나, 성경에서 데몬이 귀신으로 번역되었기에 이 부분에서만 맥락에 어색하지 않게 '귀신'으로 옮겼다.

16 〈마태복음〉 8장 32절. [원주]

17 〈마태복음〉 12장 22절. [원주]

18 〈마가복음〉 5장 15절. [원주]

19 〈누가복음〉 9장 39절. [원주]

• 이 땅에 알맞은 메시지

이 나라처럼 복음이 필요하고, 꿈꿔왔던 복음이 너무나도 기적적으로 그 필요에 부응하는 곳이 또 있을까? 우리 중 일부는 동양에 와서 예수님이 인간성을 상실한 가장 절망적인 사람들을 기적적으로 해방하실 수 있음을 알게 되었다. 우리는 귀신이 이 세계에 정말로 존재하며 예수께서 그들을 쫓아내실 수 있다는 것을 알게 되었다. 성서가 진실임을 다시 한번 배웠고 하느님께서 그것을 뒷받침하심을 배웠다. 이제 그분의 목적이 아시아를 구원하는 것임을 알았고, 미국, 캐나다, 영국 등의 젊은이를 통해 그 일의 중요한 부분이 이루어질 것임을 알았다. 그러니 그 누가 겸손하게 그분 앞에 무릎 꿇고 말할 것인가? "주여, 내가 여기 있습니다. 나를 보내주십시오."

제이컵 무스,
『한국의 마을 생활』 제20장 마을 종교

J. Robert Moose, *Village Life in Korea*, Nashville: Publishing House of the M. E. Church, South, Smith & Lamar, agents, 1911, pp. 189-203.

| 해제 |

제이컵 로버트 무스(Jacob Robert Moose, 1864~1928)는 1899년부터 1927년까지 한국에서 활동한 남감리교 선교사로, 한국 이름은 무야곱(茂雅各)이다. 앞에 수록된 "한국인이 숭배하는 것은 무엇인가?"(1905)를 쓴 무스 부인의 남편이다. 그는 1899년 9월 남감리교 선교사로 부인과 함께 내한하였고, 1908년에 춘천에 부임한 이후 강원도 지역의 선교를 개척하였다. 춘천을 중심으로 홍천, 양구, 원주, 철원에 교회를 설립하였다. 1924년까지 지방 선교에 힘썼고, 그 이후 「감리회보」를 편집하다가 1927년에 귀국하였다.

『한국의 마을 생활』(Village Life in Korea) 원고를 작성한 시점은 "1909년 8월 20일 춘천"으로 기록되어 있다. 그가 춘천으로 발령받은 직후 작성하기 시작한 글이다. 그는 1910년에 딸의 건강 문제로 잠시 귀국한 적이 있는데, 이때 미국 출판사에서 출판을 진행하여 1911년에 책이 발간된 것으로 보인다.[1] 무스는 책의 머리말에서 10년간의 선교 경험을 바탕으로 저술했다고 밝혔다. 헐버트와 기포드의 저작에 많이 의존했지만,[2] 기본적으로는 학문적인 스타일보다는 이야기를 들려주는 식으로 서술했다고 했다. 이 책의 두드러진 점은 '마

---

1 이 책의 전체 번역으로는 다음을 볼 것. 제이콥 로버트 무스, 문무홍 외 옮김, 『1900, 조선에 살다: 구한말 미국 선교사의 시골 체험기』, 푸른역사, 2008.

2 헐버트는 이 책에 수록된 "종교와 미신"을, 기포드는 『근대전환공간의 한국종교 I』에 수록된 "한국에서 행해지는 조상숭배"를 참고할 것.

을'(village)을 전면에 내세워 한국에 관해 서술했다는 것이다. 그는 마을과 관련된 것들로 각 장을 구성해서, 마을의 가족, 여관, 아이, 양반, 여자아이, 여성, 학교, 농부, 상인, 의사, 결혼, 장례를 서술한 후 마지막으로 마을의 종교와 교회에 관해 서술하였다. 한국종교에 관한 서양인들의 관찰은 개항장과 서울에서 시작되었고 서울 중심으로 전개되었다. 무스가 마을, 혹은 시골을 중심으로 종교를 서술한 것은 그런 점에서 신선한 접근이다. 다만 그가 춘천에서 활동한 지 1년 된 시점에서 저술된 것이라서, 그의 마을 중심적 접근은 강원도 선교 경험을 오롯이 담기보다는 선언적인 의미에 가까운 부분이 있는 것도 사실이다.

글을 시작하면서 '종교(宗敎, religion)'라는 용어의 의미를 명확히 해두는 것이 좋겠다. 사전과 책에 많은 정의가 있지만 완전히 만족스러운 것은 없다. 그래서 나는 용례(用例)를 통해 '종교' 정의를 과감히 시도하고자 한다. 이 정의는 어원적 의미를 밝히는 것이 아니다. 처음부터 사용된 의미보다는 결국 바라보는 시점에 마음속에 있는 의미를 밝히려는 것이기 때문이다. 종교는 영적 영역(spiritual realm)에 대한 모든 사람의 믿음의 총합이다.

어떤 종류의 종교도 가지지 않은 민족은 세상 어디에도 없다고 흔히 말한다. 마찬가지로 무엇을 믿을 능력이 있는 사람이 종교를 믿지 않는 일은 어디에도 없다고 말할 수 있을 것이다. 정령(spirit)의 존재를 믿지 않는다고 확언하고, 따라서 종교를 믿지 않는다고 말하는 사람은 많이 볼 수 있다. 그러나 그러한 사람을 조금만 지켜보아도 영적 영역에 대한 믿음이 존재한다는 증거를 찾을 수 있다. 종교를 깔보는 교육받은 미국인이라도 침대차에서 13번 침대나 호텔에서 13번 방을 배정받는다면, 혹은 13명이 참석하는 파티에 오라고 초대받는다면,

이를 거부하는 모습을 볼 수 있을 것이다! 이 모든 것이 그의 종교의 일부인 것이다. 행운을 위해 말 편자를 문에 걸어놓는 사람도 마찬가지이다. 내가 한국의 마을 종교를 다루기에 앞서 근본적인 원칙들을 언급한 것은, 독자들이 이 주제를 넓은 관점에서 접근할 수 있도록 하기 위해서이다.

[한국의] 마을 종교(village religion)는 참으로 단순한 종교로, 특정한 종교 체계는 아니다. 그것은 유교라고 불릴 수도 없고, 불교도 아니며, 순수하고 단순한 주물숭배(fetichism)도 아니다. 마을 사람들은 정령숭배자(spirit worshiper)여서, 정령들과 잘 지내는 데 도움이 되는 것이라면 기꺼이 자신의 종교에 갖다 붙인다. 교육받은 양반들은 자신이 큰 스승 공자를 따르는 사람이라고 말한다. 그러나 정작 그의 집에 들어가 보면 유교와 무관한, 정령숭배의 대상들을 많이 볼 수 있다. 이것은 불교를 믿는다고 주장하는 다른 사람들도 마찬가지이다. 그 역시 자신의 [종교] 체계에서 유교나 주물숭배에 속한 것들을 배제하지 않고 있기 때문이다. 마을 사람들의 종교적 행위와 신념 속에는 기원(起源)을 가늠할 수도 없는 아득한 옛날로부터 내려온 것들이 분명히 많이 들어 있다. 이 사실은 4세기 중엽 한국에 들어온 불교나, 그 시기로부터 멀지 않은 시점에 이 나라에 등장한 유교에는 해당하지 않는다. 그들이 들어온 시점 훨씬 이전부터 한국인은 종교를 갖고 있었고, 오래된 체계의 많은 부분이 오늘날까지 유지되고 실천되고 있다.

한국인의 마음속에서 온 우주는 육해공(陸海空)에 거주하는 정령으로 가득 차 있다. 그들은 다양한 계급을 이루고 있으며, 그들 중에는 선한 부류, 악한 부류, 선악에 무관한 부류가 있다. 어떤 것들은 순수하고 단순한 정령으로 시공간에 존재하지 않고, 다른 것들은 육체에서 벗어난 인간 영혼이다.

　모든 정령의 우두머리는 하느님(Hananim)으로, 만물을 창조하고 햇볕과 비를 내리는 존재이다. 그는 기독교의 하느님(God) 관념에 근접한 정령이다. 그래서 개신교단에서 하느님을 지칭하는 용어로 사용된다. 이상하게 들릴지 몰라도, 모든 정령 중 최고인 이 존재는 사람들의 제사에서는 별로 대접받지 못한다. 이것은 아마 그가 선한 존재로 인식되지만, 한국종교가 공포의 종교이지 사랑의 종교가 아니기 때문에 생긴 결과가 아닌가 한다. 해를 끼치지 않는 선한 정령을 굳이 건드릴 이유는 없다. 하지만 악한 정령은 달래어져야 한다. 극심한 가뭄 때에는 왕의 특명으로 양을 잡아 하느님께 제사를 올린다. 이 제사가 드려지는 제단을 제외하고는 하느님을 위한 사원이나 사당은 없다. 그러므로 마을 종교는 위대한 정령 하느님과 큰 관련이 있다고는 말하기 힘들다.

　정령숭배에는 특별한 사원(寺院)이 없다. 이 점에서 불교와는 다른데, 불교에는 훌륭한 사원을 많이 있으며 그곳에 기거하는 많은 수의 사제(司祭)가 있다. 정령숭배는 주물과 작은 사당이면 충분한데, 이 나라 어디에서도 이것들을 볼 수 있다. 정령숭배에는 불교와 같은 사제직은 없지만, 무당(mudang)과 판수(pansu)가 있어 다른 종교 체계의 사제에 어느 정도 맞먹는 역할을 한다. 무당은 언제나 여성이고 가장 낮은 비천한 계급에 속한다. 그녀는 세상에 만연한 악령(evil spirit)에 직접 접촉하여, 심신을 괴롭히려 몸에 들어온 악령에게 떠나도록 간청하고 설득할 수 있다고 주장한다. 사람들의 종교적 감성은 너무 강렬해서 고위급의 교육 받은 계층의 사람들도 어려움에 빠지면 무당을 부르는 데 주저하지 않는다. 무당만큼 돈을 많이 버는 여성 계급은

이 나라에 없을 것이다.

판수는 어떤 계급 출신도 될 수 있지만, 무당과 마찬가지로 가장 천한 직업으로 받아들여진다. 모든 판수는 맹인이며, 설득이 아니라 힘으로 정령을 다스릴 수 있다고 여겨진다. 그들은 점을 치며, 아픈 사람들로부터 악령을 몰아낼 수 있다고 주장한다. 정령들은 종종 이 사람들에게 흠씬 두들겨 맞는데, 그 증거는 그들이 맞는 막대기에서 볼 수 있다고 한다. 나는 이 막대기 묶음을 흔히 볼 수 있었는데, 빗자루 정도 크기에 약 2피트 길이였다. 불쌍한 정령들이 판수 손에 얻어맞은 바람에 막대기 끝은 갈라져 있다고 했다. 어떤 때는 다루기 힘든 정령을 병에 넣고 복숭아나무 가지로 만든 마개로 막아 무당에게 주어 멀리 가져간 후 땅에 묻기도 한다. 판수는 잘사는 계급으로 돈도 많이 번다. 서울 거리에서는 대나무 막대로 길을 더듬어가며 낮은 소리로 고객을 부르는 판수들을 많이 볼 수 있다. 또 아픈 사람에게서 악령을 쫓아내기 위해 그들을 찾아온 사람들에 이끌려 서둘러 함께 가는 모습도 종종 볼 수 있다.

무당과 판수는 혼례(婚禮)와 상례(喪禮)의 길일을 정하고, 여행 떠나는 날을 잡는 등 일상의 다른 많은 일들을 위해 일하기도 한다. 모든 마을에는 정령을 기리는 특별한 축일(祝日)이 있고, 이때도 무당과 판수가 참여한다.

어딜 가나 멀리 가지 않고도 정령숭배의 모습을 보게 된다. 모든 집에는 주재(主宰)하는 정령들이 있다. 집터의 정령 혹은 주인[터쥬]은 흔히 뒷마당에 있는데, 그의 거처는 작은 천막 모양으로 볏짚을 덮은, 쌀 낟알이 담긴 옹기이다. 터주의 거처를 무당이 만드는 일도 있다. 무당은 종이를 몇 겹으로 접고 겹겹이 돈과 쌀을 끼워 넣는다. 그러고는

[그림 9] 악마 기둥

그것을 술에 듬뿍 적셔 기둥이나 집의 한쪽으로 던진다. 그것이 거기 달라붙어서 터주가 머무르는 공간이 되는 것이다. 집에는 또 여성들이 특별히 복을 빌기 위해 찾는 정령이 있다. 이것은 여성의 처소에서 항상 볼 수 있는데, 삼각형 쌀자루를 채워서 목적에 맞게 격리된 장소에 걸어 둔 것이다. 그 밖에도 일일이 언급하기 힘들 정도의 정령들이 있는데, 이들은 모두 집마다 이루어지는 숭배의 일부이다. 죽은 친지의 정령에겐 많은 주의가 필요하다. 그들을 잘 먹이고 입혀야 하므로, 이들에게 바쳐진 천과 옷가지로 가득한 바구니가 있어 안전한 곳에 보관된다. 사람들은 그 자리에 가장 종교적으로 그것을 보관하고 대대로 물려준다. 또한 집의 다른 구석에는 종이로 된 장식물, 낡은 신발, 넝마, 정령을 위해 특별히 만든 신발 등의 다른 제물이 달려 있다.

마을의 입구는 한 무리의 나무 기둥들의 보호를 받는다. 이 기둥 꼭대기는 무시무시한 외양으로 보건대 가장 사나운 정령도 놀라게 해 쫓아내기 위한 것임을 알 수 있는 얼굴이 새겨져 있다. 이들에겐 악마 기둥(devil post)이라는 적당한 이름이 붙여졌는데, 여기엔 정령에 바치는 제물로 종이, 천조각, 머리카락 뭉치가 묶여 있는 것을 볼 수 있다.

언덕배기를 넘어가는 길에는 어김없이 산신령(山神靈, spirit of mountain)을 위한 사당(祠堂)이 있는데, 길 없는 언덕이나 산꼭대기에서

도 볼 수 있다. 이러한 사당의 종류는 매우 다양하다. 가장 흔한 것은
나무 아래에 돌 한 무더기가 있고 그 나무에 오색 비단과 다른 천,
종잇조각, 정령에 드릴 수 있다고 생각되는 제물을 담은 주머니가 달
린 유형이다. 사당 중에는 잘 지어진 집도 있다. 이들은 모두 조그마하
며, 기와를 한 것도 있고 초가를 올린 것도 있다. 그 안에는 산신령을
나타내는 노인의 그림, 위에서 묘사한 것과 같은 다양의 제물이 있으
며, 특별한 모양의 돌, 무쇠로 만든 작은 말, 그리고 석불(石佛)이 있기
도 하다. 이 사당 중 많은 곳에는 신자들이 갖다 놓은 돌들이 쌓여있
다. 이 돌들이 얼마나 오랫동안 쌓여있었는지는 누구도 말할 수 없다.
만약에 아브라함이 이 길을 지났더라면 길가 사당의 돌들을 보았을지
도 모르겠다. 이 예배(이렇게 불러도 된다면)에서 이상한 부분은, 행인이
멈춰 서서 정령들에 경의를 표하기 위해 돌무더기 위에 침을 뱉는다
는 것이다. 밥과 다른 음식들도 돌 위에 올려진 것을 흔히 볼 수 있다.
이것은 보이지 않은 세계로부터 도움을 구하는 고단한 영혼이 올린
것이다. 나는 이곳을 지나다가, 최대한 정성을 다해 차린 음식상을
돌무더기 앞에 갖다 놓고, 정령에게 나와 드시라고 부르며 빌고 엎드
려 절하는 여인들의 모습을 보고 슬퍼졌던 일이 몇 번 있었다.

더 꾸며진 사당에서는 무당이 아픈 사람의 몸에서 악령을 나가라고
비는 굿을 행한다. 한번은 나와 아내가 이러한 사당을 지나가다가,
방울 울리는 소리, 북 치는 소리, 징 울리는 소리에 그곳을 주시한
적이 있었다. 우리는 무슨 일이 벌어지는지 들어가 보았고, 그 장면을
잊을 수 없다. 거기엔 우리가 본 것 중 가장 다양한 종류의 한국 음식과
과일이 벌여 있었다. 창백한 얼굴의 불쌍한 젊은 여성이 옆에 앉아
있었는데, 우리가 이해하기로는 그가 이 제물을 차렸을 것이다. 무당은

아픈 여성에게 정령이 떠나도록 간청하며 격렬하게 춤추는 중이었다. 그 춤은 형언할 수 없지만, 그 장면의 인상만은 이 순간까지도 내게 남아있다. 북, 방울, 짤랑거리는 징이 듣는 이를 먹먹하게 할 정도로 함께 부딪혔다. 놋쇠의 짤랑거림과 북의 쿵쾅댐 속에서도 무당의 외침과 부름은 선명하게 들렸다. 그는 마치 모든 고통을 일으키는 정령을 움켜잡은 듯 행동하며 빙빙 돌고, 춤추고, 공중으로 뛰어올랐다. 이 바보 같은 공연은 무당이 거의 지쳐 쓰러질 때까지 계속되다가 갑자기 끝났다. 아내는 아픈 여성에게 몸과 마음을 구원해주실 수 있는 그분에 관해 몇 마디 말해주었고, 우리는 슬픈 마음을 안고 가던 길을 계속 갔다.

　마을 종교에서 주목해야 할 다른 형태는 유교에 기원을 둔 조상숭배이다. 이것은 한국 유교의 버팀목으로, 조혼, 과도한 남아선호, 축첩, 여성비하 등 온갖 악습을 낳는 근원이다. 오직 아들만이 조상숭배 의식을 행할 수 있기 때문에, 아들은 부모의 앞날과 무궁한 복을 위해 절대로 필요하다. 양자(養子)가 이 의식을 행할 수는 있어도, 딸은 할 수 없다.

　부모를 위해 삼년 동안 지속되는 애도 중에는 하루에 두세 번 집에서 차릴 수 있는 가장 양질의 푸짐한 식사가 제사(sacrifice)로 올려진다. 여력이 있는 집에는 이 용도로 구분된 특별한 방이 있다. 특실이 없는 집에서는 현관이나 가능한 구석 어딘가에 사당을 세운다. 특별한 문양의 흰 천이 걸리고, 그 뒤로는 음식이 올려지는 상과 정령이 앉아서 식사한다고 여겨지는 높은 팔걸이의자가 놓인다. 일반적인 저녁상이 직경 14인치[35.5센티미터]에 높이 12인치[30.5센티미터]를 넘지 않는 것에 비해(사람들은 밥 먹을 때 마루에 앉는다), 정령이 식사한다고 믿어지는 상은 두 명에서 네 명이 넉넉하게 미국식으로 식사할 수 있을 정도로 넓다는 사실은 주목할만하다. 상에는 음식이 가득 차려지고, 이와 함께 마디가 진 담뱃대, 술, 그 외 집안에서 준비할 수 있는 다른 사치품이 놓인다. 음식은 잠시만 놓여있다가, 이내 가족들이 가져와 먹는 바람에 아무것도 남지 않는다. 삼 년이 지나면 상은 다시 필요해질 때까지 바깥 창고나 다른 장소에 보관된다. 되돌아오는 기일(忌日)마다 제사(sacrificial feast)를 꼭 지내야 한다. 제사에는 모든 자녀와 다른 친척이 모인다. 큰 제사가 준비될 때 많은 집안에서는 제사 때문에 어쩔 수 없이 빚을 진다. 이러한 제사는 폭음(暴飮)과 연결되기에, 마을 한량들은 먹고 마실 욕구를 채울 수 있는 이때를 즐겁게 기다린다. 매년 있는 제사에서 가장 크게 베푸는 사람이 마을에서 가장 높이 존경받는 사람이 된다.

　나는 지난 겨울 이런 제사를 지내는 마을의 집에 우연히 들른 적이 있다. 땅에는 눈이 덮이고 매서운 돌풍이 부는 매우 추운 날이었다. 쉼터를 찾게끔 하는 날이었다. 우리는 가파른 산을 지나는 중이었는데, 정오 무렵에 일행(나 외에 다른 선교사. 한국 전도부인 두 명, 남자 둘)이 지치고 배가 고파왔다. 선교사와 나는 저녁거리를 충분히 갖고 있었지만, 한국인 친구들이 먹을 것을 찾기까지는 먹지 않으려 했다. 우리는 결국 산비탈의 한 오두막에서 먹을 것을 부탁하였는데, 그 집 사람들로부터 가진 것이 없다는 말만 들었다. 그러나 그들은 우리에게 바람을 피해 들어오라고 했고, 우리는 그 집에서 최선을 다해 우리가 가진 작은 비축물을 쪼개어 나누었다. 우리는 집의 한 방에 다음 날 있을 제사를 위해 준비해 차린 음식이 많이 있는 것을 보았다. 그 가족은 너무 가난해 부인과 아이들은 제대로 입지 못했고 여성은 두꺼운 면옷 한 벌 외에는 걸친 것이 없었다. 그러나 마을 종교의 율법(律法)과 관습이라는 강력한 손아귀는 죽은 이에게 바칠 많은 양의 음식을 요구하고 내어놓게 했다. 우리는 떠나기 전에 예수님과 그분의 사랑 이야기를 진심을 담아 이야기해주었다. 그러나 그들의 어두운 마음에 이미 종교가 들어차 있어 그 이야기가 거할 곳이 없을까 걱정이다.

조상 숭배의 완고한 율법은 시골 마을의 무지한 평민뿐 아니라 교육받은 상위 계층 사람들도 변치 않는 손아귀 힘으로 사로잡고 있다. 기독교가 이 나라를 정복하기 위해 벌여야 할 가장 어려운 전투는 이 조상 숭배의 율법을 둘러싼 성채에서 집중적으로 벌어질 것이다.

나는 몇 년 전에 이 조상 숭배의 전반적인 문제에 크게 관심을 둔 적이 있다. 친구 선교사 한 명이 내 시골 교회에서 열린 공부 모임에서 나를 도와주고 있었다. 교회에는 어머니, 아들, 며느리, 손자, 처녀 동생으로 구성된 한 가족이 있었다. 그들은 우리의 새로운 종교를 받아들이지 않은 늙은 어머니를 제외하고는 모두 교회 신자들이었다. 나는 어머니와 돌아가신 남편의 형이 처녀 딸을 불과 몇 주 전에 상처(喪妻)한 남성에게 시집보내기로 약조(約條)한 사실을 알게 되었다. 그는 마흔두 살이고 두 아들이 있었는데, 아들들이 결혼할 여성보다도 나이가 많았다. 그녀는 열일곱 살이었다. 그녀가 그 나이가 되도록 혼인하지 않고 크도록 내버려 두는 것은 흔치 않은 일이긴 했다. 그러나 늙은 어머니는 매우 계산적이어서 가치가 있는 혼인이 성사될 때까지 기다렸음이 분명했다. 마침내 그럴 시간이 와서 기회를 잡은 것이었다. 앞에 말한 양반은 지역에서 지도적인 인물로, 마을에서 가장 부자였고, 동생이 당시 지역 단체장이어서 정치적으로 강력한 힘을 가진 인물이었기 때문이다. 늙은 어머니의 입장에서는 좋은 기회였지만, 소녀는 적합한 일이 아니라고 보았기에 약조에 찬성하기를 거부하였다. 그러나 그녀의 '큰아버지',

즉 아버지의 형과 어머니가 결혼이 성사되어야 한다고 합의하였으므로,
소녀의 거부는 큰 문제가 아니었다. 오빠는 그 남자가 기독교인이 아니
라는 이유에서 혼인에 반대하였고, 나도 마음속으로 그것이 옳다고
믿었다. 그러나 그 역시 '지역에서 가장 큰 인물'과 연(緣)을 맺는 것이
대단히 중요한 의미가 있다는 사실에 눈감을 수는 없었다.

　소녀의 기독교 친구들은 이 일을 크게 걱정하고, 그 약조를 파기시키
고 죽음보다 못해 보이는 운명에서 소녀를 구해달라고 우리에게 강하게
주장하였다. "그 애는 몸과 마음을 모두 잃어버릴 것입니다"라고 그들
은 말했다. 나는 그 문제에 대해 숙고하고 우리가 할 수 있는 일을
찾기로 하였다. 처음에 오빠는 우리와 함께 그 남자를 만나 약혼을
파기하도록 설득하기로 하였다. 그러나 최종적인 시험이 다가왔을 때
그는 그렇게 하기를 거부하였다. 내가 이를 소녀에게 말하자, 그녀는
자기가 그 남자의 부인이 되기를 원치 않는다는 것을 재차 말하고
약혼을 파기하여 자신을 구해달라고 내게 간청하였다. 우리가 떠나기
로 한 전날, 한 기독교 여성이 소녀가 그 남자의 부인이 될 바에는
아편을 먹고 죽겠다고 말한 것을 내게 알려주었다. 더 이상 참을 수
없는 일이었기에, 나는 그녀 오빠가 함께 가지 않는다 하더라도 내가
그 남자를 만나러 가기로 마음을 굳혔다. 내가 늙은 어머니께 내 생각을
밝히자 그녀가 대노했다. 고래(古來)로부터 이 나라에서 이런 일, 즉
외국인이 나타나서 딸의 혼인에 훼방을 놓는 일은 일어난 적이 없다며
그녀는 화를 내며 거품을 물었다. 내가 마음을 바꾸지 않을 것이라는
것을 알자 그녀는 더 분노했다. 죽고 싶다는 것을 표현하려는 듯 마당으
로 뛰어나가 공중으로 몸을 내던지고 땅으로 굴렀다. 사위와 다른 여자
들이 그녀를 집으로 데리고 들어갔을 때, 나는 마당을 떠나 15마일[24킬

로미터] 정도 떨어진 신랑 될 사람 집으로 출발했다. 동료 선교사도 동행했다. 강한 맞바람을 맞으며 자전거를 타고 가서 그 남자 사는 마을에 도착했다. 우리는 그 남자를 본 적도 없고 마을에 아는 사람도 없었다. 그러나 곧 그가 사는 곳을 알았고 대문에서 우리가 누군지 밝히고 들여보내달라고 했지만 답이 없었다. 우리가 계속 기다리자 누군가 나와서 그가 집에 없다고 했고 우리는 그가 올 때까지 기다리겠다고 했다. 얼마 후 조문(弔問) 복장을 한 남자의 아들이 들어오더니 아무 말 없이 우리를 스쳐 지나갔다. 그는 곧 나와서 아버지가 집에 없다고 우기며 우리가 무슨 일로 왔는지 알려달라고 간청했다. 우리는 아버지를 만나기를 바라기에 그가 돌아올 때까지 기다리겠다고만 답했다. 그는 다시 우리가 원하는 것이 무엇인지 말해달라고 간청하면서, 자신이 아버지에게 말씀드려 해결할 수 있다고 말했다. 우리는 직접 처리하겠다고 하면서, 밤이 돼도 좋으니 아버지를 볼 때까지 떠나지 않겠다고 했다. 우리가 새벽이 될 때까지 추운 곳에서 기다리니, 아들이 나와 아버지가 돌아오셨고 안으로 들라 했다고 말했다. 우리는 들어가 집에서 가장 좋은 자리(바닥에서 가장 따뜻한 곳)에 앉았고, 이내 밥상 둘이 대령 되었다. 가기엔 너무 늦었으니 밤을 지내고 가라고 하였다. 우리는 그렇게 하기로 하고 우리 앞에 놓인 밥상을 받아 최선을 다해 먹었다. 그동안 아버지는 우리가 있는 방에 들어오지 않고 옆방에서 우리가 저녁을 먹을 때까지 기다렸다. 그런 다음에 그가 들어오자, 우리는 우리 방문 목적을 말해서 그의 마음을 편하게 해주었다. 그는 사안이 그렇게 심각한 것이 아니라는 것을 알게 되자 이내 크게 안도하였다. 나는 그 소녀가 기독교인이고 그와 결혼하기를 원치 않으며 조상 숭배를 위한 제사를 지낼 준비가 되어 있지 않다고 말해주었다.(나는 제사가 죽은 부인의 몫이라고 알고 있었다.) 내 이야기를 듣더니 그는 자신이 그 소녀를 원치 않았고 이제 아무 관계도 없을 것이라고 확실히 말했다. 용건이 끝나자 그는 긴 담뱃대에 불을 붙이며 편히 앉았다.

우리는 장성한 두 아들이 매우 말하기를 좋아한다는 것을 곧 알게 되어, 많은 문답과 이야기를 주고받았다. 거기엔 복음 이야기도 빠지지 않았다. 잠잘 시간이 되어 우리는 한 무리 남자들과 함께 베개용 나무와 이불을 받았다. 우리가 앉았던 따뜻한 방바닥에 누워 잠을 청했다. 잠이 막 들려고 한 자정 무렵, 나는 내가 들어본 중 가장 비통한 흐느낌과 부르짖음에 잠이 깼다. 그것은 같은 나이의 젊은 남자들과 친척들이 죽은 어머니의 정령을 위해 밤의 그 시간에 애통해하고 부르짖는 소리였다. 그날 밤 우리가 거의 잠들지 못했음은 말할 필요도 없을 것이다. 날이 밝자 우리는 불쌍한 한국 소녀를 기쁘게 해줄 무언가를 했다고 생각하면서 기쁘게 길을 떠났다.

이야기를 마치며 하나만 덧붙이고자 한다. 몇 주 후 양반 집안사람 누군가가 살인을 저질렀고 가족들은 목숨을 부지하러 도망쳐야 했다. 늙은 어머니와 관련된 사람들 모두는 우리가 혼인을 파기한 것을 알고는 매우 기뻐했다. 그 소녀는 이제 훌륭한 기독교 청년의 아내가 되어 내가 아는 한 행복하게 살고 있다.

바울이 "아레오바고 법정(Mar's hill) 가운데 서서, '아테네 사람들이여, 여러분은 내가 보기에 모든 면에서 매우 종교적입니다(very religious)'라고 말한" 내용은, 오늘날 한국 마을에 들어온 선교사 누구라도 똑같이 진심으로 말할 수 있는 내용이다.[3]

---

3 〈사도행전〉 17:22

제2부

원문 자료

- George Heber Jones, The Spirit Worship of the Koreans
- Henry Gerhard Appenzeller & George Heber Jones,
  The Korea Mission of the Methodist Episcopal Church
- Mrs. J. R. Moose, What Do the Koreans Worship?
- W. G. Cram, Rescued after Years of Bondage
- Homer B. Hulbert, *The Passing of Korea*
- George Heber Jones, *Korea: The Land, People, and Customs*
- Horace G. Underwood, *The Call of Korea*
- James S. Gale, *Korea in Transition*
- Jacob Robert Moose, *Village Life in Korea*

|알림|
원문 자료 하단의 숫자는 원서의 쪽수를 그대로 옮겨옴.

George Heber Jones,
The Spirit Worship of the Koreans

INTRODUCTORY to our subject an interesting question pre-
sents itself which we may profitably pause to consider and
attempt to answer. The question is, Do the Koreans possess
a religion? While students in Korea seem now to have reached
a basis of agreement, in former years it was much debated—a
strong difference of opinion prevailing, some holding to the
negative and some to the affirmative. Those who held to the
negative side of the question meant, however, to declare, not
that the Korean people were devoid of all idea of religion, but
that the old systems had fallen into decay and lost their hold
on the people, so that to all practical purposes they were non-
existent. This question is an interesting one even to-day to
students of Korean conditions, but it seems to me that the
definition of terms must play a large part in the final solution.

What is meant by the expression "possess a religion," as
a phase of national life? Some would reduce the answer to
the smallest possible content and claim that to "possess a
religion" implies nothing more than that the religion has be-
come a phase of national life and that a large number of the
people accept its tenets and observe its rites. If this be a
sufficient definition, then Korea "possesses" three religions,
viz., Confucianism, Buddhism and Shamanism. This was the
position of those who took the affirmative—that Korea has a
religion. Others, however, held that this was far too low a
concept of "possessing a religion," and would be satisfied with
nothing less than the definition of Principal Caird : "Religion
is the surrender of the finite will to the infinite, the abnega-
tion of all desire, inclination and ambition that pertains to
me as this private individual, the giving up of every aim or
activity that points only to my exclusive pleasure and in-
terest, and the absolute identification of my will with the will

of God.'' Thus speaks the Christian scholar; and in the peculiarly Christian sense of this view none of the above mentioned religions can be said to have a religious hold on the Korean people. And this is the contention of those who held that Korea was without a religion.

The question we are therefore seeking an answer to resolves itself into one concerning the development of the religious sense of the Korean people, and on this there is small ground for controversy. Any one acquainted with the Korean people will know that they have a religious sense, though it may be on a low plane of exercise.

1. They possess a sense of dependence on that which is above and superior to themselves. They look out of themselves in time of need. It may be only into the great blue firmament above, but it is a look of expectation and hope.

2. They firmly believe that the human and the divine find a plane of intercommunication and relation.

3. We find everywhere among them an earnest striving of the soul after freedom from annoyance and pain.

And over against these three subjective conditions stand the various religious systems held by the Korean people, with their solutions of the problems and questions of human destiny. The missionary, blinded somewhat by strong personal views of the superiority of the faith he propagates, and the anthropologist with a keen desire to sink to the lowest depths the level from which the man of to-day was evolved, may affirm of a people that they are without a religion, but the facts always prove the contrary. "A religious system is a normal and essential factor in every evolving society," and as such it is not wanting in Korea.

We have mentioned three forms of religious belief as prevailing in Korea to-day. What is their relative status? They may be said to exist as a community of religious belief, and no one of them is the religion of the Korean people to the exclusion of the others. The worship of the dead, as formulated by the Confucian school, is the religion of the imperial house and as such is the state religion, for in Korea the reigning house is always the State. As such, Confucianism is recognised and protected by law, and the expenses in connection with the state and provincial worship of the Confucian sages is a charge on the public revenue. Then every prefect is also compelled to maintain worship at the shrines of the local spirits and the *pom-neum*, or tithes of rice for the Confucian worship, also include rice for the official worship of these Shamanite gods. The Buddhist hierarchy has also a semi-official status. A Buddhist monastery on Kang-wha is utilized by the government as the depository for the duplicate archives of the dynasty and the monks constitute an official guard of them. Subsidies are also granted other Buddhist monasteries from imperial funds and in all Buddhist temples there will be found on the altars tablets to the reigning emperor, empress and prince imperial.

Of these three systems Spirit Worship is the most ancient, its introduction among the Korean people being lost in the gloom of prehistoric times. The next in order of time was the cult of the dead to which Confucius afterwards gave his name, and which was probably brought to Korea by Keui-ja B.C. 1122. Buddhism did not come till fourteen hundred years later (A.D. 372). These three systems have existed side by side, or rather have overlapped and interpenetrated each other, until to-day they are held in the mind of the average Korean as a confused jumble. Confucianism has been able to maintain itself freer from adulteration than the other two, but Buddhism has not hesitated to appropriate Confucian ethics on the one hand and on the other to ally itself with Shamanism. Shamanism has absorbed from the other two cults nearly everything of a supernaturalistic character they possess, following no law of consistency or selection. Thus, while theoretically the Korean recognizes the separate character of the three cults of Confucianism, Buddhism and Shamanism, practically they lie in his mind as a confused, undigested mass of teaching and belief, hopelessly intermixed and chaotic. He believes in all three. He personally takes his own education from Confucius; he sends his wife to Buddha to pray for offspring, and in the ills of life he willingly pays toll to Shamanite Mu-dang and Pansu. The average Korean is thus a follower of all three systems, in the hope that by their united help he may reach a happy destiny.

The subject which I have selected for discussion is the Shamanite or Spirit Worship of the Koreans. By this is meant a belief in the existence of innumerable spiritual intelligences ranging in character from the mischievous and prankish Tok-gabi or goblin to the high and mighty Tä Chang gun, Lord of the Spirit World ; in the immanence of these beings and in their control of the forces of the natural world and of the destinies of man ; in the obligation and subjection of man to these spirits and in the necessity of ceremonies and offerings in propitiation of them ; a belief that these beings have the power to take possession of a man either for the purpose of afflicting him or of using him for their own purposes ; that they perform many supernatural things among men, and that they possess a knowledge of the future and can be induced to reveal it and to aid or hinder man in his enterprises ; that they hallow to themselves certain material objects, such as sheets of paper, calabashes, whisks of straw, earthen pots, garments, heaps of stones, trees, rocks and springs, and that many of the objects thus sanctified become genuine fetiches, endowed with the supernatural attributes of the being they represent, this being specially true in the case of portraits sacred to demons.

While this definition is not complete in all details it fairly outlines the creed of the Korean Shaman. Concerning the character of these spirits, it is claimed that many of them are good and can be induced to exercise a beneficent influence over the life of man, but many are malevolent and no one of them but possesses the power to afflict man on the merest caprice, and does so. In this respect they correspond to the old Greek idea of a "daimōn," and the word demonolatry is possibly a good name for the system.

This belief in demons, ghosts and goblins is not confined to Korea but is universal, and in Asia it is a large feature in the religious belief of the masses. It constitutes a vast undergrowth in the religious world through which the student must force his way with axe and torch. It differs from the ethnic cults of religion in that it is prehistoric, documentless and without system, and it lacks all articulation which would permit the religious anatomist to dissect and classify it. In development it is as rank as a tropical forest, dark as the burrow of a rat, as boneless as a fog, and as formless as chaos. If we attempt to trace its origin historically we get lost. In China, the ideographs for spirit, ghost and goblin are as ancient as those for heaven and God. In Korea, Tan-gun, the first character in the native histories—if he ever existed—was probably a shaman. And in Japan we are told that history takes its rise in the spiritualistic legends of Kami-no-michi.

THE SHAMAN PANTHEON.

The Korean name for this great systemless spirit worship is Sin-do (神道) or Spirit Way. It is sometimes confused by the Koreans with Sŭn-do (仙道) or Taoism, but this is a mistake on their part, and while the fame of Lao-tse is known among them they do not appear to have adopted his cult.

The first article in the creed of the Shaman spirit worshipper is a belief in the existence of innumerable spiritual intelligences which control the fortunes of men. Most of these spiritual beings are represented to the eye by some material object or fetich, thus making fetichism an important feature of Korean Shamanism. The fetich, whatever it may be, is regarded as clothed with a certain sanctity and to it the Korean pays his worship. Spirit and fetich become so identified in the mind of the devotee that it is hard to determine which has the greater ascendancy, but it is certain that the fetiches, however decayed and filthy they may become from age, are still very sacred and the Korean dreads to show them violence. This shows itself in the prohibition to visit them sometimes imposed on converts to Christianity by non-believing relatives, because the convert's presence before the fetiches so annoyed and angered them that they would bring disaster on the household.

It is a large task to undertake to catalogue the spirits in the Korean pantheon. When we remember that in Japan Sintoism claims eight million gods and in India Hinduism thirty-three millions, we can easily believe that the number is beyond native computation. It is difficult to describe them, because they are unhistorical; we can learn little that is coherent and consistant. They also elude classification.

41

for they know neither species nor genus. We can but take
up a few of the more commonly known ones for considera-
tion. These are selected at hap-hazard, but they are repre-
sentative of the entire class and will indicate the facts of
the whole.

1. The O-bang Chang-gun (五方將軍). If you should
visit the home of one of the blind soothsayer priests of this
system in Korea you would find there a shrine or altar hung
with red silk, and containing a banner or tablet inscribed with
the collective names of the spirits of the O-bang Chang-gun or
the God-Generals of the Five Quarters of the Sky. Accord-
ing to the blind shamans these spirits rule the visible firma-
ment and are the chief deities of the Korean pantheon. To
them the shaman pays his best devotions with prayers, bell-
ringing and incense, and upon them he depends for aid in all
his work. Their names ānd jurisdiction as given to me by a
shaman are as follows :—

(*a*) The Ch'ŭng-che Chang-gun (青帝將軍), or Green
God-General, ruling the eastern sky.

(*b*) Chŭk-che Chang-gun (赤帝將軍), or Red God-Gene-
ral, ruling the southern sky.

(*c*) The Păk-che Chang-gun (白帝將軍), or White God-
General, ruling the western sky.

(*d*) The Heuk-che Chang-gun (黑帝將軍), or Black God-
General, ruling the northern sky.

(*e*) The Whang-che Chang-gun (黃帝將軍), or Yellow
God-General, ruling the middle sky.

These five gods are in many places regarded as the tute-
lary gods of small villages and you will often find a group of
posts, rudely carved to represent human beings, at the entrance
and exit of a village, which stand for these Chang-gun.
With the group will also be found a pole surmounted by a
wooden duck, which seems to be the sign of the generals.
These Chang-gun are supposed to protect those who are their
favourites, and their fetich is a very common one in Korea.
Thus they stand on a road leading in and out of a village or at
the entrance to a valley in which a hamlet may be located, to
warn away any evil-minded spiritual wanderers from entering
and molesting the inhabitants. And each year a sacrifice of
rice dough and fruits is offered to them as a propitiation.

2. The Sin-jang (神將). Below the five great generals
are their lieutenants who obey their behests and wait in a spec-
ial manner upon the shamans. These spirits are known as the
Sin-jang or Spirit-Generals. They number eighty thousand,
and each is at the head of a spiritual host. This will enable
us to understand how easy it would be for Sintoism to have
eight million gods and Hinduism thirty-three millions. By
the use of his magic formulas any blind shaman can call to his
aid one or more of these spirit-generals, with their hosts of
followers, and secure their aid in exorcism or divination. To
them the Koreans also privately erect shrines which will
contain a daub of a painting representing the spirit-general,
divinity being indicated, as is the case with most pagan art,
by monstrosity.

3. The San Sin-yŭng (山神靈), or San Sin (山神). Korea
is a mountainous land and the Koreans are mountaineers.
To understand either the one or the other this fact must be
given due weight. Brought up amidst these huge piled-up
masses of rock and earth, taught from earliest childhood to
scale their heights, spending his days in their ever-changing
lights and shadows, which seem to give new forms to the
mountains themselves, the Korean, in his poetry and prose
alike, betrays the influence the mountains have had upon him.
There is always an air of mystery about mountains, and this
mystery has penetrated the Korean's innermost soul. He
loves them ; he does not understand them; he fears them.
Through their mighty bowels flows a pulsing flood of vital life
that breeds men of desperate valour, so he says the ancients
erected their ponderous dolmens and cromlechs to cut off the
flow of the life-pulse and allow men instead of warriors to be
born. But of all the mysteries of his mountains, that which
pleases and at the same time terrifies him most, is the San
Sin or Mountain Spirit. The mountain spirit dwells some-
where up on the slope towards the summit and is the real pro-
prietor of the soil. And when the simple country folk go to
gather wood on the rugged sides of the mountain they half
feel like intruders and a fear and a dread comes over them
lest he punish them for theft. Then when the wood gatherers
assemble at mid-day for their meal, the first spoonful of rice is
cast out on the mountain side to the San Sin. They dread to

offend him ; and when the sickle slips and the foot or hand is cut, or a sudden fall and a broken limb results, they wonder what offence they have committed against the San Sin.

In passing through Korea the shrines to these San Sin will often meet the eye. They are only miserable shanties at the best, built beside some gushing stream or beneath some umbrageous tree or over some moss-covered rock. In the latter case, the rock serves as an altar and the shrine is regarded as especially fortunate. Here the spirit is represented by a picture, usually showing him to be an old man clad in official robes of high rank and sitting on a tiger. Most of the San Sin are represented as males, and in this case the temple will contain portraits of the members of his harem and altars to them. But sometimes the San Sin is a goddess, and then the picture will be of a woman with men attendants. At one shrine in South Korea I found that a Japanese kakemono, with the picture of a beautiful Japanese type, had been hung in the shrine and was worshipped as the goddess by the mountaineers.

The San Sin is the special deity of the hunters of deer and wild ginseng, and is held in high honour by them. To him they present their vows and offerings and trust him for success in their expeditions.

The tiger is held to be the special servant and messenger of the San Sin and this adds to the terror in which he is held. Sometimes, when a man-eater begins his depredations in a neighbourhood, the people will conclude that the San-sin is angry with them and has sent the tiger to afflict them. Then they hasten to the nearest shrine to appease the spirit s wrath with offerings. This demon is generally the special god of hermits, who pass their lives in his service. And very frequently a Korean will retire into some mountain fastness and spend one hundred days in prayer, fasting and bathing, trusting to secure an interview with a San Sin and his advice or aid in some personal enterprise. People who do this are ever afterwards held in peculiar sanctity by their neighbours.

This spirit is very often seen in visions by Koreans during a dream. He always appears as he is pictured in the portrait at the shrine or as a tiger. Both these visions are omens of good luck and the Korean is delighted to have one. Many

44

are the curious stories they tell of their encounters with these San Sin and of what followed. The Koreans are great dreamers. I might say dreaming is a national pastime with them. But among their dreams some of the most curious are concerning these San Sin.

One of the best examples of a San Sin shrine is to be found in the mountain fortress at the back of the city of Yon-an. Here I found a well-built building with the portraits of many worthies who had perished at various times in behalf of the city, especially in its historic defence against the Japanese invaders of 1572. In front of the principal shrine was a group of spears and tridents and in the floor a stone with a round hole. When it was desired to know whether an offering was accepted or not a spear was inserted in the hole in the stone, point up, and if the spear stood upright it was regarded as propitious. It is needless to say that a little dexterous twist of the spear would always ensure it remaining erect if the shaman so wished.

Much more might be said about these Mountain Spirits. They are the mountain gods of a mountaineer people, and a whole paper might be taken up with the cult, the traditions and stories which pass current among the people, the methods of invocation and exorcism, but enough has been given to indicate the large place these San Sin fill in the Shaman pantheon.

4. The Sun-ang Dang (城隍堂). This is the name of those heaps of stones, or cairns, which attract the attention of all visitors to Korea. The name is spelt in several ways. As pronounced by the people it is Sun-an Dang, but it should be written as it is given by Mr. Gale in his dictionary, viz. Sŭng-whang Dang. An analysis of this name gives us a hint of the meaning of the altar. It is Sŭng (城), "wall, fortress, or city;" whang (隍), "site or locality;" dang (堂), "temple, shrine or altar." This would then give us as a translation of the name Shrine or Temple of the Site of the Fortress or City.

The altar or shrine consists of a heap of stones piled up beneath some tree or clump of bushes. The stones are all of small size and are put in place by votaries and passers-by. On the branches of the trees will be found scraps of paper,

45

rags, cast-off garments, coins, locks of hair, sometimes the effigies of human beings, or utensils used for the offerings. These dangs are always found beside the road, sometimes down in the plain or at the entrance to a village, but more often in the top of a defile where the road takes its plunge over the crest of a ridge from one valley into another. Very often a small shanty is built alongside the cairn which will contain a daub of a picture, ordinarily of some animal, but often of the San Sin of the mountain. And sometimes these shrines become quite pretentious, being built of good timber with tiled roof and a keeper dwelling in a house beside it, while about it will stretch a grove of old trees. Here in the hot summer days the Koreans will come with wine and song and dance, to enjoy the grateful shade, drink of the cool springs close by, and bow at the shrine. This cult of the Sunang is specially strong in the Whang-hai province, though as already indicated it is much in evidence everywhere throughout Korea.

The dang is not sacred to any one spirit but seems to belong to all the local gods, and is a place where the people may meet and propitiate them. They are the most important factors in the work of the Korean shamans, but as this part of Korean life is peculiarly superstitious no rational, coherent explanation of them can be obtained from the Koreans. Here in the trees or among the stones the local gods are supposed to reside. The tree at the shrine becomes sacred to them and is called the "Demon Tree." Here the protecting or tutelary spirit of the valley or defile holds court assisted by the mountain spirits, a few hob-goblins, with some "unclean devils" or sa-geui and such "tramp imps" or "deun-sin" as have been permitted to rest there. Here their reign terrorizes or delights the simple farmers about, sending weal or woe as they see fit.

The worship at the dang generally consists of an offering of food by the person seeking a favour, with prostrations and prayers. The common sight is a woman placing a few small bowls of rice on the stones and then rubbing her hands together and lifting them to her face, and while she bows or prostrates herself she whispers her petition. You listen. She murmurs "Oh! Shrine of the Fortress! Listen I beg.

46

Our house child is sick, and he will die. Hear us. Give life.'' And so on until she musters courage to gather up the offerings and take them back to the house. This is a very common sight and thousands of Koreans are sent every year to perform this at these shrines. The first fifteen days of each new year are fortunate for petitions for a year of prosperity and freedom from sickness and the dangs are specially popular at that time.

Travellers also address their petitions to the Sun-ang as they pass. Many a time I have seen a Korean add a stone to the heap under a tree and at the same time spit in front of the altar. This expectoration-feature is a peculiar one in connection with the observances at the dang, and the only explanation I have heard is that it is an observance in connection with the superstitions about snakes. The Koreans stand in dread of offending a snake. They will rarely kill one, for they believe that if they do so the spirit in the snake will follow them through life and work their final and irretrievable ruin. So travellers, when they reach a dang, expectorate at it in order to give any snake-spirit that may be there something to occupy him until they are able to pass on out of view. This dread of a supposed spirit in a snake and the fear of its wrath is curious. May it not be a faint adumbration of the story which tells us that in the infancy of the human race the arch-foe of man, finding the serpent more subtle than the other beasts of the field, entered his body and in that disguise deceived our first parents—this fear of the visible agent being rather a tribute of terror to the one who once used the snake for his purposes?

Of the rags, strips of paper and various objects which catch the eye at the dang there is generally a large variety. These are part of the symbolism of Shamanism and belong to the same category as the fetiches which play so important a part in the system. They are symbolic of the desires of the petitioners at the shrine. The following will give you an idea of their significance. A man goes to a mu-dang or female shaman to have his fortune told and learns that he will surely die that year. He naturally feels frightened and demands how he can ward off this calamity. He is told to make an offering in sacrifice at the Sun-ang Dang and to

hang upon the tree beside it the collar of his coat. This be-
comes a symbol of himself and possibly there is a dim idea of
substitution in it. The thread and the longer strips of rags
are generally placed there in behalf of children and indicate
a petition for long life. The coins are a sign of a prayer for
money. The coloured rags I am told usually indicate the
prayers of a bride, for the Koreans have a notion that
when a bride leaves her father's house to go to her future
home the household gods all try to go with her. This would
mean the speedy destruction of her father's household ; so at
the first dang on the way she pauses, petitions them to come
no further, and ties a strip of silk or cloth from her wedding
outfit on the tree, to which they may fasten themselves and
hold it in her place. Sometimes there will be other offer-
ings such as salt, cotton, silk and kindred objects. These
may have been offered by merchants dealing in these com-
modities.

5. The To-ji-ji-sin (土地之神). These are the Earth
Spirits and form an order by themselves. They differ from
the Mountain Spirits or San Sin in that while the latter re-
present and brood over the mountains as such and are en-
shrouded in the awe which a Korean feels for the mountains,
the Earth Spirits are simply the dwellers in that particular
spot on the mountain which the Korean wishes to use. These
occupy a prominent part in the funeral rites of the Koreans.
They are supposed to be the occupants of the grave site and
must be propitiated before the corpse can be laid to rest. This
is done by a sacrificial offering resembling that to the dead
and is presided over by two persons, a Ché-gwan (祭官) or
"Sacrificer" and a Ch'uk-gwan (祝官) or "Intoner," who
intones the ritual. It will thus be seen that these "Spirits of
the Soil" have really been adopted into the Confucian worship
of the dead from Shamanism.

6. The Chön-sin (存神). In most hamlets and inhabited
valleys will be found a shrine called the Chön-dang or Honour-
able Temple. This is the home of the Chön-sin or Tutelary
Spirit of the village or group of hamlets in the valley. In
the vicinity of Seoul his shrine will contain a portrait re-
presenting him in human form, always enshrined with
great reverence and ceremony. I have seen shrines to the

Chŏn-sin in the country, however, where he was represented
by a fetich consisting of a straw booth erected over a pair of
sandals, the whole standing under a "demon tree." He is
in a special sense the community's god as a community, and
the entire community is taxed by the local elders for the sup-
port of the sacrifices and worship. It is at this point Chris-
tians come into collision with their pagan neighbours. The
latter are firm believers in the power of the Chŏn-sin over
their welfare as a community and make a contribution to the
worship at the shrine obligatory on all. To this the con-
science of the Christians will not permit them to consent, hence
they are treated as foes alike of gods and men. It is the old
story of the conflicts in the Roman Empire. I would say,
however, that in recent years non-Christian Koreans have
become very concessive in this matter to their believing
neighbours and that time will remove all friction. The
periodical sacrifice at this temple is a very elaborate affair.

7. The Tok-gabi (魍魎). These are the goblins and
bogies of Korea. They are among the most universally
known, feared and detested inhabitants of the spirit-world.
The superstitions about them make them out to be a composite
of the western ghost, Jack-o'-lantern, elf, brownie and gnome,
but probably the best rendering of the Korean name and idea
is that of goblin. They may be either spiritual in their origin
or they may have sprung from a human original. In the lat-
ter case they are supposed to be the souls of men who have
met a violent death. I investigated the case of a girl in Che-
mulpo whom the Koreans said was demoniacally possessed and
who claimed in her more lucid moments to be afflicted with
goblins. The mu-dang shamans undertook to exorcise her
and to their incantations she confessed that three goblins had
her, one being the soul of a woman who had been burned
to death, the second that of a woman who had been drowned
and the third that of a man who had died by execution. This
of course explains only a part of Korean goblindom, but
to the Korean there is nothing inconsistent in the fancy that
a man thus ending his life becomes a goblin. Thus it is that
execution grounds, battle-fields, the scenes of murder and
fatal disaster, are thought to be haunted by them. In this par-
ticular they are a counterpart of the western ghost. They

always go in troops, however, and are impish in appearence and behaviour. They are always represented as dwarfs and, like the fairies of old, can assume different shapes in which to deceive men. They frequent secluded glades and the banks of streams, and may be met under bridges and in caves. Empty houses will always be occupied by them and once they get in it is hard to get them out. The buildings that former ly stood in the old Mulberry Palace enclosure here in Seoul were reputed to be thus haunted, and frightful stories are still current among the people as to the scenes that occurred there every night. They sometimes take a fancy to a house or a village, and then life becomes unbearable for the unfortunate inhabitants. I often pass a nook in the hills of Kang-wha where once stood a small hamlet embowered in persimmon trees, but the goblins got after the people and so terrorized them every night that they finally arose, tore down their houses and moved to another place. A Christian once described an experience he claimed to have had with the goblins and, as it is typical of the goblin pranks Koreans describe, I give it. One night he was asleep with his family, when suddenly they were all awakened in terror by the sound of a terrible crash and roar as if a mighty wind had struck the house. Every window and door seemed to be straining and tearing out of its place ; bowls and dishes were dashing about, and bedlam seemed let loose. They thought a storm had come upon them, and they fled outside only to find it beautiful and starry, not a breath of air stirring or a sound to be heard. Then they knew what it meant, and committing themselves to God they returned in fear and anxiety to the house again. All seemed quiet and they thought the goblins were gone, when, just as they were about to fall asleep again, the terrible crash was heard once more and riot reigned. This time the Christian stood his ground and instead of fleeing he and his family knelt and prayed to God, when the riot ceased as suddenly as it began and they had peace from then on.

I doubt not but that this Christian had some sort of experience that night, though whether purely subjective or not I do not know, and the exact facts are impossible to obtain. No Korean story ever loses in the telling, and this is especially so of the Tok-gabi stories. But the account above given is thoroughly typical, and I venture to affirm that half of the Koreans living in the country to-day would claim to have had some sort of an experience like that. The goblin is up to all sorts of mischievous pranks. The good house-wife goes to bed at night with the rice-kettle cleaned and the lid on properly. The next morning she finds the lid in the bottom of the kettle, and how it got there only the goblins can explain, for no human ingenuity could jam an eight-inch iron lid through a six-inch opening into an iron pot.

Once when destroying the fetiches belonging to a convert I found one of a goblin. I do not think it is common for the Koreans to keep a goblin fetich, but this family had one. It consisted of a small straw booth mounted on poles and contained a horse-hair hat, like that worn by chair coolies, and a surplice such as is worn by yamen runners. These fetiches were rotten with age, yet the insane fancy of Shamanism had led this family to worship them and make offerings and prostrations to them for years.

About the Tok-gabi centres much of the folk-lore of the people. It may be said to divide with the rabbit and the frog the honours in the folk-lore world. As a feature of Korean Shamanism it is of prime importance and has its own superstitions and ritual of exorcism. A very common belief in connection with the Tok-gabi is that the phosphorescent lights seen about the marshes are the Tok-gabi on the move and the people are invincible in this faith.

8. The Sa-geui (邪鬼) or Deun-sin (浮鬼). Among the many classes of demons which hound the Koreans through life the Deun-sin or Tramp Spirit is about the worst. They are also known as Sa-geui or Unclean Demons, and the notion concerning them is that they are the criminals of the Shamanic spirit-world and, having been cast out from their original estate, are doomed to wander up and down through the earth with no resting place. The Koreans picture them as the beggars of the spirit-world, hopelessly ruined and lost and actuated in all they do by a diabolical hatred of gods and men. Our translators of the Bible have chosen a very fit word in this "sa-geui" as a rendition for the Scriptural term "unclean spirit." An incident will show the prevailing superstition about them. Years ago during a visit to the distant city of

Weui-ju at the mouth of the Yalu, I was summoned one night to the house of a woman who had met with an accident. It had been raining and the night was very dark. I had not gone very far along the main street of the city when I noticed a light in the distance in the middle of the road. On arriving at it I saw a strange sight—one I shall never forget. A woman had spread some straw and a mat over the mud in the middle of the road, set up a screen and placed a table loaded with food, fruit and nuts upon it, and by it two lighted candles. She stood at the end of the mat, engaged in bowing and prostrating herself, while out on the night air through the darkness, rang the wail of her voice in prayer. I asked my Korean companion the meaning of it, and he told me that the Koreans believe that the Deun-sin frequent the air over the middle of the road and that they are compelled by the other inhabitants of the spirit-world to wander up and down until some faulty action on the part of a human being gives them a foothold in his house. This opportunity they eagerly seize, and, taking possession of the man, all sorts of afflictions and trouble befall him. "In that woman's house," continued he, "there is sickness. She has been told by the mu-dang (female shaman) to propitiate the Deun-sin, so she is there in the middle of the road, under that part of the sky where they are, making her offering and gifts to them."

The Deun-sin is popularly regarded as the spirit or god of indigestion and persons suffering from a bad attack of this disease will often seek relief by propitiating it.

In their treatment of these unclean spiritual tramps the mu-dang, or female shamans, always propitiate and bribe them to depart ; while the pansu, or blind male shamans, exorcise and capture them with the aid of the Chang-gun and Sin-jang or Spirit-Generals, and either set them adrift over the middle of the road or bottle them up and bury them in disgrace under the middle of the road.

9. The Yong (龍) or Yong-sin. The dragon is very well known among the Koreans and is called a Yong. It is a water monster and has its dwelling-place in deep pools and in wells, ponds and lakes and along the river banks. This superstition concerning the dragon is probably as old as the present dominant race in Korea, and was brought by them from

52

their ancestral home, which may have been somewhere in south-west Asia. It is one of the most ancient of man's childhood myths, and the fact that it is the common property of the various races on earth is testimony to the unity of mankind. We who come from the west with our superior civilization are almost as familiar with this monster as the people of the east, and though we no longer credit it, yet there was a time when it held a place in the popular beliefs of the white man. With the Aryan it has stood forth as a foe or enemy, or, possibly more accurately, as the symbol of disorder and destruction. The legends of Greece give it a place. Among the seven mighty labours of Hercules the slaying of the dragon was one. Other heroes, as Apollos and Perseus, were also dragon-slayers. The Teutons also made out their god Thor to be a slayer of dragons, and even in the legends of medieval Christianity the dragon has been adopted as a symbol and we have St. George and St. Silvester as dragon-slayers. In this latter case, Christian art has used its license of symbolism and the dragon is used simply as a symbol of paganism or sin, and under the picture of the saint slaying the dragon is set forth the conflict and triumph of Christianity over paganism and sin.

Before the days of Christianity the dragon was a matter of belief among our ancestors and the Saxons and Angles who invaded Britain bore it as a device on their shields and banners. Among the Celts it was the symbol of sovereignty, and Tennyson has shown a true historic sense in giving it a prominent place in the "Coming of Arthur." In this connection I cannot resist the temptation to quote that scene which describes how the two magicians, Bleys and Merlin, went to get the babe and the vision which accompanied him The poet tells us how they

"Descending thro' the dismal night--a night
In which the bounds of heaven and earth were lost—
Beheld, so high upon the dreary deeps
It seem'd in heaven, a ship, the shape thereof
A dragon wing'd, and all from stem to stern
Bright with a shining people on the decks,
And gone as soon as seen. And then the two
Dropt to the cove, and watch'd the great sea fall,

Wave after wave, each mightier than the last,
Till last, a ninth one, gathering half the deep
And full of voices, slowly rose and plunged
Roaring, and all the wave was in a flame :
And down the wave and in the flame was borne
A naked babe, and rode to Merlin's feet,
Who stooped and caught the babe, and cried "The King!"
Here we have in this picture the sea, the storm, the dragon-
shaped boat, the flame and roaring, all attendant upon a royal
babe destined to become a warrior, king and sage. It is but a
poet's fancy, and yet it is a curious coincidence that in a land
like Korea which holds to the dragon cult a native writer
would have dealt with a like event in an almost identical man-
ner. This fancy Tennyson maintains, making the dragons
"the golden dragon of Britain," the emblem of Arthur's king-
ship. And among the Koreans he is the emblem of royalty.
He is the imperial beast and in the legendary origin of some
of the dynasties he appears as a progenitor of the royal line.

In the present-day mythological lore of the Korean sha-
mans the dragons are regarded as actual living beasts and
earth, air, and sea as inhabited by them. A practical illustra-
tion of this superstition may be found in many of the citie,
and sections of the country. Here in Seoul, if you go out by
the North-East Gate, you will find a place where the road goes
over a ridge of land and is paved with flat stones, the reason
being that this ridge is really a dragon's backbone and that
the scuffling of the people's feet over the monster's back pained
and angered him so that he had to be encased in stone.
Like the tok-gabi (goblin), the dragon is the favourite theme
of the story-tellers, and he is one of the stock features in most
Korean novels. He generally appears as the herald of the
birth of some marvellous child and all Koreans to-day regard a
dream or a vision of a dragon as an omen of the very best
import. I think that most Koreans believe in his actual
existence and one in every ten Koreans you meet anywhere
in the land would probably declare that at some time in his
life he had seen a dragon.

The bulwarks of this fancy are the shamans. They foster
the belief in the dragon and make him an important part of
their teachings. They have a special ceremonial for propitia-

54

tion known as the Yong-sin Kut (龍神), Dragon Service, and this is often performed in times of drought. For the dragon when angry shuts up the sky and withholds the rain. Sometimes death by drowning is attributed to the auger of the Yong and then a private kut will be held by the relatives of the dead to appease the monster. Thus this monster, part fish, part reptile, part bird and part beast, inspires the Korean with fear and reverence. His is a favourite name for Korean children and to him they are often sold. In selling children to the Yong the parents will take the child to the well, or a river's bank and there, with offering and worship, dedicate him to the dragon. From that time on the child, whether boy or girl, will be known as some kind of a dragon. The large number of "dragon" children among the Koreans indicates how popular is his worship.

This finishes our review of the spirits who may be found at the various shrines throughout Korea. We have selected only a few of the more common ones and besides those we have mentioned there are multitudes of others believed in and worshipped throughout the country. The task of describing them would be an endless one.

But Shamanism comes much closer to the Korean than these shrines about his towns and hamlets and along his roads. It enters his home and surrounds him there with its fancies so that day and night he is ever in the presence of the emblems of this spirit dominion. It is true we find no "god-shelves" in the house, but the gods are there just the same, and if you enter the house you will find that for a small mud hut the average Korean house has an over-supply of supernatural occupants. These household gods are a part of every Korean house, as much of the aristocratic gentleman's abode as of the low-born coolie's hut. While there may be no "god-shelf" in a Korean house yet no Korean (unless he were a Christian) would think of purchasing a house without first enquiring of the owner the names and character of the "gods" of the house. For when a Korean moves from one house to another he does not take his gods with him but passes from the dominion of the gods of the house he has left to that of the gods of the house to which he removes. This of course affects the price of Christian houses in the rural districts, for they are not as desirable for pagan purchasers as those in which the house gods have not been disturbed. A pagan having found out the gods or demons of the house he has purchased will be careful to make offerings to them all, but if for some unknown cause one of his family falls sick he will seek the former owner and find out again the gods of the place and compare it with his list so as to be sure he has not omitted one in his offerings. Among these household lares of the Koreans the chief one is

10. The Sŏng-ju (成造). The Sŏng-ju is the ruler of the Korean's house, the spiritual major-domo of the entire establishment. His fetich is enshrined on the frame of the house as soon as the beams are set up and from that day he is lord of all who dwell within and their weal or woe is subject to his whim. His fetich consists of blank sheets of paper and a small bag of rice, which are hung from the ridge-beam of the principal room—generally the living-room of the house. This fetich is charged with protecting the family from all misfortune and especially from affliction at the hands of the demons. The Sŏng-ju is set up at the time of the erection of the house after the following manner. After the site is graded and the framework of the house erected, a pause is made in the construction until a lucky day can be found for enshrining the spirit. Sheets of ordinary paper and a bag of rice containing as many spoonfuls of rice as the owner is years old are fastened to the ridge and prayer and worship offered. The construction of the house then continues until completed, when another lucky day is selected and a mu-dang shaman is called to preside. A Kut (賽神) or Grand Ceremony is held by her. A large sacrifice of food is prepared and an elaborate ritual gone through with until the mudang has worked herself up to the proper pitch of frenzy. She then seizes a wand, called the Sŏng-ju wand, which enables her to seek the Sŏng-ju, he having arrived by this time. When found he perches on the wand and drags her back to the fetich, into which she introduces him by violently shaking the stick and beating round about the fetich. He is supposed now to feed on the feast for a time, after which the food is passed out to the assembled guests who dispose of the material substance of the feast, the Sŏng-ju contenting himself with the spiritual essence of it. The Sŏng-ju thus becomes the chief protector

of the house and every inmate lives in constant anxiety of offending him. The children are carefully taught not to tread on the threshold, for that is treading on his neck ; and when a meal is eaten in the inner room all parties are careful so to place their tables that they will not be eating facing the fetich. This would anger him and cause him to afflict some member of the household.

The Sóng-ju is worshipped each spring and autumn in common with other household gods, the spring sacrifice being a petition for a year of prosperity, and the autumn one being in the nature of a Thanksgiving or Harvest Home Festival.

11. The T'ö-ju (土主). Ranking next to the Sung-ju in importance is the T'ö-ju or Lord of the Site. This demon represents a phase in that great system of Earth Spirits of which the San Sin, and T'ö-ji-ji-sin are parts. The Koreans themselves can give no coherent explanation of the spirit or his fetich, any more than that it is the custom to have one. The fetich consists of a bundle of straw set up like a booth on three sticks. It varies in height from one to three or four feet. Ordinarily this is all, but sometimes they combine with it the Öp-ju or God of Luck, who is represented by a rice pot with some grain in it, so that the two spirits conjoined make one fetich and are worshipped together. The fetich of the T'ö-ju is not set up immediately after the erection of the house, but on the occasion of celebrating the first great spirit fête afterward. It is then set up in a clean spot back of the house.

12. Öp-ju (業主). This is the symbol of one of the cardinal features of Shamanism, namely luck. As far as my study has gone I cannot avoid the conclusion that the idea of blessing or grace, that is, the kindly favour of the deity bestowed out of pure love and kindness on his children, is not known. Shamanism does not rise to this high level, but remains down on the lower level of luck and ill-luck as the chief good or evil flowing from their deities. It is true that the Koreans have an expression called the O Pok—Five Blessings, viz. longevity, children, rank, wealth, and a peaceful death, but that is a purely Confucian idea. Shamanism concerns itself with luck and ill-luck. When all things go well, then the spirits are bestowing luck on the family ; when things go badly, luck has been withdrawn and ill-luck takes its place.

The Op-ju stands for this luck, fate or fortune of the family. Sometimes there will be a house or shanty built for him, known as the öp-jip, or sometimes he will be confined to the fetich of the T'ŏ-ju as above indicated. Ordinarily he has a fetich of his own consisting of a straw booth like that of the T'ŏ-ju, but containing an earthen jar or pot with rice, grain or beans in it, and sometimes a small stone. This fetich is worshipped regularly, spring and autumn, and at other times as luck may seem to demand.

One very interesting feature of this Öp-ju is the idea of the mascot, which is clearly held by the Koreans. The mascot in Korea is a person or animal attached to the Öp-ju, and through him to the family, and is thought to bring good luck. There are a number of these mascots, as the Öp-ku-rŭngi or luck serpent; the öp-dă-a-ji or luck pig; the öp-jok-jă-bi or luck weasel; the in-ŏp or luck-child. As a general thing this luck mascot is not an actual tangible thing of flesh and bones, but an immaterial fancy or form that haunts the householder's dreams, visiting him in his sleep with its promises of better things. Sometimes, however, in the case of a snake or a weasel, it may become the actual beast itself, and the presence of a snake at a Korean house is not at all an occasion for alarm but rather of rejoicing and gladness. This question of sacred animals, however, comes up properly under the animistic worship of Shamanism.

13. The Kŭl-ip (乞粒). If you look sharply about the entrance of a Korean house you will generally find hanging in a dark corner, a bundle consisting of an old cast-off sandal or two, some money on a string, a coolie's hat, an old head of a fish, etc. This is the fetich of the Kŭl-ip or Messenger of the Gods of the House. He has charge of the outside fortunes of the family and runs errands for the spirits. The hat is part of his costume; the shoes are for his journey, and the money and the money-string is for his travelling funds.

14. The Mun-hŏ-ji-sin (門戶之神). This spirit guards the entrance to the house and is a sort of a spiritual gateman. His fetich consists of the hat and surplice of a yamen runner and hangs in the gate or entrance.

15. The Yŏk-sin (疫神). This is the dreaded Ma-ma or Small-pox God. It is the belief of the Koreans that small-

pox is a species of demoniacal possession. In fact, a close study of their medical theories will reveal the fact that they regard all disease as either demoniacal possession or else due to demoniacal influence. And in this lies the great power of the shamans. They are the real doctors of the land as far as practical purposes go, and, though they do not deal in medicine, they are popularly regarded as far more powerful agents in effecting a cure than the druggist or doctor. A well-informed native literatus said to me that it is safe to estimate that of all the money spent on sick folk in Korea seventy or eighty per cent. goes to the shamans.

The Ma-ma spirit is generally represented in the room of a sick person by a clean mat upon which stands a small table carrying a bowl of fresh, pure water. This remains during the period of the sickness and is not removed until the disease leaves the patient. If at any time the disease becomes dangerous the parents or relatives of the sick person will appear before this table and take several mouthfuls of water, uttering a prayer between each mouthful for the recovery of the patient. The same ceremony may be observed at a well or a spring. The person afflicted with a yŏk-sin is supposed to be peculiarly susceptible to the pains and hardships of persons who come near him. Thus it is said that if chair-coolies come inside the compound of a house where a person has the small-pox, the patient will immediately complain of a pain over the shoulders, although he may not know that there are any chair-coolies near him.

16. The Che-ong (除俑), Human Effigy. Each New Year the Koreans manufacture out of straw effigies which they use to carry away the bad luck of the house. You will find them all over the country thrown out in the fields or along the roads. Often you will find a piece of money tied to them. This is the bribe given to the effigy to carry away the ill-fortune. The effigy is also used at other times in connection with sickness, being clad in the garment of the sick person and bribed to carry away the disease.

17. The Sam Sin (三神), God of Nativity. This is a popular spirit in most Korean households and is represented by a fetich consisting of a gourd and a small bag of rice. It is supposed to preside over conception and birth and to

determine the posterity of each household. It is also supposed to determine sex, and mitigate or increase the pains of child-birth. When a child is born into a Korean home the house is immediately shut up to all visitors for a period varying from three to twenty-one days. This is in honour of the Sam Sin and to exclude from his sight all defiled persons such as mourners. Generally a straw rope is stretched across the door to bar entrance. If this rope is decorated with red peppers it indicates that the new-born child is a boy; if decorated with pine-tree sprigs, that it is a girl.

These few notes will give some idea of the character of the spirit-gods of Korean shamanism. They are a motley crew, a dismal company. What must be the condition of mind and heart which continues under their dominion and in their service? But this is the religion of the Korean home and these gods are found in every house, not Christian, in Korea. The Korean is born under their influence or even may think himself to be their offspring or incarnation. He is consecrated to them in childhood, grows up amid them and they remain in unbroken touch with him from the moment he sees life until the clods cover him in his last long sleep in the grave. They occupy every quarter of heaven and every foot of earth. They lie in wait for him along the wayside, in the trees, on the rocks, in the mountains, valleys and streams. They keep him under a constant espionage day and night. Once I was compelled to travel through the night. It was cold and dark and my coolies pushed on awed and silent. About two o'clock in the morning a distant cock's crow rang out clear and distinct, when the men all drew a sigh of relief and murmured their gratitude. On inquiry for the reason of this they told me that evil demons cannot travel after cock-crow, so they felt safe then. It certainly must be a most uncomfortable condition of mind in which he passes his days, for they are all about him, they dance in front of him, follow behind him, fly over his head and cry out against him from the earth. He has no refuge from them even in his own house, for there they are plastered into or pinned on the walls or tied to the beams. Their fetiches confront him in the entrance, and there is a whole row of them back of the house. Their ubiquity is an ugly travesty of the omnipresence of God.

The Korea Mission
of the Methodist Episcopal Church

Seoul. As the emperor and his cabinet reside here, Seoul naturally does the thinking for the whole people. What Seoul does, what Seoul thinks, the country does and thinks.

Molds
Public
Thought
Shortly after the close of the war between Japan and China, when the progressive spirit was ascendant, I suggested to an intelligent Christian in Pyeng-yang that the initiative in a certain reform movement might be taken by them. His answer was characteristic as showing the mental attitude of the country people: "Seoul must take the lead, and we will follow."

The same feeling is forcibly illustrated in the example given in one of the reports read at an Annual Meeting of our Mission. The literati of Kyo-dong Island, when they met to offer the semiannual sacrifice at the temple of Confucius, were much excited at the Methodist Christian attempting to come among them. They determined to run him off the island. To this end they appointed a committee to wait on the prefect and call his attention to the Christian, and petition that the intruder be cast out. The answer of the prefect was that the Christians have built churches beside the very palace in Seoul, showing that his majesty the emperor is pleased to have them among his people. If the Christians have the right to dwell in Seoul and carry on their work, it is folly to attempt to drive them out of a third-grade prefecture. No further interference was attempted.

The objective of Christian effort should be to take the capital for the Lord Jesus Christ. Everything—commercial, educational, official—centers and culminates in Seoul. Spiritual and active churches, strong schools, and well-equipped hospitals are of supreme importance in the largest and most influential city of the empire. Success here means success everywhere.

II. NATIVE RELIGIONS

The visitor to Korea at first fails to see any visible signs of religious life among the people. Naturally and properly he looks for this manifestation in Seoul. But there is nothing in the capital that looks like a temple; aside from the temple to the god of war outside the south gate, there is little or nothing to attract the atten-

11

NATIVE SCHOOL

tion of the casual observer. He is apt to jump to the conclusion, as has been done, that here is a people without a religion, a conclusion both hasty and unwarranted. He has failed to see in the back yard of the better-class houses a small building detached from the rest and kept in better repair. This is the ancestral tablet house, containing wooden tablets in the shape of a cross of the last four generations of the family. This house is visited on the anniversary of the death of the father or mother, and during the

First
Impression
Misleading

WAYSIDE SPIRIT HOUSE

twenty-seven months, the period of greater mourning, wailings, prostrations, and sacrifices are here observed on the first and fifteenth of each month. He did not notice the small stake in the yard around which straw is wrapped, and capped with a discarded sandal, and a small piece of white paper with a sentiment on it to act as a charm. This stake represents a form of fetichism and is placed there to the honor of the god of site, whose good will is assured by proper obeisance and sacrifices.

He saw a heap of stones at the top of high passes, rude shrines containing bright pictures of mythical beings, large distorted trees with bits of rags and old shoes tied to the limbs and stones thrown at the base; he saw passers-by bow to, and sometimes spit at, these trees; he noticed rows of grotesque figures on the ridgepoles of imperial buildings, government buildings, and on the roofs of the city gates. He watched blind men, sorcerers, feeling their way along the

Signs of Shamanism

MISSION PARSONAGE AT SEOUL
First house of foreign architecture erected in Korea

street with a long staff to the house of some high official, to cast out, by means of wand and divining tortoise box, some foul spirit that brought misfortune or serious illness to the family; or perchance he may be on a more congenial mission of selecting a lucky day for the nuptials of two high contracting parties. The visitor heard, before he reached Seoul, beating drums and clanging cymbals; he saw costly and elaborate offerings of wine and fruit; he looked upon the sorceress who, with whirling dance

14

in the midst of the anxious inmates of the house, and an indifferent, gaping crowd outside, essayed to cast out the spirit that brought the disaster to the home—all these things are external manifestations of the cult known as Shamanism. It busies itself with securing and retaining the good will of innumerable spirits that have their abode in earth and sky, in umbrageous tree by the roadside and in peaceful agricultural valley, in tiled roof of the patrician, and in the straw thatch of the humble peasant.

Now turn from the main road; follow yonder man in grass cloth, shaven head, beehive-shaped hat, rosary around his neck, and staff in hand. He bows low
Buddhist and speaks pleasantly to acquaintances. He climbs
Priest and the mountain path, descends a ravine, and finally
Temple comes to several large buildings in a shady retreat or in a mountain fortress. The man is a Buddhist priest, and the buildings are a Buddhist temple.

Buddhism was introduced from China in 371 A. D. It has had its seasons of influence and its periods of decline; of favor at court and with common people; of large and prosperous monasteries and of neglected and ruined
Fortunes temples. There were times when monks filled
of civil and military positions; many had families, and
Buddhism the inventor of the twenty-five letters of the Korean alphabet—Sul-chong—was a son of an eminent Buddhist priest. They meddled in politics, which was one of the leading causes of the downfall of the last dynasty more than 500 years ago, and of their rigid exclusion from Seoul for more than five centuries.

In ancient times, so the classics tell us, there lived a king in India whose name was Paruri. Visiting Buddha, he said: "My kingdom is small, and for several years has been ravaged by pestilence. Grain is scarce, the people are weary, and I am never at ease. The treasury of the law is deep and wide. I have not had the ability to cultivate my conduct, but I now wish to understand the law,
Its Law even to the minutest part." To this Buddha replied: "Ah, what a great king! If you wish all your doubts and perplexities to be destroyed, string up suitably 108 beads. Keep them continually with you, and with your heart and mind reverently chant, Hail, Buddha! Hail, Dharma! Hail, Sangha! Then slowly take the beads

15

one by one until by degrees you will have counted ten and twenty. After you have been able to count twenty myriads you will be tranquil, not disturbed in either mind or body, and there will be complete destruction of all evil desires in your heart. At the end of time, when you descend (that is, die) to be born in Yama (the heaven of good time), if you are able to recite the rosary 100 myriad times you will avoid the 108 places (that is, attain Nirvana), and will attain to the great fruit of everlasting bliss." The king said, "I will receive this law."

Korea has "received this law." The priests in their temples in the mountain retreats form processions, chant the virtue of Buddha, bow before the expressionless image, present offerings of the fruits of the ground, burn incense, make numerous and humble prostrations, count the rosary, and drone over their prayers, *Om mahni padmi hum,* "Hail, thou jewel in the Lotus." This is Buddhism in action.

Confucianism is a system of ethics. It is not a religion; it teaches nothing of a man's duty to a higher being. It is true that a vast difference is recognized between the "superior man" and the ordinary mortal, but **Confucianism** no explanation for the difference is offered. Confucianism has given to the Korean his "conception of duty and his standard of morality." My personal friend and fellow-worker of the Methodist Episcopal Church, South, the Hon. T. H. Yun, a man of ability and undoubted patriotism, in an article published several years ago, maintains that "Confucianism is agnostic; that it makes no clear distinction between things mental and things moral, that it knows no higher ideal than man; that in trying to make men keep the impossible doctrine of the mean, it makes them mean, narrow, calculating, revengeful, ever ready with spacious excuses and never given to generous adventures." Confucianism degrades woman by classifying her with menials and slaves, and by making her virtuous in proportion to her stupidity. Mr. Yun thinks that "a system of ethics yielding the fruit of agnosticism, selfishness, arrogance, despotism, degradation of woman, cannot be pronounced good. If other countries can make a better use of it Korea is or ought to be willing enough to part with it." Christian missions, by

teaching a purer, holier, and better system, are helping
Korea to get rid of this baneful system of ethics.

Shamanism, Buddhism, and Confucianism are the three
religions in Korea to-day. They have had undisputed
sway over the hearts and minds of the people, and what
is the result? Superstitions of the grossest forms;
Results licentiousness and immorality universal; corruption
of False and oppression everywhere. From the hour of his
Faiths birth until the spirit leaves the body the Korean is
surrounded and tormented by the innumerable spirits
with which Shamanism fills the air and Buddhism his
mind. Poverty is general. Woman is held in low esteem,

GROUP OF CHRISTIAN GRANDMOTHERS

life and property are insecure, and political intrigue of
every form is practiced. A bishop of our church, while
on an episcopal tour here, saw the dilapidated and
wretched condition of the mud and straw huts, beheld
the low condition of the people, and said they are "the
heel of humanity." And yet Korea is a well-watered
country; her valleys yield abundant crops of excellent
rice; her plains, even under the indifferent cultivation of
the average husbandman, yield good returns.

Mrs. J. R. Moose,

What Do the Koreans Worship?

This question has so often come to me from the home land that I think an answer to it will perhaps interest most of our readers.

In this land may be found the disciples of Buddha, the followers of Confucius and the devotees of ancestral worship, but the large majority of Koreans bow down to evil spirits. Those who worship their ancestors usually pay homage to evil spirits also. A son may not always love his parents; but if he does not honor them in life and after their death worship them and sacrifice to them through five generations, he is considered a very unfaithful and unworthy son. Not long ago an old lady, in speaking of eternal life, said: "What more can I desire? I have three sons to worship at my grave." The woman who bears her husband no sous is looked upon as one who has failed to fulfill her true mission in life.

Before coming to this country, I was told that Koreans were devil worshipers; and it was hard for me to accept that as being the literal truth. I could not imagine a people fallen so low. But since I have been here, I have heard many Christians say that they once paid homage to evil spirits, and more than once I have been an eye-witness to devil-worship.

One summer we spent the rainy season on Poukon mountain; and one day, when the clouds lifted themselves above the peaks and the sun came out in full splendor, I walked out and beheld away up on a mountain side, more than a mile away, some white objects in motion. Upon using a magnifying glass, I discovered that the white objects were four Korean women engaged in devil worship. They were on a very large stone, offering food, and one after another bowing and throwing themselves in almost every conceivable manner. I do not know how long they continued their worship, but I stood and watched them until I grew tired in body and sick at heart. I could not speak the language very well, but before we came home we sent a Christian woman to that little village to tell them of the Great Sacrifice offered for all, and of our Lord, who hears and answers the prayers of his children.

On another occasion, when we were coming in from the country, we were about to pass a devil temple, but hearing such unearthly noises, mingled with what sounded like the beating of tinpans, we stopped and enquired what it meant. A man replied that it was only some moutangs, or sorcerers, in their worship. We went to the door, and asked permission to go in. A welcome was given us, and I shall never forget the scene; the best and most expensive Korean food was in abundant as offerings; a sorcerer, in gay attire, with her numerous implements of worship, stood in each end of the room, while near them, on the floor, sat two wonen beating what for lack of a better name, I will call a drum; others were The beating something like tinpans. sorcerers were screaming and yelling at the top of their voices some sort of chant, all the while leaping and dancing with all sorts of bodily contortions. The expressions on their faces reminded me of demons and maniacs. About a dozen women were in the room, and near the door was a sick girl, for whom all this service was held. The mother was sit ting near me, and I dared to speak to her in low tones of the Great Physician who hears the simplest prayer. She seemed a bit interested, but the sick girl feared I would offend the evil spirits, and prevent her cure, so I thought it best to wait for a more opportune time. We soon came away, and never saw them again. Koreans believe that the universe is full of evil spirits, and when sickness or any trouble comes upon them, they think that some of these evil spirits are displeased, and they make almost any sacrifice to regain their good will and favor.

Koreans believe that when a bride leaves her father's house to go to the home of her husband, the household gods try to fol.ow her. This would mean destruction to her father's household, so at the nearest altar she ties up a bunch of colored rags, and prays the spirits to come no further.

All these things appear very simple and silly to us, but to the Korean heathen these are perhaps as sacred as our own religion is to us. These long-established customs have made it exceedingly hard for the Korean, especially among the high class, to accept Christianity, which he knows will overthrow well-nigh every jot and tittle of the religion handed down to him through centuries hoary with age; and will, in all probability, as is sometimes the case, shut him out from the society of his class. But, as the light is spreading, they are seeing more and more the emptiness of their religion and the beauty and truth of ours, and many of them are making the sacrifice and taking up the cross to follow Jesus. Korea is, perhaps, coming to Christ more rapidly than any other nation in the world.

W. G. Cram,

Rescued after Years of Bondage

A heathen country in which the gospel of Jesus Christ is preached furnishes incidents in the progress and development of the Kingdom of God, in its early stages, with which it is impossible to meet in the Church which thrives in our lands of the highest civilization. At home we read of devil possession in the Bible and we know how Christ dealt with such cases, but we seldom see a person possessed with demons. In Korea we come in contact with such cases regularly. One needs to come to a mission field to have his doubts as to "devil possession in the latter days" completely vanquished. That the devil at times makes his home in the bodies of men and women, especially in heathen lands, is a matter of unmistakable evidence. This possession of the evil spirit manifests itself in various forms. Sometimes it is seen in a sorceress and again it is manifested in those who have no special connection with "devil worship." The "Moudang" (sorceress) is the High Priest of Korea's system of devil worship. She carries with her drums, cymbals, silk paraphernalia, peculiar shaped hats, bells and a variety of other indescribable accourtrements through which she exercises her office of intercession to the devil for the relief of the various ills of the afflicted or the granting of the numerous wishes of a superstitious devil-serving people. The women of Korea are the devil worshipers and their devotion is so sincere that the sorceress, has a lucrative job in the high priestly office. In fact the moudang grows rich rapidly. It is hard to induce one of these sorceresses to give up her nefarious business for the simple fact that it is lucrative. You may convince her that she is cheating answer "I make the living for my family in this way and how can I give up my living?"

However, during the recent revival, which began in our city churches and spread with power to the country congregations, the Lord enabled us to put out of business one of the largest sorceresses to be found in the whole country. From Sougdo, just six miles east over a superb road of disintegrated granite, there lies at the foot of one of Korea's picturesque mountains a little church which has maintained its integrity and the even tenor of its way for at least six years. On the top of this mountain there is situated one of the most famous Buddhist temples in this part of Korea, and yet in spite of the vast number of yearly pilgrimages to this shrine of stone gods our little church at its foot has swayed the villagers for right and truth. In this little village lives the moudang to whom I referred above. For over sixty years she applied her trade of weird incantations, having received from her mother and grandmother, who were moudangs before her, the deceptive art. She was in her eighty-second year, "nearly ready to go down to sea," when one day after putting several bowls of rice in their proper place for the beginning of her incantations her hands would not go together in prayer nor would the words come readily from her lips. Immediately she thought that the class leader of the little church at the base of the mountain had prayed to God that her hands might not be lifted in prayer and her mouth might be closed. Koreans are full of superstitions and signs and therefore have a ready solution for everything that happens to them out of She the ordinary channel of affairs. made a trip to the house of the class leader to ask him if in any way he was interfering with her business by praying to God. He told her that he was not, but true to the Korean Christian's fervor he preached to her the gospel and exhorted her to give up the worship of the devil. She listened attentively going away firmly convinced that although the class leader said he was not interfering with her business by his prayers that it was through his prayers that she was unable to do as she had done before when worshiping the devil.

After a few weeks of tarrying she came down to the little church and said since it had become impossible for her to continue in her moudang practices she felt that she could do nothing else than to accept the Christ. After her decision she came regularly to the Sunday services for about two months when the special revival services began in the village church under the leadership of my personal teacher. He found this old lady among the worshipers and asking concerning her he was told her history. He asked it all of the instruments she had used as a moudang had been destroyed. He asked, for in Korea when one believes in Christ all articles, vessels, clothes or anything whatever that has been used in heathen worship are destroyed as were the books in Ephesus. It was ascertained that this moudaug had articles valuable to the amount of $800 native currency. After some exhortation and explanation concerning a true and devoted service to Christ it was decided to build the bonfire immediately after the morning worship. Thus after the morning devotions, in which the power of God was mightily present, up the bypath to the little thatched hut headed by this old sorceress of 82 summers there wended a crowd of sincere believers who were on their way to assist in consigning to the flames and smoke the instruments of at least three generations of evil and witchery. The old lady met strong opposition from sons and daughters, for they saw their rice and clothes going up in smoke, but the old lady with determined words of exhortation and a faith born of her strong desire to accept Christ as her personal savior was enabled in the face of strong opposition to destroy the works of the devil and to accept Christ. It was a sincere faith because not only did there vanish in the flames that which could have been sold for a sum sufficient to keep a Korean in food and clothes for at least three years but also she gave up a business in which there was a living and some to spare. We are having such cases daily. God is saving Koreans by his mighty grace during these days of Korea's transition. Help us with your prayers.

Homer B. Hulbert,

The Passing of Korea

CHAPTER XXX

RELIGION AND SUPERSTITION

BEFORE beginning the discussion of Korea's religions we must define the term. This will seem strange to a Western reader, who knows well enough what a religion is; but with these Eastern people it is extremely difficult to tell where religion leaves off and mere superstition begins. I think it will be better to take the word in its broadest sense, and consider religion to include every relation which men hold, or fancy that they hold, to superhuman, infra-human or, more broadly still, extra-human phenomena. And we must even supplement this by saying that in the category of extra-human we include the spirits of human beings that have died. Thus defined, we shall see that the religions of Korea form a very intricate study. In no department of Korean life is the antiquity of their civilisation so clearly demonstrated as in the mosaic of religious beliefs that are held, not only by different individuals but by any single individual. We have no choice but to deal with these separately, but the reader must ever bear in mind that in every Korean mind there is a jumble of the whole; that there is no antagonism between the different cults, however they may logically refute each other, but that they have all been shaken down together through the centuries until they form a sort of religious composite, from which each man selects his favourite ingredients without ever ignoring the rest. Nor need any man hold exclusively to any one phase of this composite religion. In one frame of mind he may lean toward the Buddhistic element and at another time he may revert to his ancestral fetichism. As a general thing, we may say that the all-round Korean will be a Confucianist when in society, a Buddhist when he philosophises and a spirit-worshipper when he is in trouble. Now, if you want to know what a man's religion is, you must watch him when he is in trouble. Then his genuine religion will come out, if he has any. It is for this reason that I conclude that the underlying religion of the Korean, the foundation upon which all else is mere superstructure, is his original spirit-worship. In this term are included animism, shamanism, fetichism and nature-worship generally.

Buddhism was introduced into Korea in the early centuries of our era, and Confucianism followed soon after. The former was too mystical to appeal to the people in its more philosophic aspects, and, as it came in as a fashionable state religion, its spectacular character was its chief recommendation. Confucianism, on the other hand, was too cold and materialistic to appeal to the emotional side of his nature, and so became simply a political system, the moral elements of which never found any considerable following among the masses. But both these systems eventually blended with the original spirit-worship in such a way as to form a composite religion. Strange to say, the purest religious notion which the Korean to-day possesses is the belief in Hananim, a being entirely unconnected with either of the imported cults and as far removed from the crude nature-worship. This word *Hananim* is compounded of the words " heaven " (sky) and " master," and is the pure Korean counterpart of the Chinese word " Lord of Heaven." The Koreans all consider this being to be the Supreme Ruler of the universe. He is entirely separated from and outside the circle of the various spirits and demons that infest all nature. Considered from this standpoint, the Koreans are strictly monotheists, and the attributes and powers ascribed to this being are in such consonance with those of Jehovah that the foreign missionaries (Protestant) have almost universally accepted the term for use in teaching Christianity. The Roman Catholics have adopted the term *Chun-ju*, a pure Chinese word of the same significance, but open to the same objection, namely, that it was used long before

Christianity came, and may therefore be called the name of a heathen god. But while in China it has been found that idols exist bearing the name Chun-ju, the Koreans have never attempted to make any physical representation of Hananim. He has never been worshipped by the use of any idolatrous rites, and the concept of him in the Korean mind is, so far as it goes, in no way derogatory to the revealed character of God himself. It is a moot point whether the Koreans consider the physical heavens to be the person of this god. Some of the more ignorant ones will deny that he is invisible, and point to the heavens in proof of their statement; but they attribute to him a fatherly care of mankind in sending sunlight and shower, and a retributive power in striking the wicked with lightning or other disaster. The Temple of Heaven to which the Emperor repairs to pray in times of famine, pestilence or other great calamity is a purely Chinese innovation, and can be said to have only such connection with the Korean Hananim as grows out of a common but independent concept of Divinity in the two countries. As a rule, the people do not worship Hananim. He is appealed to by the Emperor only, as we have just said, and this in itself would seem to indicate that the Koreans received the idea of this being from China. One would be rash to dogmatise here, but it is our conviction that it was indigenous to Korea as well as to China.

The foregoing coincides with the Confucian element in Korean religion, so far as Confucianism postulates a personal Supreme Being, but on the Buddhist side there are countless gods, the one commonest to the Korean being Ok-wang Sang-je, or Jade King Supreme Ruler. The various " uses " of the Buddhist deities will appear in connection with our remarks on fortune-telling.

We must turn now to what we may call the practical religion of the Koreans, the belief in a countless number of spirits which definitely affect the every-day life of the individual. The higher deities are reserved for special festivals, but these others

405

are daily in evidence and the ordinary Korean has them ever in mind. Here it is easy to exaggerate, for there are thousands of Koreans who pay no attention whatever to any kind of a deity or power. They are morally averse to any restriction upon their own passions, and they are too intelligent to believe that their welfare is dependent upon the propitiation of any spirits, whether such exist or not. They may acknowledge the fact, but will not abide by the logical inference. There are very many Koreans, however, who not only believe in the existence of such spirits, but are anxious to propitiate them. It is safe to say that an overwhelming majority of these are women, whose compara- tive lack of education makes them highly susceptible to super- stition. There are also many men who in ordinary life would laugh the imps to scorn, and yet when laid upon a bed of sick- ness or subjected to some other painful casualty are willing enough to compound for their previous scepticism by the pay- ment of large bribes to these same imps. It comes out, as we have said, in times of trouble. Korean folk-tales frequently have to deal with a situation where a gentleman is ill, but will have nothing to do with the spirits. His wife, however, holds the opposite opinion, and, unknown to her lord, smuggles in a *mun- dang,* or *pansu,* to exorcise the demon of disease.

We have already pointed out the fact that, as a rule, women are the best supporters of Buddhism, owing to the very inferior position which Confucianism accords them. The latter cult is the avowed enemy of the belief in goblins and imps, but Bud- dhism has become so mixed up with them that the Korean woman cannot hold to the one without embracing the other. Most Korean gentlemen will scoff at the idea that the spirits have any control over human destiny, but they put nothing in the way of their wives' adhesion to the lower cult.

There are two orders of spirits, — those which have an un- known but extra-human origin and those which represent the souls of the deceased. The various elves that haunt the spring, the rock, the tree, the cave or the river are nature-gods, pure and simple, and have little to do with human destiny, except as they are sacrificed to and asked to give good luck. They represent the good fairies and are not propitiated, but simply asked to give blessing or help. The spirits of disease and disaster are commonly considered nature-gods as well, and not of human origin. They require to be propitiated or else exorcised, which ceremony it is the office of the *mudang* or *pansu* to perform. These spirits all go under the name *kwisin* or *kweesin*. But there is another class, called *tokgabi*, which correspond to the malignant imps of our own folk-lore. They are always up to pranks, and in mischief they find their greatest delight. They fly about the kitchen and knock over the kettles and pans; they seize the goodman by the top-knot and cut it off and fly away; they make the kettle cover fall into the kettle. All these and a long list of other tricks they play about the house. They like company, and will not go away and live in a desert place by themselves. If a miser has buried some money, they may watch the place and haunt it, so that no one else will dare to live there, though the imps themselves can get no good from the money. But the most malignant spirits of all are the disembodied souls of those men who have met a violent death or who have been grievously wronged and have died without obtaining revenge. Ordinarily these are supposed to have been good people while they were living, and their present deplorable state is not a punishment for past misdeeds, but they are in somewhat the same condition that the ancient Greek thought the soul of the unburied was in. There is something that must be done before the spirit can get rest; it must be "laid." The spirit seems to think that it must vex and trouble people until they effect this. There are thousands of spirits who are just waiting for someone to do them an injury, so that they may have an opportunity to play their pranks upon him. The person who succeeds in steering clear of all these traps and pitfalls cannot become the object of their persecution.

It is important to note that while these shadowy beings have

407

some powers that are distinctly superhuman, in other points they are less than human. Almost invariably, in the Korean story, the fiend is thwarted by the word of a just man. Him they not only fear, but must obey. But we must pause and give a few special names and characteristics of the Korean gods, beginning with those of the highest grade.

Besides Hananim, who is quite separate and remote from all others, even as Allah was distinct from the gnomes and naiads of the Arabian Nights, the Koreans believe in the Five Point Generals. These are supposed to rule the five divisions of the visible firmament, — North, East, South, West and Centre. It is to these that the *pansus*, or blind exorcists, pray and offer sacrifice in order to gain the upper hand of evil spirits. Each of these five great gods has a host of lieutenants, nearly one hundred thousand in all, and it is to these that the *pansu* looks for active help. These five generals are frequently taken as village gods, and the curiously carved posts which are so often found at the entrance of a Korean country town, and which have erroneously been called guide-posts, are representations of these gods, which stand as guardians against the entrance of wicked spirits.

Then come the earth spirits, the ones which make the Koreans so reluctant to dig in the earth for minerals. They think the spirits will consider themselves robbed and so exact a penalty. It may be that it is for this reason that miners are looked down upon as practical outcasts by the people. These spirits must be consulted every time a grave is to be dug, for if a mistake should be made the dead man's descendants might wake up some morning to find that the grave is empty and the body has been spirited away, to their everlasting disgrace. Houses must be built only on spots where the spirits allow, and more than one house has had to be pulled down and erected on some other site because of the terrible misfortunes the imps have inflicted and are ready to inflict because their toes have been trodden upon.

Often the traveller will come across a heap of small stones

408

beside the road and a stunted tree on which are hung rags, locks of hair, strips of coloured cloth, pieces of money and a great variety of useless articles. Such a place may be found in the plains, but it is much more likely to be near the top of a pass between two valleys. These sacred places are not dedicated to any particular spirit, but to any or all the local deities. The traveller picks up a stone and throws it on the pile. This is his prayer for success in his journey. If he has reason to fear that the " good-fortune snake " is not propitious, he will spit on the stone pile. A man who is going to the neighbouring market with his bundle of wares to sell may stop and tie a one-cash piece to the branch of the tree " just for luck." It is an offering to the spirit, and is a request for financial success. A woman from the village below may come up the hill with a bowl of rice and a little honey and set the food down on a stone and shuffle her hands together, bending low the while. She is asking that her son come home betimes from his fishing trip, or that her child may recover speedily from the disease which has seized upon it. A bride may cut off a shred of her skirt and tie it to the tree to prevent the good spirits of her father's house following her to her new abode.and deserting the dwelling of her parent.

As the name of these spirits is legion, so the names of the different shrines where they are worshipped would make a long catalogue. There is the " Boulder Hall," erected to the spirit of some particular rock; the " Buddha's Hall," a sort of cross between Buddhism and fetichism; "Ursa Major Hall," to the spirit of that constellation; the " Kyung Hall," referring to the Buddhist sutras; the " Wall and Moat Hall," a common name for the place where there is a pile of stones or a tree to tie fetiches to; the " Old Man Hall," in honour of the Old Man Star, which Koreans believe can be seen in the south only by the people who live on the island of Quelpart; the " Grandmother Hall," " Kingdom Teacher Hall," " Dragon Spirit Hall " and many others.

There are also what the Koreans call the mountain spirits. They are most like our angels of any of the Korean supernatural beings, but they are almost always represented as venerable men with long white beards. They live among the inaccessible peaks of the mountains and always in a state of bliss. Happy is the man who chances to catch sight of one of them. If a man lives an exemplary life, he may become a *sin-sun* and join this happy band among the hills, and many are the tales Koreans tell of the wonderful adventures of good boys among the haunts of these immortals. One of these is so like the story of Rip Van Winkle that we must give it space.

Paksuni was a wood-gatherer by profession, and his wife was a termagant. So long as he earned a day's wages he did not worry, but the woman was always scolding because he did not earn more, and raising a great disturbance whenever he happened to miss a day. One morning he took his *jiggy* on his back and started up the mountain-side to gather fagots as usual. It was very warm, and he sat down in the shade of a tree to cool off. What more natural than that he should doze off, and presently see through sleepy lids two venerable men approach, one carrying a chess-board and the other the bag of chess-pieces? They sat down beneath the shade and began the game, never deigning a glance in his direction. He watched the game as it proceeded with absorbing interest. It was the very best game of chess he had ever seen played. Finally one of the old men made a move and exclaimed, "Chang" (check). It was the first word that had been spoken, and it brought him to his feet. The old gentlemen disappeared like a flash, and left him looking about in vain for his axe and *jiggy*. The latter was gone, and nothing of the former remained but a rusty shred of iron. His clothes were in rags, and his beard had grown to his waist. He tottered down the mountain-side and entered the village. It all seemed changed. The faces looked unfamiliar. He stopped a man and asked if he could tell where a fellow named Paksuni lived. The man stared and answered that Paksuni had been lost for thirty years. He had wandered among the hills and had been eaten up by tigers. Just then an old woman came along to get some water from the well and stopped to listen. The bewildered fellow announced that he himself was Paksuni; whereupon the old woman dropped her water-jar, seized the tattered remnant of humanity by the top-knot and haled him down the street, calling upon heaven to witness that the lazy rascal had left her for thirty years to shift for herself, and now had the face to come back and show himself. This was so much like old times that Paksuni was happy, knowing that after all he had not gone mad. Those who think that chess is a slow game will find confirmation of their opinion in this tale.

Besides all these there are the village gods, who watch over special localities and to whom the people erect shrines and offer an annual sacrifice. In this every member of the village is interested, and the cost of the ceremony is borne by all.

One is fairly safe in conjecturing that the worship of the dragon is a Chinese innovation. The Koreans are imaginative enough to evolve the idea of a long chain of mountains being the body of an immense dragon, but this idea existed in China long before the Koreans could have evolved it. In fact, among these spirit gods there are some that are identical with those which the Chinese recognise and there are others which are purely native to Korea. There has been such a mixture of all sorts and conditions of ideas in the peninsula that one must speak with many reservations and without the least dogmatism. We know where Confucianism and Buddhism came from, but as for the rest the only thing that we *know* is that it is here. This dragon plays an important part in the Korean's life, and his influence is always and only good. We could not begin to describe the countless points where this fabled beast comes in contact with the fortunes of the Korean.

The question of fetiches is closely connected with the foregoing. The belief in these many spirits leads people to attempt to localise them by means of some physical emblem. They do not think that the fetich is the spirit itself, but that it fastens upon the fetich and can always be found there when necessity demands. Dr. George Heber Jones is an authority on Korean fetiches, and he has given the following as some of the most important. "When a Korean moves, he does not take his 'gods' with him, but passes to the dominion of the gods of the house to which he goes." For this reason he is very careful to get an exact list of the latter, so that if sickness or misfortune comes he may know just whom he must pray to in order to get out of trouble. Each house has its Holy Master. "His fetich consists of blank sheets of paper and a small bag of rice, which are hung upon the ridge-beam of the principal room." When a new house is erected, an elaborate ceremony often takes place, especially if the owner be a little superstitious. A *mudang* is called in, and by her occult arts she invites a Holy Master to come and abide under that roof and take charge of the entire destiny of the inmates, ward off disease and protect them generally. From that time on no one must ever step upon the threshold of that house, but always over it, for this is the neck of the household god, and to step upon it would anger him and make him bring misfortune at once. "Ranking next to the Holy Master is the Lord of the Site. His fetich consists of a bundle of straw set up like a booth, on three sticks." He has control, not of the house, but of the site on which it is built, and he must be kept in good temper, or trouble will be brewing.

The Koreans are wonderful people for depending upon luck. They have consequently apotheosised the idea, and every house must have its fetich to Good Luck, and it must be worshipped with great punctuality twice a year. Dr. Jones says very appositely: "The kindly favour of the Deity, bestowed out of pure love and kindness upon his children, is not known in Korea. Her religion remains down on the lower level of luck and ill-luck. When all things are going well, then the spirits are bestowing luck on the family; when things go badly, luck has been withdrawn." In this connection the Koreans have various sorts of luck-bringers, just as our American negroes carry rabbits' feet. In Korea there are the Luck-snake, the Luck-pig, the Luck-toad, the Luck-weasel and the Luck-man. There are places in the country where people worship the Luck-snake, and the presence of a large snake near a house is welcomed as a good sign.

Each year, about New-Year's time, the Koreans make little straw manikins, stuff a few cash into their bodies and then throw them into the streets, where small boys seize upon them and tear them to pieces for the sake of the money. In this way the spirit of ill-luck is supposed to be dismembered and rendered innocuous. Some people hang a hat and a coat at the entrance of the house as a fetich of the Door-spirit. Others hang up old shoes, bunches of grass and fishes' heads as fetiches of their various household divinities.

Among all the spirits of disease, that which represents the smallpox is the most dangerous, and elaborate ceremonies are gone through to keep him out or, if he has already entered, to get him out again.

Such is a list of some of the many spirits which swarm about the Korean, keep him under constant espionage, and are ready at any moment to fall upon him in wrath. If he goes among the mountains, they are there; if he goes into his inner room, they are there; if he travels to the remotest corner of the earth, they will follow him. It remains, therefore, to examine the ways in which he can keep on good terms with these figments of his imagination, which are still very real to him.

Korean society is blessed, or cursed, with two handicrafts whose aim and end it is to deal with these occult powers with which the Oriental imagination peoples all space. The people who follow these vocations are called *mudang* and *pansu,* the nearest approach to which in English is " sorceress " and " exorcist," but they might be broadly termed witches and wizards. The word *mudang* means " deceiving crowd," and *pansu* means " decider of destiny." The former name is specially appropriate. The *mudang* is always a woman, and is considered at the very lowest point in the social system. She is always an abandoned character, though generally married. She pretends to be a sort of spiritual medium, and by her friendship with the spirits to be able to influence them as she may wish. Kija is said to have brought with him from China the art of necromancy. It is sure that a character closely allied to that of the *mudang* has existed in China for thousands of years, and if Kija was an actual character, it is more than likely that he brought this form of incantation. We cannot conclude that he brought the spirit worship, but only the peculiar method by which the spirits might be governed. The ceremony performed by the *mudang*, and without which her services are of no avail, is called a *kut*. There are ten different forms of service that she may perform by means of this *kut*.

The service most in demand is that of driving out the spirit of disease. But why should spirits torment people in this way? Well, there are the " hungry " spirits. They come around the door when you are eating, and if you do not throw them a morsel of food they have a grievance against you, and so have power to lay you on a bed of sickness. Of two intimate friends one dies, and his spirit tries to keep up the intimacy after death. This too will make trouble. If a man has wronged the spirits by denying their existence, it is sure to be visited on his head. The spirit that haunts rubbish of various kinds that had lain a long time in one place will follow and injure the man that disturbs them. If you go to the house of a person that has just died, his released spirit is very likely to follow you home and make trouble for you. Such are only a few of the countless ways in which a man may gain the ill-will of the spirits, and from them we can readily see that it will be often through no actual fault of the man but only by pure chance.

Let us then suppose that a man by some such mischance has contracted a disease. He may not be sure that it is caused by a spirit, but if he has reason to suspect that such is the case he will send to the home of a *mudang*, describing his symptoms and asking her what spirit it is that is causing it. She may reply by naming some spirit, or she may declare that she must see the patient first. After accepting a fee of two or three dollars, she will name a fortunate day on which to hold the *kut*, which will be either at her own house or at that of the patient, according as he has means to pay. The elaborateness of her preparations will also depend upon the fee. If the trouble is caused by the spirit of a dead relative, great care must be taken; but if by a common spirit, then a little ordinary food thrown into the street will generally suffice to cause its departure. The test is by throwing a common kitchen knife out into the road after the food. If it falls with the blade pointing away from the door the spirit has gone; but if the blade points back toward the door, then the spirit will require further argument before leaving. When the patient is a man of large means the ceremony may be performed at some neighbouring shrine.

Arriving at the patient's house, the *mudang* takes charge of the whole place, arranges the food and stations the friends of the sick man at particular points. She is accompanied by an assistant, and when all is ready the latter sits down and begins scraping on a kind of basket. This is supposed to attract the spirit. The *mudang* begins to dance about and to call upon the spirit to come. She works herself up to a perfect frenzy, and at this point the audience believes the spirit has taken possession of her body. Every word now is that of the spirit, not of the woman. She screams out the name of the spirit that has come, and tells what they must do to cure the patient, which directions generally include the payment of an extra sum of money. At last the spirit promises to take away the disease, and then the *mudang*, after a few more frantic leaps and screams which betoken the leaving of the spirit, suddenly becomes quiet and shows no signs of her previous excitement. She does not try to make the deception more complete by pretended exhaustion nor by falling down like a dead person. The grossness of her employer's superstition renders such finesse quite unnecessary. It is perhaps needless to add that the food that has been provided for the spirit is eaten with great gusto by the *mudang* and the friends of the sick man. The result of all this commotion and fuss upon the patient is seldom very edifying.

A second kind of *kut* is performed after death. A person's spirit will stay about the house for three days after his demise, and often much longer than this. If the relatives have reason to think that the dead man had something that he wished to communicate but did not have the opportunity, they will call a *mudang,* for only through her can they establish intelligent communication with the spirit. The *mudang* comes, arranges the food, and becomes possessed by the spirit, but without any dancing and screaming. She is used by the spirit to make the desired communication, after which the friends weep and say good-bye, and the spirit leaves. Then they all fall to and clear the tables.

Sometimes another *kut* is celebrated after the man is buried. If the dead man was supposed to have been summoned away from life by an angel or messenger sent from one of the great gods, the *mudang* will be called in to raise this spirit messenger and ask it to lead the dead man directly to the realm of the blessed and not through any purgatorial stage. At this time they have the power to call the dead man's spirit back for a positively last appearance, and the final adieus are said.

But even this does not finish the matter. A month after burial the friends of the deceased, if they have money, may hold a monster *kut* at some well-known shrine in the vicinity. The *mudang* is dressed in all her finery, and everything is done to make the ceremony impressive. The object is to help the dead man to secure influence or to get a " pull " with the Judge of Hades. The dead man has no money to do it with, so his friends do it for him.

The food is spread, and the *mudang,* all in white, goes into a trance after the usual gyrations, and the spirit of the departed takes possession. He is asked whether he has met the grandparents or other relatives who have been long dead, and all sorts of questions are propounded. These the *mudang* answers glibly, fearing no contradiction. Not infrequently the spirit will promise to do something that will help those who are still in the land of the living, so it appears that the benefits are mutual. This spirit is then dismissed, and the Judge of Hades is called up. There are ten judges on the bench of this supreme court, but this is the Supreme Judge. Food is placed before him, and he is implored to make it easy for their friend in the beyond. He invariably promises to do so and praises the food. After this the *mudang* calls up the special judge who has charge of their friend's case, and he too is properly " fixed." The petitioners have no difficulty in securing his promise to make the man's post-mortem condition as bearable as possible. Then they call up the spirit who guards the household of the man who has died. He is easily entreated, and promises to look after the interests of the family. He may warn the household of some impending trouble, and give them advice as to the best way to avoid it. When these special spirits have all been consulted, any relative who has helped pay for the ceremony may call up any of his friends or relatives and have a chat with them. It is like an afternoon tea with the dead, except that it is generally prolonged far into the night.

One of the chief duties of the *mudang* is to deal with the Great Spirit of Smallpox. This is the only disease that enjoys the special oversight of a spirit all by itself, and it shows that the Koreans put this ailment in the fore-front of the ills that flesh is heir to. It is more to be feared even than cholera, for, like the poor, it is ever with us. From the fifth day after the appearance of the disease no member of the household may comb his hair, wear new clothes, sweep the house, bring any new goods within the doors, cut wood, drive nails, roast beans or allow a drain to become blocked up. Any of these things would leave the patient blind or severely marked. If anyone does sewing in the house, it will cause intolerable itching in the patient.

Neither the ancestors nor the guardian spirit of the house must be sacrificed to, for it would displease the smallpox spirit. The inmates of the house must eat clear rice without beans in it, for this would leave the patient with a black face. No animal must be killed, for this would cause the sick man to scratch his face and aggravate the disease. No washing nor papering must be done, for this would cause the nose of the patient to be permanently stopped up.

After the ninth day all these restrictions are removed excepting the driving of nails, papering of walls and killing of animals. The thirteenth day is the one on which the spirit is supposed to depart. A feast is set for him; a piece of *sari* wood is made to personate a horse, and a straw bag is put on its back with rice and money inside. A red umbrella and a multi-coloured flag are attached, and the whole is set on the roof of the house. This horse is provided for the departing spirit to ride, and must be forthcoming whether the case has ended fatally or not. On that day the *mudang* comes and goes through an elaborate ceremony, in which she petitions the spirit to deal kindly with the patient and not to leave him pock-marked.

The "dragon spirit séance" demands a brief mention. Every river or stream, as well as the ocean, is the abode of a dragon spirit, and every village on the banks of a stream has its periodical sacrifice to this benignant power. Not only so, but the freight-boats have their ceremony, and the ferry-boats, fishing-boats and war-boats and boats that carried the annual envoys to China, — all have their special forms of worship toward the great dragon. The great importance of this sacrifice lies in the fact that the dragon has control of the rainfall, and he must be propitiated in order that agricultural pursuits may not be endangered. The ceremony is usually performed by a *mudang* in a boat, accompanied by as many of the leading people of the village as can crowd in. Her fee is about forty dollars. The most interesting part of the ceremony is the *mudang's* dance, which is performed on the edge of a knife blade laid across the mouth of a jar that is filled to the brim with water. We cannot affirm anything as to the sharpness of the knife, but we presume that the fee is well earned even if the dragon part of it is purely imaginary.

In the case of coastwise vessels, the *mudang* calls up the dragon spirit and the spirits of the men who have drowned, and implores them to make the sea calm and the voyage successful. For fishing craft a single ceremony suffices for the whole fleet. The *mudang* confesses to the dragon that it is rank trespass for men to go and catch his subjects to eat, but men must live; she begs him to overlook the wrong and give the fishermen a good catch. The ferry is an important institution in Korea, owing to the lack of bridges. The boats are often so crowded that they sink, and the annual loss of life from this cause is considerable. At important ferries the ceremony is a very animated one. A boat is dressed in gala attire, with a spar like a roof-tree extending its whole length. The *mudang* and her accompanying crowd enter and push off from the shore. Food is thrown into the water for the spirit, and as the *mudang* begins to grow excited and " possessed " she imitates the motions of a person dying by drowning. She then leaps to the roof-tree and dances thereon, screaming at the top of her lungs. After an hour of such antics they come ashore, and the *mudang* runs to a willow tree and climbs to its very top, wailing and " taking on " shockingly. She says she is a spirit imprisoned in the dark water, and she must have one chance to take a good look around. From the top of the tree she has a " look see " and then comes down. All the time she has been gnashing her teeth, and howling as loudly as her lungs will permit.

Until the year 1894 the government sent an annual embassy to Peking, and before it started the attendants and underlings held a great *kut*. It would have been beneath the dignity of the envoy to have anything to do with such a superstition, but there is every reason to believe that a good part of the cost was defrayed by him. Four or five *mudangs* were employed, and they besought the dragon spirit to treat the company well and bring them back in safety. The ceremony was in the shape of a pantomime, in which one of the *mudangs* personated the envoy and another the Minister of State.

Such are only a few of the occasions upon which a *mudang's* services are required. Korean folk-lore teems with stories in which the *mudang* plays a leading part. We have space for only one. A *mudang* dreamed that the Great Spirit of Smallpox appeared to her and said that he was about to enter a certain house in the neighbourhood, and that he had selected a certain closet in the house as his favourite place. When the woman awoke, she hastened to the house indicated, and found that it was true. The young son was stricken with the disease, and continually asked to be placed in that closet. By this the *mudang* knew that her dream was a true one. As the disease developed, the child kept scratching his neck, which caused a dangerous swelling. The *mudang* said, " Someone in this house has witnessed the killing of a hen." Upon inquiry this was found to be true. Still the father refused to allow the *mudang* to hold a *kut* over the child. At last the boy began to turn a livid green in the face, the sure sign of approaching death. The *mudang* said, " Search and you will find that someone has brought a piece of green cloth into the house." This too was found to be true. The father could no longer refuse to let the *mudang* try her hand, and in the story of course the child recovered.

It is said that not until some time after the beginning of the present dynasty was the horrible custom of throwing a young virgin into the sea at Po-ryung discontinued. At that place the *mudang* held an annual séance in order to propitiate the sea dragon and secure plenteous rains for the rice-crop and successful voyages for the mariners. A new prefect was appointed to that district, and as he had no faith in *mudangs* he determined to go and witness the ceremony and put a stop to the custom, if possible. Three *mudangs* were on hand and had secured the maiden for sacrifice. As they led her down to the water's edge to cast her in, she wept and screamed and struggled. The prefect stopped them.

"Is it necessary for you to sacrifice a human being?"

"Yes, it will please the dragon and he will give good crops."

"How do you know?"

"Oh, we are great friends with him and know his mind."

"Then I think it would please him much more if one of you were sacrificed "; and with that he signalled to one of his attendants, and had one of the *mudangs* bound and thrown into the water. The dragon showed no signs of revealing himself, so the second *mudang* followed the first. Still the spirit gave no sign, and the third *mudang* went to prove the theory. That was the end of the matter. The prefect memorialised the throne against the whole tribe of *mudangs,* and from that time to this they have been considered the lowest of the low.

The *mudangs* are not the only people who have influence with the spirits. The *pansu* is even more conversant with their tricks and better able to overcome their evil propensities. We have noted that the *mudang* is a sort of medium, and moves the spirits through her friendship with them, but the *pansu* is an exorcist rather than a medium. He is the enemy of the spirits, and is able to drive them rather than coax them. The profession of the *mudang* is much older than that of *pansu,* the latter being the product of the past few centuries, while the former have existed from the remotest antiquity.

As we have said, the word *pansu* means " decider of destiny," and we judge truly from this name that the chief office of this blind fakir is to tell fortunes. He is frequently called upon, however, to exorcise evil spirits. He is looked upon as little superior to the *mudang,* though his sex protects him from many aspersions that are cast upon the character of the *mudang.* There are a few female *pansus,* but they have nothing to do with the spirits, and they are as low in the scale as the *mudang.* The office of *pansu* in Korea, like that of masseur in Japan, is confined to the ranks of the blind, and the prevalence of scrofulous diseases insures a plentiful source from which to recruit the ranks of the profession.

Koreans use the services of a *pansu* to find out whether a man will escape the punishment of a crime; whether he will receive a reward for good conduct; whether a certain piece of work will be successful; what will happen during the day; what will happen during the month; what will happen during the year; what will happen up to the point of death; what was the condition in a former state of existence; whether he carries in his body the seeds of a great misfortune; how to find a lost article or person; whether a journey will be prosperous; what is the condition of a distant friend or relative; what will be the day of his death; whether he will become wealthy; what is the cause of sickness; in what direction he should move when he changes his residence; whether he can repair his house without suffering calamity; whether he will draw a prize in a lottery; whether he had better purchase a certain slave; when a son will be born; when he will obtain official position; when he will get out of jail; whether a son or daughter will have a happy life; how a spirit may be propitiated; when one must marry in order to be happy; where to find a good husband for one's daughter; whether a dream is good or bad; whether it will be safe to cut down a certain tree; whether he may move a grave with safety; whether it will be well for a woman to be delivered of a child at her own house or whether she had better go to some other.

Divination is accomplished in any one of three ways, — with dice-boxes, pieces of money or Chinese characters. The first of these is the lowest, the second is a little more respectable, and the third, being performed with Chinese characters, may be adopted by a gentleman without incurring criticism. Many gentlemen learn to do their own divining in a crude sort of way.

The dice-box divination consists in shaking and throwing out from a dice-box eight little metal rods about the size of friction matches. Each rod has a different number of notches cut in it, and as each rod is put back after the throw, it will be seen that in three throws, which forms a trial, there are many possible combinations. The *pansu* has learned a set formula for each combination, and so it is apparent that this formula must be in the form of an enigma, for it must answer any question that the client may ask. Let us suppose that the man has asked when his friend will get out of jail, and the answer comes: " If the net is old, the carp will break through." This he will forthwith explain to mean that as carp are always caught in winter the friend will languish in durance vile till winter comes. The skill of the *pansu* is exhibited in fitting the formula to the question in hand. They are a little more accommodating than the priests of the Delphic Oracle in Greece, where the client had to do the guessing himself.

The second form, called " money divination," is accomplished by the use of four, six or eight ancient Korean coins. Those with the seal character on them are the best, but any will do, provided they are old. The diviner shakes the coins in his hand and lets a certain number of them drop. The combination which appears tells him what formula to apply. There are hundreds of ways to manipulate the coins, and each *pansu* has his own favourite way, just as different cooks have their favourite recipes for preparing food.

The method of practising " book divination " is to ask the questioner in what year, what month, what day and what hour he was born. These four dates, taken two and two, in every combination give four characters, and from these the diviner makes up a verse of poetry. Then he determines which character best fits the case of his client. Using this as an index, he looks up the corresponding passage in his diviner's book, which he carries as faithfully as the surveyor does his table of logarithms, and the passage which he finds will be the enigma from which his client must extract an answer to his question.

Another form of book divination is carried on by the use of the volume called " Record of Previous Existence." This is based upon the fact that many Koreans believe the ills of the present life are the punishments of sins committed in a previous life, and that present happiness is a reward for past goodness. Only when in trouble will one consult this kind of oracle. If a woman is cursed with a drunken husband and is driven to desperation, she consults the *pansu,* and he, after looking up the formula, tells her that in a previous existence she was a bullock-driver and her husband was the bullock, that she beat and abused him so cruelly that she was now doomed to be ill-treated by him in turn. But he tells her that if she will take a bundle of flax-stalks and tie them at seven places, as a corpse is tied for burial, and place it in the room and hide, her husband, coming home drunk, will mistake the bundle for his wife and beat it to pieces. This will take away his propensity to maltreating his wife. Another woman, who asked what she should do to insure the continued loyalty of her son to herself, was told that in a past life she had been very kind to a starving dog, and that providence had decreed that she should come into the world again and that the dog should become her son. If she continued to treat him well, she would have no trouble. A man's bullock was struck by lightning, and he consulted a *pansu* to find why this calamity overtook him. The seer told him to go back home and look carefully at the hide of the animal and he would find what an evil past it had had. The mystified farmer went and looked, and on one of the horns was written in fine Chinese characters the legend "In the days of the Tang Dynasty lived a Prime Minister, Yi Rim-po. After his death he was transformed nine times into a dancing-girl and three times into a bullock, but even so he could not expiate the crimes that he had committed; so at last Heaven smote him with a thunderbolt and thus cancelled the debt of vengeance." It is only necessary to add that this Yi Rim-po was one of the most corrupt officials China ever saw, which is saying a good deal.

Still another form of divination depends upon the "Thoughts on the Works of the Jade Emperor of Heaven." If a demon of disease is so malignant that nothing but the direct command of the deity can exorcise it, recourse will be had to this book.

Insanity is considered the worst of diseases and is caused by a most "poisonous" imp. The *pansu* comes to the house, invites all the household gods to a feast and asks them to secure the presence of the evil spirit. This accomplished, he feeds the ugly fellow and tells him to depart for ever. If this does not prove successful, he reads a magic formula from the book, which gives him power over the imp. The latter is seized and corked up in a bottle and is whipped. He may escape, and if so, he must be feasted again; but this time a peachwood cork is used and the beating is done with peach sticks, which reduces the spirit to helplessness. The bottle is then given to a *mudang* to go and bury, the direction in which she is to go being minutely specified. The cure is now complete.

"Spirit sending divination" is used to cure men at a long distance. "Ten-thousand spirit divination" is a sort of congress of all the spirits, at which the *pansu* presides. The "spirit imprisoning divination" gives a man a sort of amulet that will protect him from evil. "Spirit liberating divination" is used in case one of the spirits is in prison and the rest want to get him out. One of them goes to earth and afflicts a man with disease. The *pansu* intervenes, and the spirit tells him that he will leave if the *pansu* will secure the release of the imprisoned one, and he promises to go security for the spirit's future good behaviour.

In every Korean book-stall will be found a little volume called "The Six Marks of Divination," or sometimes "The Five Rules for Obtaining the Ten-thousand Blessings." It represents some of the grossest superstitions of the Korean people. It is the common people who make great use of this book, but the woman of the upper class is almost sure to have a volume hidden about the house, from which to cast the horoscope of her infant sons and daughters. It is a curious mixture of Buddhism, spiritism and fetichism. One can see at a glance how Buddhism has joined forces with the original elements in Korean religion to form a conglomerate that will suit all tastes.

We find, first, the "procession of the years." It tells what star rules each year of a person's life from the tenth to the sixty-fourth. It tells what he must do to insure comfort and success, and it tells, by means of an obscure simile, what the condition of the body will be. It begins at the tenth year, because before that time no one marries, nor does a boy shave his head and become a monk. In order to show the way it is done, we will quote two or three of the formulæ. For the eleventh year, for instance, we find that a boy will be under the influence of the "earth star" (Saturn), that his patron will be Yuraposal (a Buddhist saint), that he must pay particular attention to his body, which will resemble a *hawk in the ashes*. A girl in her eleventh year will be under the influence of the "man image star," her patron will be Kwaneumposal and it is her duty to show deference to the spirits. She is like a *deer in a deep gorge*.

And so it goes through the whole sixty-four years. The different stars are the Metal Star (Venus), Water Star (Mercury), Star Sun (Sun), Fire Star (Mars) and so on through the list. The patrons are a long list of Buddhist worthies. The duties are nominal, and the things that the body are like to are as follows: pig in hot water, deer in a blossom, hawk in the mountain, rat in the garden, wolf in the bag, pheasant in the ashes and lion in the river. In all there are eight animals, and the situations they find themselves in are twelve in number; river, garden, ravine, bag, field, ashes, grass, mountain, hot water, blossom, mill and hill. Among the animals there is no distinction between the good and the bad, but it is the combination that is unpropitious. The hawk in the ashes or the rat in the river, the pig in a bag and a hawk in a mill (rice-grinding mill) are evidently bad predicaments, while deer in the mountain, wolf in the field, rat in the garden and pig in the ashes are presumably happy combinations.

Then come the different star influences and their power over the destiny of a man or woman. For instance, in the Sun Star year, one will have many blessings, a good salary, a chance to travel and good words from everybody, but in the first, fifth and ninth moons he will be censured or will lose money. In order to ward off these evils, one must cut out a disc of red paper on the fifteenth of the first moon, fasten it to a piece of wild cherry wood, stick it up on the roof and bow to the four points of the compass. This will save him from all anxiety. On the contrary, in the Fire Star year all will go wrong. One will be ill or will be censured. The house may burn down. In the third and ninth moons one is almost sure to be ill. In the fifth and tenth moons one of his sons or grandsons will lose money and must be on the lookout for robbers. He must not travel far nor must he engage a new servant. And yet there is safety for him if on the fifteenth of the first moon he will tear off the collar of his coat and burn it toward the south.

Another division of the book deals with the five elements, metal, wood, water, fire and earth. This form of divination is practised on the fifteenth of the first moon in order to find out whether luck will be good or bad during the year. The man takes in his hand five little discs of wood, each bearing one of the names of the elements on one side but blank on the other. Shaking them in his hand, he says: " Beneath the bright heavens I stand and pray, I who live in Whang-ha Province, town of Ha-ju, ward of Pu-yong, by name Kim Mun-suk. To the bright heavens I pray that I may truly be shown what will befall the present year, or good or ill." He then throws the discs upon the ground. The different combinations that result indicate, by reference to the book, what the fortune will be. If they are all blank but one, the fortune will be medium, unless that one be " water," in which case it means good luck. If all the characters turn up, it is an excellent omen. Water and wood make a good combination, because water floats wood. Fire and water are, rather unexpectedly, good, for they are so different that they do not interfere with each other. Metal and wood make a bad combination, because metal cuts wood. So on throughout the list, each combination telling the thrower what he may expect of good and what he must avoid or put up with of evil.

Still another way to tell the fortune is to throw four little pieces of wood like half an inch of lead-pencil split in two. The combinations, that are made in three throws, of the flat or rounded sides that turn up, will tell what is to happen. Some of the formulæ are as follows: The man will be like a rat in a granary (lean in spring and summer and fat in autumn and winter), like a candle at night, like flowers meeting the spring-time, like a king without a realm, like a moth about a candle, like a stork that has lost his home, like a tortoise in a box, like a dragon in the sea, like a dead man come to life. Each of these tells its own story and needs no comment. A Buddhistic element is seen in the simile, like a monk who has returned to the world.

It will be seen that this book which we are describing is like a domestic medicine book in our own land. Those that cannot afford to hire a *mudang* to cure them will have recourse to its pages, and this accounts for the enormous sale which the volume enjoys. It affirms that the human body is subject to two kinds of diseases, — those which can be cured by medicine and those that require exorcism. Some people have foolishly tried to cure both kinds by drugs. The hermit Chang laid down the rules for exorcising the demons of disease, and he wisely said that if in any case exorcism does not succeed, it is certain that the disease is one that must be cured with medicine. Note the implication that exorcism should be tried first, which is a pretty piece of special pleading in behalf of the profession. The book tells on what days of the month special diseases are likely to break out, and the name of the spirit that causes them. Whichever one it is, the work must be begun by writing the name of the imp on a piece of white or yellow paper (according to the day on which it is done) together with the name of the point of the compass from which the spirit comes, wrap a five-cash piece in this paper and throw it out of the door at the imp. These imps are sup-posed to be the spirits of people that have died, and they are specified as spirits of men who have died by accident away from home, aged female relatives, yellow-headed men, perjurers, men who have died by drowning and so on to the end of the list. In each case the exorcist is told to go a certain number of paces in some particular direction and throw the cash. The hermit wisely confined himself to diseases that will pass away in a few days by themselves, but it is a pity he did not exorcise the whole troop of devils with a good dose of castor oil.

The book gives a description of various sorts of calamities and indicates the way to avoid them. One can tell from the " Cycle of Years " when a misfortune is due to arrive, and in order to avoid it he must, upon the morning of his birthday, spread a mat on the ground, place three bowls of white rice on a table on the mat, also three plates of gluten-rice bread and three cups of wine. He must then bow nine times, spread three sheets of white paper over another table, wrap in each sheet a measure of white rice and hang them up over the door. Three years later it must be taken down, cooked and thrown to the spirit. Also during the first moon of the year in which the calamity is scheduled to arrive he must draw the picture of three hawks upon paper and paste them up in his room with the bills of the birds all pointing toward the door.

The medical portion of the book deals almost exclusively with female and children's diseases, showing that it is the women who use the work and not the men. It will be impossible to do more than indicate a few of the remedies that are used. The most common are poultice of cow's dung; twenty-one ginko nuts; the split kernel of an apricot seed with the word " sun " written on one side and " moon " on the other and then stuck together with honey; water in which the wooden pin of a nether millstone has been boiled; three live frogs; four boiled dog's feet; water in which burned hair has been boiled; the yellow clay in which a frog has been wrapped and burned to death; the saliva of a black cow; a boiled hen whose abdominal cavity has been filled with angle-worms. Such are a few of the remedies. In no case is the patient urged to call in a physician. The writer evidently knew that the reader would probably not be able to afford the care of a physician.

Only once, far back in the eighties, was it my privilege to witness the curious ceremony of frightening away the " Heavenly Dog " that was going to swallow the moon. From the earliest antiquity eclipses have been looked upon with fear by the Koreans, and even though they have known for many centuries the cause of the phenomenon and were formerly able to predict an eclipse, yet the still more ancient custom of frightening away the animal persists.

A brisk walk of ten minutes brought us to the limits of the suburbs, and there we found a company of a thousand Koreans or more gathered on a circular piece of ground, which was sur-rounded by an amphitheatre of hills. They were grouped in silent companies on the sloping hillsides, and in their white garments looked like a congregation of very orderly ghosts. The central plot was covered with mats to form a dancing floor, and on either side was a huge bonfire. Around the edge of the circle sat the Korean orchestra, whose strains alone ought to have sufficed to scare the Heavenly Dog. At ten o'clock the shadow of the earth began to pass across the face of the moon. A sudden darkness fell upon the scene, and the two fires, no longer suffering competition, gleamed with a new intensity upon the still faces which pressed eagerly forward to catch the subtle meaning of the weird notes that the musicians produced. Only one who is " to the manner born," and who has in his blood the dash of mysticism born of the East, can get from that weird music all that the Korean can. All the time the moon is adum-brated the crowd stands silent, awed, intent. They know that it is all a mere play, but the dramatic element in their nature carries them back to those far days when their savage forbears stood transfixed with genuine fear lest the light of the moon be for ever darkened.

The moment the limb of the moon appears beyond the

shadow, and it becomes apparent that the Heavenly Dog has "bitten off more than he can chew," there is a sudden change in the music, a stir in the crowd. They press forward eagerly, and at that instant a man leaps into the centre of the ring, wearing a hideous mask and blood-red sleeves that hang down to the ground. The dance is not to be described in words. The impression that remains, after the years have mellowed the memory of the spectacle, is that there were two kinds of motion, one of the feet and one of the hands. Imagine a half-intoxicated man standing on one foot and trying to put a sock on the other. This was the principal figure that the feet cut. With both the long sleeves the man tries to defend himself against the attack of a very determined swarm of bees. This is the whole combination, first on one foot and then on the other, while the bees continue to get in their work. Before long other actors join the rout, and the performance becomes a mere exhibition of buffoonery, which soon becomes tiresome. But the white-coated crowd, the wild whirl of the dance, the weird snarl of the pipes and over all the fitful gleam of the great fires, — it all makes a picture not soon to be forgotten.

Korea: The Land, People, and Customs

CHAPTER III.

THE NATIVE RELIGIONS.

THE Korean is a religious man. He is no atheist. It might be said of him as Paul said of the Athenians of old, he is very religious, for he finds gods everywhere. All nature is animate with them. He has a dim conception of continued existence after death, as his worship of the dead clearly indicates. He has moral values, and for generations the chief occupation of the thinking class has been to philosophize about ethics. Korea is rich in its religious phenomena, for we find existing side by side with the most highly developed forms of national religion in Confucianism, survivals of savage religion, such as the belief in ghosts and the fear of the powers of nature.

The most universal belief among the Koreans is that of spirit worship, of Animism. The sky, thunder, trees, mountains,

and the tiger are regarded as gods, and
worshiped and feared by the heathen man
_{Spirit} because of their supposed relation
Worship to his own welfare. From the sky
comes rain, upon which depends the suc-
cess of his crops; thunder is the voice of
divine anger against him; the trees afford
him shelter, and the tiger is stronger
than he.

There is another large class of objects
worshiped by the Korean, not for any spe-
cial worth in themselves, but because he
has made them by his own power to become
inhabited by spirits. This cult of fetishism
includes the household gods and the gods
of every-day life. When a Korean erects
a house, he must first recognize the pro-
prietorship of a spirit which he believes
to occupy the land upon which he builds,
so with great ceremony and sacrifice he in-
stalls in his house, as the representative of
this spirit, a sheet of paper or a piece of
cloth, attached to the main beam that sup-
ports the roof. After being installed by
these rites, this piece of paper or roll of
cloth becomes sacred, and the Korean lives
in constant fear of it. In eating his meal

in the room where it is enshrined, he is careful not to turn his back upon it. When sickness overtakes him or any member of his family, his first thought is that it is due to the anger of this spirit, and before medicine is taken or a physician is consulted, sacrifice is offered to the spirit to propitiate its anger. There are several other spirits connected with the household life of the Koreans, such as the earth-lord, the god of luck, the god of life, the kitchen god. These are represented by a booth of straw, a black earthen crock, a small bag of rice, a fish head, or various articles of clothing. As these several gods are enshrined in every house, they outnumber the inhabitants. There are more gods than people in Korea.

The name of these spirits is legion. To the Korean mind they exist everywhere, in earth, in sky and sea. They haunt the trees, they play in the ravines, they dance by every crystal spring, and perch on every mountain crest. On green hillslopes, in peaceful agricultural valleys, in grassy dells, on wooded uplands, by lake and stream, by road and river, in north, south, east and west, at the center, they abound, making sport of human destiny and driving man mad with fear. They are on every roof, ceiling, and fireplace. They fill the chimney, shed, and kitchen. They waylay the traveler as he leaves his home for a journey. They are beside him, behind him, in front of him, over him, and beneath him. They touch him at every point of his life, preside at his birth, follow him to the grave, and dance on it when he is buried. They are hard masters, punishing every slip that he makes with merciless severity, and are the cause of all ill-fortune and disease. In fact, some of the diseases have been deified, and smallpox is a god in Korea.

This vast spiritism, which is really a travesty on the ubiquity of the true God, is presided over by a priesthood, divided into two classes. In the first class are the soothsayers, who by the use of magic rites secure control over a spiritual familiar, by the aid of which they are able to seize the spirits that bring sickness, drag them from the afflicted person, and make him well. These soothsayers, usually blind men, become quite skilled in

Sooth-
sayers

52

divination, fortune-telling, and other features of their craft, and make a good living thereby. To this class also belong the geomancers, who know the folklore concerning the topography of the land, the spiritual influences emanating from it, and their bearing on the future of the individual. The second division of this priest-

Sor-ceresses hood is made up of Mudangs, the sorceresses or priestesses of this vast cult. They are supposed themselves to be possessed of a spirit, and thus qualified to perform certain rites, consisting of a sacrifice attended by music, during which the priestess dances until she reaches a frenzy, when her utterances become oracular. She is supposed to be able, by means of the sacrifice she offers, to exorcise the spirit afflicting a man with sickness or ill-fortune, and to restore friendly relations. These Mudangs have been in the past very numerous, and like their brothers appear to enjoy considerable material prosperity.

If the Korean Emperor were asked concerning the religious faith of his people, he would answer that the educated men observe and practice the teachings of Con-

fucius. And probably every other Korean would give the same answer. Confucian-
Con- ism is the religion of the Imperial fucianism House, and so is the State cult. Introduced from China centuries ago, it has molded and shaped the life of the nation, until there is hardly an institution among the people that has not been affected by it. The government is organized on a Confucian model, and one must be a Confucian to hold government office, though in the case of Christians this law is now a dead letter. The moral standards upon which the laws of the land are based are Confucian, and certain infractions of the moral code may be punished by invoking the secular arm of the government. As previously indicated, education consists in the mastery of Confucian philosophy. Etiquette is instinct with Confucian ideals and the Confucian spirit. The whole social economy is erected on a Confucian foundation. The morals of the people are Confucian morals. Confucius is as much the sage of Korea to-day as he is the sage of China.

Korean Confucianism recognizes four

domains subject to moral control. These are: (1) the personal life of the individual; (2) the family; (3) the nation or state; (4) the universe as far as man is related to it. The destiny and end of each of these is to be achieved by certain means. The individual will reach his destiny through sincerity, the family through filial piety, the nation through orderly administration, and the world through peace. Sincerity, filial piety, orderly administration, and universal peace stand related in a vital progression. The Korean Confucianist argues that without sincerity in the individual there can be no filial piety in the family, and without filial piety in the family there can be no orderly administration, and without orderly administration there can be no universal peace.

Confucian worship consists of that of the sage himself, which is a public and official function, and that of the in-
Worship of Confucius dividual's own ancestors, which is a private religious function. The sage is worshiped under the title of "The most complete and perfect Sage, the accomplished and perspicacious king."

55

This is the divine title conferred upon Confucius by one of the emperors of the Mongol dynasty in China six hundred years ago, and adopted by the Koreans, their relations with the Mongols having been very intimate at that time. The official worship of the sage is much like that of China. The chief temple is at the capital, Seoul, and sacrifice is offered there by the Emperor, either in person or by his deputy. There is a Confucian temple in the official establishment of each provincial governor and prefect, the rites being celebrated by the governor or magistrate, assisted by the local literati. These sacrifices to the sage occur in the second moon in the spring, and in the eighth moon in the autumn, and are occasions of great public and ceremonial importance. No statue or picture of Confucius is found in these temples, he being represented by a tablet, with rows of tablets to his most distinguished disciples extending on both sides of the temple walls. Among them are tablets to several Korean scholars who have been deemed worthy to share in the worship of their teacher. Canonization in the Confucian temple is the pinnacle of fame to which a Korean may aspire, and is rarely bestowed.

The ceremonies in these temples are very highly organized. There is no separate and distinct priesthood, the officials in charge of the worship being appointed by the head official or elected by the local scholars. These men are charged with the duties of intoning prayers and presenting sacrifices, the latter consisting of slaughtered bulls, sheep, or pigs, with rice, fruits, rice-wine, and other products of the land. The singing of hymns and preaching are not part of the service, which is restricted to worship and homage. None but the literati are permitted to be present, members of the pariah classes and slaves being excluded.

The worship of ancestors is universal throughout Korea, and is regarded as the foundation stone of all morality. Worship of Ancestors Death in its most cruel form is prescribed by law of the land against all who destroy the tablets to their ancestors and give up the worship of the dead. It is at this point that the Christian

57

propaganda formerly came in collision most seriously with the customs and habits of the people. Some of the first Christians under the propaganda of the Roman Catholic Church were executed for this offense, and the opening year of the nineteenth century is marked by the promulgation of a law proclaiming death against all Christians because of their sacrilegious immorality in forsaking the worship of the dead. That law to-day is a dead letter, though in the early days of evangelical missions in Korea the Gospel was preached with the knowledge that any Korean who accepted the faith thereby incurred the penalty of death. The shrines containing the tablets to the dead vary from a small boxlike structure that can be kept on a shelf, to an elaborate pavilion built in connection with the house of the worshiper, either at Seoul or in the country. Among the lower classes, instead of a tablet the name and titles of the dead are written on a sheet of paper hung on the walls during the sacrifice, and afterward taken down and burned or buried.

The clan organization, which is very

strong in Korea, centers around the wor-
ship of the dead. The maintenance of the
clan sacrifice to the dead ancestors
The Clan is a first charge upon the estates
held by the various members of the clan.
The chief custodian of the ancestral shrine,
and the one upon whom it is obligatory to
maintain the sacrifices at the shrine, is the
eldest son. Precedence going by seniority,
the eldest son becomes the federal head of
the clan, and in spiritual, political, social,
and business matters his word is binding.
Thus the conversion to Christianity of an
eldest son involves serious problems, unless
the other members of the clan consent to
it. In a religious sense it means the loss
of the head of the family, causing them to
present an imperfect line whenever appear-
ing before the spirits of their ancestors.
He also carries with him the control of
the ancestral estates, and unless he con-
sents to some arrangement the sacrifices
at the ancestral shrine must cease. This
gives a shock to the religious conscious-
ness of the Koreans, which it is difficult
for those who live in Christian lands to
fully appreciate. It is no easy matter for

59

a Korean to become a Christian, and he often pays a heavy price for the privileges. But be it said to the honor of the many Koreans who have embraced Christianity, that they have gladly resigned all temporal benefits of their position in the clan, taking joyfully the despoiling of their goods and often suffering personal violence in testimony to the genuineness of their conversion.

Buddhism, the great cult of India, was introduced into Korea in the fourth century of the Christian era by way of China. At first it had a checkered career, but soon secured a foothold among the people in the southern part of Korea, and gradually spread throughout the empire, until at one time it was the dominant religious faith of the nation. It built its monasteries all over the land, erected many monuments the ruins of which may be seen to-day, reshaped the religious, social, and political economies of the people to its own peculiar genius, and accumulated great wealth. Its priesthood had the monopoly of education and learning, and were the councilors and guides

Buddhism

of the people. After centuries of unlimited
sway, it met its check in mid career through
a too greedy grasping after political power.
The Buddhist priesthood, once undoubtedly
a learned and austere body, became cor-
rupted through prosperity. The rules
which governed the lives of the priesthood
were violated with impunity. Monks and
abbots took to warfare as readily as did
the warring Christian bishops of the middle
ages. In the palace they became all power-
ful, even casting some of the kings into the
shadow with their magnificence. They de-
bauched the people, and their abominations
beggar description. The monasteries be-
came pleasure houses, and the nunneries
little better than brothels. The people rose
in revolt, the power of the priesthood was
broken, and Buddhism went down with the
overthrow of the last dynasty, for the ruin
of which its leaders were largely responsible.

The status of this faith in Korea to-day
is clearly indicated by the saying that Bud-
dhism to be found must be sought. Many
monasteries still dot the land, but they are
located deep in the recesses of the moun-
tains and situated far from the inhabited

villages. Often there will be but one monk in these retreats, eking out a precarious livelihood off the monastery lands and such alms as he can collect on his itineraries among the people. A careful observance at one of these monasteries for four months showed that less than thirty persons visited the place during that entire period, and among these there was not one man.

The Buddhist hierarchy, though deficient in numbers and burdened with debt and poverty, is still strongly organ-
Buddhist Hierarchy ized. Many of the monasteries receive government aid. Outside the priesthood and nuns, it is rare one meets a genuine Buddhist devotee. The Korean idea of becoming a Buddhist entails entrance into the priesthood. Many of its superstitions and practices, however, still prevail among the people, and though as a religion its grasp over them has been broken, as a philosophy it permeates many of their views. The priesthood is recruited from orphans and children committed to the care of the monks. They are brought up in the monastery, and as a rule possesss little education. It is difficult to discover

among them a man who has any conception of the real tenets of Buddhism. This is due to several causes, chief among which is the fact that the Buddhist priests are ranked with the pariah class of the land.

Religious Character- istics The religious life of the Korean people shows no testimony that

"The consciousness of sins forgiven,
Of wrath appeased, of heavy guilt thrown off,
Sheds on the heart its long forgotten peace,
And shining steadfast as the noonday sun,
Lights man along the path that duty marks."

In presenting the claims of the Christian faith to them, the missionary needs great tact. Many of the tenderest relations of life, the deepest emotions of the human heart center about the Korean's religious life, and he who would play the swashbuckler among them attempting to force the human soul against its cherished beliefs, would find himself tilting with a straw against a champion cased in adamant. The Christian propaganda in Korea has been free from such characteristics. The missionaries as a body have been distinguished for tact, courtesy, and kindly consideration

63

in all their dealings with the religious life
of the people, and to this must be attrib-
uted some of the popularity of the Chris-
tian faith in this land.

Many of the religious characteristics of
the Korean people mark them for disciple-
ship in the Christian faith. Believing as
they do in the universal presence of spirits,
it is not difficult for them to accept the doc-
trines of the spiritual nature of God. Con-
fucianism with its age-long insistence on
the fact that man is a moral being and must
obey moral laws, prepares them to sincerely
exemplify Christian ethics in their life.
Even though some writers go so far as to
believe the Korean's religious life under
paganism a journey on the river of error
to an ocean of darkness and despair, yet
it is true that this whole experience but fits
him the more readily to follow Christian
guides who would lead him to the river of
life, flowing hard by the throne of God.
The very willingness of the Koreans to
offer a costly service to pagan gods, be-
comes transformed into a free, unreserved,
full-hearted love to God and service to their
fellow-men.

The Call of Korea

III

THE PEOPLE: THEIR RELIGIOUS LIFE

THE Koreans are said to be a people without a religion. Certainly they do not seem very religious. They have very few temples and shrines. We do not see them thronging these, or devoting much time, thought, or money to public or private worship, or to the coffers of priests, who are of a very low grade. The fact is, their old forms of religion appear to us to retain very little hold upon them, compared with the superstitions of the Africans and the devotees of India, Thibet, China, or even Japan, and various influences have combined to render their faith in their old religions cold and weak and their service formal and less than half-hearted. They even say they have largely discarded the three religions which they had, and why then should they accept a fourth, that, too, from a foreign land. If they desired a religion, they say, it would be better to take one of their native cults, so maintaining their own individuality. Let us then look for a moment at these three.

First, let us consider Confucianism. This, in the

earliest times, came over from China with her litera-
ture and civilization, and from the very
Confucianism
start it has had no little to do in mould-
ing the thought and life of the people; but, as we find
it to-day, whatever it may have been when it first
came from China, or whatever it may now be in that
land, it hardly deserves the name of religion as we
find it in Korea. It is, rather, a system of ethics
based on filial piety which all ought, and at least
profess, to follow.

It has, however, become so much of the literary life
and culture of the land, and is so dependent upon the
study of the Chinese classics, which only the most
scholarly can attain to, that it has become a recognized
fact that a loyal Confucianist must be a good scholar.
In many cases the opposite also is thought to hold.
As a consequence, all who aspire to the name of lit-
erati proclaim themselves Confucianists. Every-
where there are those who make a profession of their
strong adherence to this cult, but even the best of
them, when quietly discussing the situation, will ac-
knowledge that Confucianism is not to them a
religion.

It has commonly been said that there are no tem-
ples in the city of Seoul. This is a great mistake, for
there are several fairly large Confucian
Temples
in Seoul
temples, a few Shaman shrines, and the
presence within the courtyard of every large mansion
of an ancestral tablet house, where, at stated times,
sacrifices are offered before the tablets of the ances-

tors to the third, fourth, and sometimes, though sel-
dom, to the fifth generation, plainly shows the falsity
of the above statement.

Ancestral worship, an integral part of Confu-
cianism, is universal throughout Korea,   Ancestral
and anyone not following its rites is, in   worship
the eyes of his fellows, an atheist, unbeliever, and an
outcast.

It is generally believed that at death the three
souls that a man has separate, one going to Hades,
one to the grave, and one into the ancestral tablet.
This tablet consists of two narrow strips of wood, fast-
ened face to face, on the inner surface of which is
written the name of the spirit. A small hole is left
near the top, connecting the inner space with the
outer air, to give ingress and egress to the spirit.
These tablets are set in sockets so as to maintain an
upright position. During the regular three years of
mourning a dish of fruit is constantly kept before the
tablet of the deceased and special services are held at
stated times, and during these three years a special
attire is worn by the chief male mourners, who ren-
der this special service only before the deceased
father's tablet.

Afterwards the sacrifices are made on the anniver-
saries of the father's, grandfather's, and great-grand-
father's deaths in the ancestral tablet house or temple.
In addition to this there are eight Korean holidays
on which sacrifices must be made. The significance
of all this is much the same as in China, and the Ko-

79

reans, like their neighbors, believe that the happiness of the dead and living is largely dependent upon this.

Upon all these occasions the eldest son is chief mourner and chief priest. The clan organization in Korea is very strong, and the eldest son of the eldest branch is the chief priest of the clan, and the cost of all these sacrifices is the first charge upon the estate. This chief priest, therefore, becomes the political, social, and religious head of the clan, and in his care are placed the tablets. It can readily be seen what havoc in the clan is brought about by the conversion to Christianity of such a head or chief priest. When, as has sometimes been the case, the whole family of the chief of a clan has been converted, he has sometimes had enough influence to win the consent of the other members of the clan, and thus trouble has been avoided, but where the case is otherwise, and where the resignation of the high-priestly functions would leave an imperfect line of descent, innumerable difficulties have arisen. The old law made it death to destroy one's ancestral tablets, and enough has been said to give some idea of the obstacles in the path of those who desire to accept Christ, greater in proportion to the nobility and influence of the family. The educated will not hesitate to plainly announce that they have no belief in the utility of this worship, and that it is simply and solely an expression of filial loyalty. It has, however, all the form and semblance of worship, and without the missionary attempting to legislate in regard to the matter as a religion, those

who profess a faith in Christ have realized that such
sacrifices were not compatible with the worship of the
one true God.   The result at the present time is, that
it has become commonly known that a belief in Christ
means the cessation of ancestral worship, and as a
consequence no small proportion of the people often
refuse to give any thought whatever to the truths of
the Gospel or even listen to a word concerning them.

In Korea this is the only religious element still left
in their Confucianism.   The only way in which
Christianity will be enabled to win its way among the
Confucianists will be to so exemplify filial piety dur-
ing the life of the parents that it will put to shame
that much vaunted cult.   Koreans themselves, on
more than one occasion, have called attention to the
fact that the man who neglects his father and mother
during their lifetime, and who, while he is living in
luxury, allows his parents to suffer the hardships of
poverty, if, after their death, he but offer sacrifices
in a suitable manner, will be called a good Confucian-
ist.   Nominally to-day, this is a faith that holds a
stronger place in Korea than all the other religions;
and yet it does not answer the desire of the human
heart, for it is a man-made faith and meets none of
the requirements of the natural religious instinct.

Buddhism entered Korea early in the fourth cen-
tury, and like a seed sown in good time soon flourished
throughout the three kingdoms of the land.   Buddhism
It is a fact well established that Korea
gave to Japan her Buddhism, for it is acknowl-

81

edged that the oldest idols and the manuscripts in the oldest Japanese temples were brought over from Korea, and while the regular style of Japanese architecture differs very materially from that of Korea, that of her temples is identical with it. Dr. Griffis, in his book on Korea, speaks of a copy of the Buddhist canon in a revolving library at Kamakura which is said to have been obtained from Korea. Mr. Aston, in his latest book on Shintoism, as well as all students of Japanese history, acknowledges that Korea gave Buddhism to Japan, and it is now pretty generally conceded that it was first introduced into Japan by a Korean named Wani, about A. D. 550, that it did not meet with very general acceptance at that time, and that it was re-introduced, from the same country, about a century and a quarter later, when it was widely received.

Buddhism in Korea, while it speedily spread throughout the country, as has been said above, did not attain to its greatest power until the beginning of the Wang dynasty, which preceded the present one. After his succession to the throne, the unification of the kingdom and the establishment of Song Do as the capital, the founder of this dynasty was extremely active in the building of temples and the establishment of monasteries; and Buddhism at once became the national religion of the whole country and remained so until the time of this dynasty's overthrow, when there was a more general return to Confucianism, and the fact that the Buddhists had shown them-

A PAIR OF KOREAN BUDDHIST PRIESTS.

KOREAN VILLAGE IDOLS.
Guardians of the Road.

selves active partisans in politics, as well as powerful opponents even in a military way to the new régime, brought them into much disfavor. This was, at least, made the pretext for the demolition of large numbers of temples and the confiscation of large tracts of land belonging to powerful monasteries which were disbanded. This disfavor was not a little augmented by the fact that when, three centuries ago, the Japanese invaded the country with Buddhistic banners and emblems, not a few prominent Korean Buddhists were said to have joined them. The Japanese, with shaven heads and dressed as Korean Buddhist priests, entered the capital, and it is claimed, after being entertained by Buddhist monks in the city, returned with full details concerning the strength and fortifications of the capital. As a result of this, more stringent laws were enacted and the one or two Buddhist temples in the city were destroyed, so that up to the time of the Japan-China war, not only was there no Buddhist temple in the city, but no Buddhist priest was allowed to enter its gates.

Despite the fact that the late Queen was a very staunch Buddhist and a patron of many temples and monasteries, this law was not repealed until after the Japan-China war when the pro-Japanese party came into power. Even though it was then repealed, the law was again enacted and no shaven-headed monk dared enter the city until the second return of their champions, the Japanese.

Buddhism has been, then, until recently, a faith to

some extent tabooed. The Buddhist priest is still next to the lowest in the social scale. The butcher, the man who makes his living by slaughtering, is placed lowest, and strange indeed it is that he who, on account of his religious belief, would not dare to kill even a mosquito, ranks next. Despite this, however, the Buddhists still had large and flourishing monasteries all over the country, some of them heavily endowed, even during the old régime. The patronage of the late Queen, which was continued in part by the Emperor, tended naturally to increase the power of Buddhism, but even when most opposed by the powers that be, it has always seemed to hold its own among the people, although its followers were mainly women. The educated people, the gentlemen and the nobility, profess no faith in Buddhism, practically saying that it is for women and children ; but, let misfortune or sickness enter the family, and, in their effort in some way or other to secure relief, the assistance of the Buddhist priest will be often invoked.

The oldest of all Korea's faiths is a species of Shamanism. Before Confucianism and Buddhism ever entered Korea it held sway and, Shamanism from all that we can learn from history, and from what we see to-day, it is very evident that even when Buddhism and Confucianism were at their prime, under all, and through all, Shamanism still held its own. Even to-day the Buddhist priest still holds to his Shaman faith ; and a strong Confucianist, although he will tell you that it is all foolishness, in practice holds tenaciously to his Shamanism. It is the strongest power from a religious point of view in Korea to-day.

The Korean Shamanism peoples the world with spirits, demons, and gods, good and evil; in the main evil. The common belief looks upon these spirits as generally conspiring against the welfare of man. They must be appeased and their good will won, if happiness and good fortune are desired. Every hill, every path, every mountain, every stream, every house site, house, kitchen, and almost every room has its deity or demon; and surrounded by this host of enemies, it is to be wondered at that the Korean has as good a time as he has. Conflagrations and fires are the work of the fire-god; the building so selected must be offered as a sacrifice to the deity. If a fire occurs in a village, those who ought to attend to it will simply attempt to protect the sur- **Fire brigades** rounding buildings, while one-half of the company, with trumpets and bugles, steadily strive to persuade the deity that the one house that has been selected is a joyous and free-will offering, thereby hoping to protect the other buildings of the town.

In 1896, the writer and another missionary were startled one evening by a cry of fire in a city in the interior. Proceeding at once to the scene, in the hope of rendering assistance, we found the family of the owner howling and shedding tears as they saw the progress of the flames. A company of the native constabulary, with assistants, were, as usual, blowing the long trumpets and horns, making to our ears anything but a joyful sound. The fire had attained but little headway, and it was evident that with the well so handy it could easily be controlled. Surprised by the lack of energy shown by the Koreans, with but the one thought of rendering assistance, the two foreigners at once seizing buckets, with water from the well, soon quenched the flames. No thanks, even from the family whose house was saved, was tendered. Ominous mutterings were heard on all sides. Threats of lynching were not wanting. Those two foreigners, with their lack of knowledge of Korea, her customs and her gods, had, without doubt, infuriated the god of fire. He would certainly be around that night and wreak his vengeance on the city, perchance many houses would be burnt. A wholesome fear of the foreigner protected us. No house in the city was that night burnt, but I doubt not, that had we not left the next day, some evil would have befallen us, for five miles up the stream in the direction of the home of the fire-god, another house, without any known cause, took fire, and was burnt to the ground. When they came down to the city, however, to punish the foreigners, they had gone.

In the burning of the palace in 1905, the gates were tightly locked against the Japanese and British fire companies, and the only effort made by the Korean Imperial authorities to stay the flames was to send men and boys to the roof of a building outside the palace grounds, to which His Majesty had fled, who continuously kept up a waving of cloths towards the flames.

Smallpox visits a house, and if you desire that its attack should be mild, you will inform friends that an "honorable guest" has called at your home. You will call in blind men and sorceresses, who are the priests and priestesses of this cult. They will, with dance and tambourine, keep up their rites until one or more of them goes into a trance or ecstasy, when through them the smallpox god will speak and proclaim what must be done; and only as you follow these instructions can you hope to be let off easily. The use of medicine, in any form whatever, is strictly forbidden, for it would at once insure that the "honorable guest" would become enraged and demand the life of the patient.

Spirit or demon trees are found everywhere, and in a marked way is the Ginko or Maidenhair fern tree an object of worship among the Koreans. This is a prehistoric tree, belonging to the Carboniferous Age, found in China, Japan, and Korea. On the roadsides, and especially the mountain passes, will spirit trees be found, and travellers and passers-by pick up stones to leave at their base, thinking with them to leave their misfortunes also. A child may be sick and near to death's door, and the poor mother, knowing of no other way, will tear a shred from its garments and, with a few of her hard-earned cash, purchase a little fruit, some rice, and

Korean wine, and carrying them on her head to one of these trees, will tie the rag upon a branch, write her petition upon a piece of clean paper, and hang it near the cloth, and then, placing her offering upon a heap of stones below, she will prostrate herself, asking that the evil that afflicts her child may remain in the little piece of garment she has brought and that its life may be spared.

Along the roadsides grinning wooden idols are placed as guardians of the way, and upon them are Guardians written, or carved, petitions that they of roads will prevent the passing of all demons, and thus protect the village for whose good they have been erected. It is commonly believed that these sticks have supernatural powers. In 1886, when the writer visited a seaport town, as he landed from the boat and was about to enter the city, he was stopped, and by gestures earnestly requested not to proceed. Finding that they could converse with him in their own tongue, the people told him that it was as much as his life was worth to proceed on his way : that these were guardians of the road who would take his life if he attempted to pass them, as they were there especially to keep out foreigners. When the writer told the kind friends that he would risk it, they stood back aghast, evidently really believing that he would be stricken dead, if he attempted to pass. To their astonishment the passage was made without mishap, and it is not known that anyone has since met with a similar warning.

Not only do their faiths tend along the line of curatives, but also, naturally, along that of preventives. On the opening of the year, on the fifteenth of the first month, those whose horoscopes proclaim that the coming year will be a difficult one for them, purchase small straw dolls, and, putting coins into the hands, arms, feet, and other parts of the body, throw them away in the centre of the city, hoping that thereby they are also throwing away the ills that might befall them during the year whose future looks so dangerous. In many parts of the country, also, when evil or death is anticipated, it is very commonly believed that the sprinkling of blood above and upon the two sides of the main door of the house will very effectually prevent the entrance of any evil spirits. Whence this arose, and whether it may not be that the news of the deliverance of the Children of Israel in the land of Egypt spread thus far, or whether, as some assert, the Koreans are the lost Ten Tribes, we will not attempt to settle.

The belief in demoniacal possession is common, and when such possessions occur, exorcists are called in and in some cases, though very few, it is claimed that they are successful. The Demoniacal possession news has gone widely abroad that the Jesus of the Christians drives out demons, and many are the cases reported from time to time, when in answer to believing prayer, men and women so said to be possessed, and who, to say the least, were not of sound mind, have been restored.

In a village in the extreme north there is a little company of Christians. A few miles off, a young girl, newly married, is said to be possessed of a devil, and is sent back to her mother's home. Native exorcists are called, but fail; neighbors, coming in, say that "The Jesus they worship over the hills drives out devils." The mother eagerly seizes the opportunity, and, with her daughter, presenting herself at the chapel, asks whether it is true. The Christians say "Yes," and at once commence to pray for the girl. They meet two or three times a day to pray, with no results. The neighbors begin to jeer, "Your Jesus God can't do what you claim." The Christians, making a study of the Word, believe that "such goeth not out, but by prayer and fasting," and with this determined faith again begin their prayers, having decided that they will, without ceasing, continue until their end is attained. It is a little before the midnight following, when the possessed girl quickly arises and passes out of the chapel door. She proceeds to the shrine, where the village devils are worshipped, and seating herself, addresses the Christians sneeringly with the words, "You dare not enter and pray for me here." They at once get down on their knees to renew their prayers, and shortly she falls prostrate in their midst, to rise healed.

This Shamanism is the most obstinate enemy that the missionaries have to meet in Korea. If it is asked, "What religions are chiefly attacked by the missionaries?" in reply I would state that I think no attack upon any religion is usually made. The missionary who goes to a foreign field has not the time to spend in attacking its old faiths. His work is simply to hold up Christ and Him crucified, and in His presence no other faith can live. This is what is being done in Korea to-day, and slowly, but surely, the Koreans are being won to the Cross.

We found that God, by His spirit, had been at work throughout the length and breadth of this land before we reached here, however; that all over it men and women were being led to lose faith in their old religions. The common remark of the educated gentlemen, that such things are good enough for women and children, will show plainly the trend of thought.

The great bulk of the Confucianists acknowledge that ancestral worship is useless except as an expression of filial piety. The Buddhistic priests whom we would expect to be the most ardent adherents are, in the main, as many of them will acknowledge, simply such to gain a livelihood, and the rank and file of the common people are beginning to ask themselves whether it is not common sense to believe that the proper use and applications of proper remedies in a case of sickness, will do more good than the burning of paper prayers to paper gods, or the tying of rags and strings upon the limbs of inanimate trees, the throwing away of straw dolls, or the pitching of stones upon the cairns that surround a spirit tree or rock.

Several years ago it was the writer's privilege to be overtaken by night on Saturday evening in the neighborhood of the oldest monastery in Korea. Presenting ourselves at the door, the most hearty welcome was accorded, and the chief room was set aside. After the evening meal we were escorted around and through the various buildings, until we came to the library, where piles of books were stacked around the walls. On asking, we were informed that these were their "Seung Kyeng" or sacred writings. The next morning when the other members of the party had passed out into the garden, the writer was sitting alone, reading in the room, when the abbot entered. Seeing me engaged in reading, he inquired what the name of the book was, and using the word that he had used the night before, I replied that I was reading from our Seung Kyeng, or sacred writings. "Would it be too much to ask that His Excellency would read a few words to us?" said the abbot. On my assenting at once to do this, a boy was called, told to ring the tocsin, and all the monks were gathered while I read to them the fourteenth, fifteenth, sixteenth, and seventeenth chapters of John's Gospel, and finally the first part of the twentieth chapter of Exodus. Most careful attention was given by all present, and when I stopped reading the Commandments, the abbot said that they were similar to the tenets of Buddhism, but his assistant replied, "How could Buddhism possibly be said to agree with the second commandment?" pointing at once to the image of Buddha in the room. After a little talk he asked that Christian books be sent down there, and announced that

92

they were Buddhists, not because they believed in Buddhism, but simply as a means to a livelihood, and to this they all agreed.

Besides what may be said of priestcraft and religions, there are two classes of people who must not be overlooked. They are the Pansus and Mutangs. As in most semi-civilized and barbarous countries, it is generally believed that those who have been deprived of eyesight have been given a special power of seeing hidden things, and thus the blind in Korea are the diviners, the fortune-tellers, the clairvoyants, who cast horoscopes and find lost articles.

Divination and Pansu

They are a class by themselves, and as generally they are believed in and receive large rewards for their divinations, blindness is not thought so great a hardship as in other countries. The name applied to them, Pansu, means decider of destiny, and they are consulted in regard to the cause of misfortune and sickness, in all matters of doubtful utility as to the future, and especially do they find it very profitable in selecting lucky sites for the graves of the wealthy and titled. As with the Delphic oracle of old, so with these Korean Pansus, great skill is shown in the use of set formulas and phrases capable of a double meaning.

While in the minds of a great many the work of the Pansu and Mutang very largely overlaps, and while practically at times the one may be called to do the work of the other, theo-

Sorcerers and Mutang

retically, they hold two distinct fields, and the Mu-
tang deals with sorcery and the exorcising of evil spir-
its.   At times it is very apparent that the disease,
trouble in the home, or impending evil, is the result
of the anger of some deity who must be appeased, and
then the party so troubled sends direct to the Mutang,
asking what spirit it is who is causing the trouble and
requesting her aid in its exorcism.   A very careful
account of the work of these Pansus and Mutangs is
given in Hulbert's "Passing of Korea," pages 412 to
428.

The question may naturally arise as to what has
been the effect upon the morals of the nation of these
three religions.   Shamanism being a sort of nature
worship, aside from any moral consciousness of right
and wrong and the necessity of doing right, can
hardly be said to have inculcated any moral touching.
Buddhism as found here, while it enforces a self-
abnegation, a control of the natural passions and de-
sires, does so from a selfish rather than from an altru-
istic motive.   Its teachings have, in part, tended to
foster compassion for animals and a care for life in
general, but do not seem to have affected largely the
national conduct in the relation of man to man.   Con-
fucianism, however, with its widely studied litera-
ture, has brought with it its carefully elaborated sys-
tem of morals and statement of relationships, and has
consequently had considerable effect upon the life of
the nation.   Its admirable system of ethics, teaching
the five virtues and laying stress upon the five social

relationships, has been studied throughout the country, but the great difficulty has been that all these systems have simply developed into a formal statement of what ought to be done. An illustration given by a Korean preacher expressed well what Confucius has really done for Koreans. After holding the attention of his audience by his description of Confucius as an aged sage standing and pointing out the right way, and urging all to follow it, he pictured men falling into sin on every side in spite of all this, and on the other hand, he drew the contrast of Christ stepping down among those who had fallen, lifting them out of their degradation and giving them a new heart, which would make them desire what was good, and setting them on the right road.

It must be acknowledged that all three of the Korean faiths, or better, superstitions or philosophies, have accomplished very little in giving any real moral tone to the nation. To such an extent has the filial piety of Confucius been dwelt upon that children are taught that they must not lie to their parents. The inference is easily drawn.

While, then, this system, by the constant reiteration of its ethical code, has certainly had its effect, it has simply been to the degree that might be expected where no inducement was offered, no real help given. The general moral tone of the people is certainly higher than that of savage tribes; the sanctity of family life is upheld; the laws of the land are on the side of morality, but we find a condition that might naturally be expected where God and Christ are un-known.

The existence of concubinage, fostered and encour-aged by Confucianism, which lays such stress on the necessity of a male heir and which works such havoc in family life, the employment of large numbers of dancing girls, who as a class are supported by the government, the torture used at trials, introduced primarily by the Confucian idea that no man may be condemned till he has admitted his guilt, the flagrant abuse of justice, the condition of women and the necessity of guarding them so closely, all illustrate the moral state of the people. And yet in view of all the abuse and scorn that have been heaped upon the Koreans by those who were interested in making them appear worthless and degraded, we would say that, having had good opportunities to see them in contrast with other Asiatics, we find them morally not inferior to any of their neighbors, but in fact in some points far superior to some of them.

The burial and funeral rites naturally differ much in different localities and with the means at the

Funeral rites disposal of the family, but as upon the proper observance of these rites will de-pend the future prosperity of the whole clan, some-times all the family possessions are sacrificed at this time and the heaviest debts incurred.

Of course, for the richest the services are most elaborate and a whole book might easily be written on these rites alone. There are, however, one or two salient and important features that are always observed and that allow of the most elaborate enlargement, and it is in this enlargement that the wealth of the family will be manifested.

After the death has been surely ascertained the announcing of this fact takes place in the ceremony sometimes designated as "the calling of the soul." It consists in a trusted servant or a friendly neighbor taking a coat of the deceased, ascending the roof and standing over the place where the corpse lies, announcing towards the north that the soul of the departed has left the body, and waving the garment that he holds. He waves the garment three times, making three announcements: first, the full name of the deceased; second, his highest rank; and third, the fact that he is dead. This ceremony does not take place till at least an hour after the death, and at its close the family all enter and wait for a short time.

After this a table is spread outside and food is displayed thereon for the spirits that have come for the dead, three bowls of rice for the three great spirits, and a large bowl for their attendants, who are supposed to number twelve in the case of the death of a man, and nine if the deceased be a woman.

After these duties have been attended to in due form, the body is prepared for burial by careful washing, and tight binders with layers of grass cloth, which layers vary for men and women in the proportion mentioned above, nine for the women and twelve for men.

If the family exchequer will permit, a pine coffin is now produced, the wood for which has long been in the house, or if not able to afford this, a coffin is purchased. The date of the funeral varies with the wealth and importance of the family, from three days after decease to three months and sometimes a year, in which case plenty of opportunity is allowed for the most elaborate preparations.

The grave site is chosen with great care. The Pansu is called in, and he is requested to use his knowledge of geomancy, as the whole future of the family depends upon this being a lucky site.

It will be seen at a glance how the superstitions and doctrines of these three religions militate against Christianity. How ancestor worship, with its strong hold in two of the most powerful of the feelings of human nature, love of parents, and the desire of be- ing remembered after death ; Buddhism, with its doc- trine of universal kindness and its widespread ideas of re-incarnation ; and Shamanism, with all its hold on the superstitions of a mystical, poetic, and nature-lov- ing people, would oppose strong barriers to the prog- ress of the Gospel — and yet, on the other hand, the people at the time when missionaries made their ad- vent had grown cold in their allegiance to, and to a large extent lost faith in, these old religions. They seem to be peculiarly a people whose reasoning pow- ers have led them to see the emptiness and falsity of their man-made faiths, and yet at the same time their religious instinct leads them to accept the truth as it is in Christ when presented, and to practise His teachings with zeal.

The results of mission work certainly seem to prove that they are pre-eminently a religious people, although, when we first arrived, their attitude toward their old systems had led us to believe that they were lacking in religious sentiment.

James S. Gale,
Korea in Transition

III

THE BELIEFS OF THE PEOPLE

Korea seems peculiarly devoid of religion. Outward Signs of Religion Lacking There are no great temples in the capital that tower above the common dwellings of men. There are no priests evident, no public prayings, no devotees, no religious fakirs, no sacred animals walking about, no bell-books or candles sold, no pictures with incense sticks before them, no prostrations, in fact no ordinary signs of religion, and yet if religion be the reaching out of the spiritual in man to other spirits over and above him, the Korean too is religious. He has his sacred books, he kneels in prayer, he talks of God, of the soul, of the heavenly country.

We hear him repeat: "The man who does Religious Sayings right God rewards with blessing; the man who does wrong God punishes with misery." "If we obey God we live; if we disobey him we die." "Secret whispers among men God hears as a clap of thunder; hidden schemes in the darkened chamber he sees as a flash of light-

67

ning." "Let the body die and die and die a hundred times, and let all my bones return to dust, and let my soul dissipate into nothingness, yet not one iota of loyalty shall I change toward my sovereign lord [the king]."

Superstition Prevalent

Korea's is a strange religion, a mixing of ancestor worship with Buddhism, Taoism, spirit cults, divination, magic, geomancy, astrology, and fetishism. Dragons play a part; devils (*kwi-shin*) or nature gods are abundant; *tokgabi* (elfs, imps, goblins) are legion and are up to all sorts of pranks and capers; spirits of dead humanity are here and there present; eternal shades walk about; there are personalities in hills, trees, and rivers, in diseases, under the ground and in the upper air, some few ministering to mortal needs, but most of them malignant in their disposition, bearing wo and terror to the sons of men. So easily are they offended and so whimsical in their make-up and difficult to please, that the spirit world is little better than Hades let out of school, with all mortals at their mercy. Hornets are hard to fight against, as the kings of the Amorites found in the days of Joshua; still a sure hand may hit a hornet; but who among mortals can overcome sprites, wraiths, and banshees, where

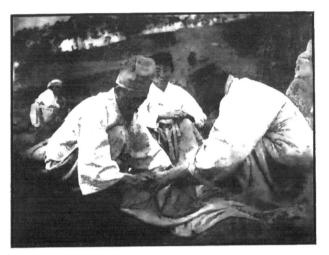

MOVING DEAD BODY THREE YEARS AFTER BURIAL BY ORDER OF
GEOMANCERS

ANCESTOR WORSHIP

no head ever pops up or other visible appendage accompanies?

But is there any religion that possesses the heart of the nation as a whole, or are the people, as Mrs. Bishop and Percival Lowell lead one to infer, without anything of the sort? The longer I am in touch with Korean environment the more emphatically would I say that they have a religion, and that they do much more for it, and because of it, than the average Christians do at home for their faith.   High above all other cults and customs stands Ancestor Worship.   It is the key-stone of Korea's gateway to the happy lands of prosperity and success.   To neglect it blocks the whole highway toward life and hope.   A good ancestor worshiper may consult the Buddha, may inquire of *Ok-wang Sang-je* (the Jade God of the Taoists), may bow or expectorate before the ordinary hill-gods, may set up posts to the Five Point Generals, and consult luck and divination; but to forget the ancestors and to resort to these only, would be to pray to the shadow without the essence.   Ancestor worship possesses completely the heart and soul of Korea.

How does ancestor worship manifest itself, seeing that there are no temples to remind one, no altars, no shrines, no priests, no litany said or sung? What are its marks or features? We answer, the mourner's dress, the tablet, the tablet-house, the grave. As these, and the thoughts that accompany them, have occupied a very much greater place in the life of Korea than the tenets of the Christian faith have ever done in any of the Western nations of the world, I shall enter somewhat carefully into their detail.

The Grave Site   A professional "earth-master" (*Chi-sa*), ground doctor, tomb inspector, or whatever you may call him, is summoned by the chief of a house and asked to find a grave site for the family. He is a father-confessor, but instead of pointing upward he points down. He requires money too, the more the better, if the family would be redeemed by his lucky findings. He seeks out a quiet spur of a hill that looks off toward enclosing peaks. There must be no oozy waters, no noisy people, no nerve-wearing winds, but the gentle breeze, the quiet of the hills, and the full blessing of the sunshine. He sets his compass and then takes aim from the different lines that radiate from the center, to see what hill peaks show up, on the right, or left, or in front. Lucky the site that

70

finds one along the compass line of posterity, for the family will then go on generation after generation; on the line of education, for then the house will be great as to scholars; along the line of rank, that many may be official kings; along the line of goods and chattels, so that every man may be wealthy. This is the heaven aimed at by the professor with his compass. When once found and proved satisfactory, he is paid off, and the grave is dug and plastered with lime, sand, and mud, and covered over ready for the departure of the father or mother or both.

When they die, wailing goes on for a time, not gentle or smothered sobs, but open-mouthed howlings. In four days the members of the family are dressed in sackcloth, with ropes tied about the waist and head. All colors are set aside, as color denotes pleasure, joy, delight. The house is unswept and desolation reigns supreme, with wailings and self-denunciation. Envelope this in an atmosphere tainted by the presence of the dead, and you have a Korean demise and the accompaniments just as they ought to be. The mourner wears string shoes, never leather, for leather denotes ease and comfort; he eats no meat, holds no office, goes

The Mourner

about with an umbrella hat on that hides the face of the sky from his guilty gaze. "Because of my transgressions my parents have died," says he, and when he writes a letter he signs it, "Yours truly, J. W. Kim, Sinner."

The Funeral The corpse is dressed in finest silk, wrapped in hemp cloth, and then tied with three, sometimes four strips, the slit ends being fastened tightly round the body, which is then put into the coffin and covered. Books and articles specially prized by the deceased are often put in as well, and after a few days or months, as the case may be, the funeral goes out at night with lanterns burning and wailings of *"Aigo! aigo!"* Into such a discordant world as this come the words, "For if we believe that Jesus died and rose again, even so them also that are fallen asleep in Jesus will God bring with him."

The Soul Each human being is supposed to possess two souls, one a male soul (*hon*), and one a female (*păk*). Naturally the male soul goes to heaven and the female to hell, while the body sleeps in the ancestral grave. There is no word of resurrection, for resurrection is over and above and outside of all the Confucian calculations.

Sacrifice Sacrifice on the part of a Confucianist equals going to church, praying, entering the Sunday-school class, joining in singing. To be the head of a clan is more than to be a minister or Sunday-school superintendent. For three years, on the first and fifteenth of each month, the head of the home offers rice, bread, beef, Irish stew, greens, dates, chestnuts, walnuts, persimmons, honey cakes, oil candy, and other articles of food before the tablet which remains in the room. The male soul comes down from heaven on these occasions and inhales the fragrance and then goes back. The poor female soul has no part therein. Wailing continues for three months, and then the silent sacrifice takes its place. It is observed each time at midnight, or just before cockcrow. When the tablet has been worshiped for three years, it is put into the tablet-house, and mourning is finished. Only three generations occupy the tablet-house at one and the same time. When a new spirit comes in, the tablet belonging to the great-grandfather is taken out and buried.

On four or five special days of the year, sacrifice is offered early in the morning at the grave, which becomes far more important than the home of the living. A neighbor may encroach on the precincts of the living, and nothing result but a very noisy seance; but to

Requirements Respecting the Grave

invade the enclosure of the dead calls for the strongest arm of the law, the long paddle, the knife, the deadly potion, the fierce feud that goes on forever. The grave is cared for, watched and tended, combed and brushed, for the repose of the dead is all-important. If they be misplaced, the opposites of health, wealth, and happiness come to pass. A poor thin-faced consumptive came to the writer to have him help him move his mother's grave. "Where she lay was oozy with water, and I caught consumption," said he. "If I could but move her I'd get well." Poor lad, his hopes of life were centered in the situation of his mother's remains!

The Most Desperate Trouble

Let a thief at home kidnap a child and write the distracted parents, saying, "I have Nelly in my keeping; when you bring $500 to Smith's Corners at 1.00 A.M. and hand it over, you may have her back," and it would set the whole village by the ears. But suppose Pak the outlaw write to Min the millionaire, saying, "I've dug up your father's bones, and have them with me. If you send $5,000 at midnight to Long Valley Stream you may have them. If not sent by next full moon, be warned, I'll grind your ancestors' bones to powder." In this case, the extreme limits of desperation would be reached.

If one were to sum up the good and evil of the system, we might say that it is good in that it teaches children to reverence parents. There are no restive feelings on the part of a Korean son against his father's authority, for such a thing would be equivalent to rebellion against God. There is something noble and exalted in the choice of one's parents as divinities in default of a revelation from God. Surely highest on earth come the father and mother, higher than the hero of the Shintoist, higher than any intermediate beings whatever.

The Good in the System

The destructive influence of ancestor worship, however, far outweighs its benefits. It is a ruthless and voracious land-grabber; the best of the hills are for the dead. The living may go to Jericho, or may huddle together down in the malarial flats, while the ancestral shade rests in the high places on the hill. The exhilarating surroundings of trees and green sod are for the dead, the living are left to the dust and heat and smells of the market-place.

Its Destructive Influence

Ancestral piety forbids the digging of the hills for gold or silver or any other treasure. What are the living and what is yellow gold

Prevents Mining

compared with the sweet repose of my father's ghost? Away with all sordid visions and leave the hills in peace!

Impels to Early Marriages

Ancestor worship impels toward early marriages in its hurriedly reaching out after a new generation that will offer sacrifice to one's departed shade. Children are married off at ten years and sometimes less. Love marriages? What has love to do with it? There result, therefore, unhappy homes, concubinage, irresponsible parents, a score of families all huddled together in two or three little rooms, stupidity and misery untold.

Forbids Travel

The system forbids travel in this widely journeying age. If you are a good child, home you must come for sacrifice; no world-enterprise can interfere, a certain room, a certain plot of ground, a certain day, holds you fast prisoner. Some filial sons build a little shed out by the grave, and unwashed and uncombed take up their abode and exist there.

Causes the Spread of Disease

The uncleanness that goes with ancestor worship, the lack of bathing, the keeping of the dead remains long in the home, all minister to the spread of disease and to the promotion of epidemics which have worn down Korea since time immemorial.

Its extinction of woman is one of its most pernicious influences. She cannot sacrifice, she cannot carry down the family line. When she enters the world, disappointment announces her arrival, unless sons galore have preceded her. Her life is a life of submission, imprisonment, and burden-bearing. Her final destination is *Chi-ha* or *Whang-chun,* the Yellow Hell. *Depresses Woman*

The end of all sacrifice is a people bound hand and foot, interfered with in office, hindered in travel, debarred from the use of the land that God gave them, impoverished and made unhappy by early marriages, walking, with gaze backward, more and more hopelessly into inextricable confusion, all in conflict with the age we live in. The twentieth century has no regard for ancestor worship, or ancestral hills, through which it goes on the railway train, around them, in front of them, cutting off luck and prosperity, screaming its wild note in the most sacred valleys, roaring like wild wheel-devils let loose. *It Must Be Discarded*

Even if there were no Christianity to take its place ancestor worship must go. Out of the backs of the "blue-dragon" and "white-tiger"[1] come long lines of cars loaded with ore *Cannot Stand against the Modern Spirit*

---

[1] Spirits supposed to reside in the hills.

that is fed into the mining stamps to be bitten and chewed and pulverized, till all the metal is extracted. The age rolling forward, as it is inexorably, is smoothing out all old superstitions and with them ancestor worship.

Course of the Missionary in Meeting It

Confronting the young missionary, in his ignorance, is the stupendous question of the ancestor, rooted deep in the generations that lie buried, and with its tentacles all about the living, associated with the wisest of the Orient, and backed up by the master (Confucius) himself and the sages. What can the young and often callow missionary do to meet this? Can he argue the point? Never. Can he speak of it at all with any effect? No. What can he do? Do as the negro did when he saw the black dog waiting guard at the gate, his jaw "big" and his eye "mighty dangersome". What did he do? He let him alone. Let it alone. Know all about it, but don't touch it. There is no need. Ancestor worship is dropped off by the spiritually alive, as the beggar drops off his old garments to become a prince imperial.

God

As mentioned before, the Korean talks of God. He is *Hananim*, the one Great One. His name in Chinese and also in Korean is made up of terms meaning "one" and "great." So he is the Supreme Ruler for whom there is no image or likeness in heaven or earth or under the earth. Greatness is his. Love and light and life and joy are not associated with him. I said to the old woman (not a Christian) dusting off the door-steps, "It will rain to-day." Her reply was "Rain? Who knows?" "But the morning paper says so under weather probabilities." "Morning paper? Dear me! What does the morning paper know about what Hananim will do?"

Immediately when the Bible is read, "In the beginning some One created the heavens and the earth", they answer, "Hananim." "Who is angry with the wicked every day?" "God." "The heavens declare the glory of Hananim; and the firmament showeth his handiwork." But to tell of Hananim coming down to this poor earth's manger, and living, suffering, dying, with the outcast and the lost, is a story, for the East, unreasonable, impossible, and yet a story that grips the heart and compels belief and acceptance. **His Revelation**

Koreans consult the Buddha sometimes. Buddhism has been here since 372 A. D. and its long course of history has been marked by various degrees of corruption and by dark **Buddhism**

79

deeds. In delightfully secluded corners and in the shade and quiet of the hills are its temples. So separated are they from the wicked world and so shut away into the silent lands of meditation and repose, that you would think them the habitation of the holy, but it proves not to be so. The phrase *Na-mu A-mi-ta-bul* is the chief article of their creed, and their chief forms observed are celibacy, vegetarianism, and the non-taking of life. The Buddhist has always been careful to have a shaved head in a land of topknots and his bowing and manner of speech differ from the ordinary "worldling" (*sok-in*) as he calls him.

Varying Recognition

The fall of the Koryu dynasty in 1391 A. D. was supposed to be due to the corrupt influence of Buddhism, and since then the state has looked down upon it as an outcast religion. No Buddhist priest was admitted within the walls of Seoul for 500 years, and even to-day the Confucianist uses the lowest and most disrespectful forms of speech to the Buddhist wherever he meets him. Yet in times of trouble, as when no son is born heir of the family, or when worries or anxieties beset the Palace, there come calls on the Buddha, and requests that his priests pray. Many a time have

these seasons of prayer kept the writer awake
at night—"*Om cha-ri chu-ri chun-je sa-pa-ha.
Om man-hi pad-mi hum, om man-hi pad-mi
hum.*" The priest knows not the meaning of
what he says. They are set sounds that have
passed down to him as propitious and lucky,
and like a pent-up and bottled cask, once start
the flow and he goes on with the most astound-
ing rapidity seemingly forever and forever.

What shall we say in commendation of
Korea's form of Buddhism? Perhaps it is that
Sakyamuni has taught a lesson in tenderness
and compassion. There is a gentleness in some
of the old priests and a dreamy mystic some-
thing that inspires one to go softly, and to put
all iron and hardness out of the soul. But
Buddhism, with its gilded idols and its awful
representation of the Ten Hells that await mor-
tals and its unintelligible litany and its immoral
priesthood, constitutes but a poor portal for
the soul of man.

Influence and Value

Of Taoism there is almost nothing. Some
few followers read the Old Philosopher. "The
way that can be walked on is not the eternal
way, the name that can be named is not the
eternal name." Some in the spirit of this
sect pray the long night through to find God,

Taoism

to get into touch with divinity. Our dear brother, S. J. Keel, was once a Taoist. Chang-ja one of the sages of this religion says: "The number one man is unconscious of his body, the spiritual man knows nothing of merit, the holy man thinks not of his name." Here is a verse of his, the opening poem in his book of writings. It pictures the greatness of the great as compared with the mediocrity of the mediocre who are looking on.

"There is a fish in the Great North Sea
Whose name is *Kon;*
His size is a bit unknown to me,
Though he measures a good ten thousand *li*
Till his wings are grown,
And then he's a bird of enormous sail,
With an endless back and a ten-mile tail,
And he covers the heavens with one great veil,
When he flies off home."

A strange, dreamy, elfish, Rip Van Winkle kind of doctrine is Taoism. Some scholars in China think they find in its teaching a relation to the Hebrew Bible and intimation of the Trinity, but Koreans see no such resemblance, and it is a dead cult as far as the peninsula is concerned.

Shamanism

It must not be supposed, however, that ancestor worship occupies the whole spiritual realm of Korea. It is the great religion of the people; it is the essential belief of the orthodox, the all-necessary form to observe and follow, if one would be admitted tó the society of the holy. You are required to be an ancestor worshiper, but you are not required to be a spiritual medium, or an exorcist, or a believer in hill gods, or dragons, or divination, or star influences. Nevertheless the whole land is shadowed by these as was Egypt by the swarms of locusts which came up to strip her. Mrs. Bishop says demon-worship costs Korea one million two hundred and fifty thousand dollars gold per annum.[1]

A graphic and correct picture of spirit exist- Belief in ences in Korea is touched off by the pen of Demons Dr. George Heber Jones: "In Korean belief, earth, air, and sea are peopled by demons. They haunt every umbrageous tree, shady ravine, crystal spring, and mountain crest. On green hill-slopes, in peaceful agricultural valleys, in grassy dells, on wooded uplands, by lake and stream, by road and river, in north, south, east, and west, they abound, making malignant sport out of human destinies. They are on the roof, ceiling, fireplace, kang, and

[1] *Korea and Her Neighbors,* 403.

83

beam. They fill the chimney, the shed, the living-room, the kitchen, they are on every shelf and jar. In thousands they waylay the traveler as he leaves home, beside him, behind him, dancing in front of him, whirring over his head, crying out upon him from earth and air and water. They are numbered by thousands of billions, and it has been well said that their ubiquity is an unholy travesty of the Divine omnipresence. This belief keeps the Korean in a perpetual state of nervous apprehension, it surrounds him with indefinite terrors, and it may truly be said of him that he passes the time of his sojourning here in fear. Every Korean home is subject to demons, here, there, and everywhere. They touch the Korean at every point in his life, making his well-being depend on a series of acts of propitiation, and they avenge every omission with merciless severity, keeping him under the yoke of bondage from birth to death."

Revengeful Spirits

The spirits of the dead who have passed from earth under some wrong or other, keep after the living till their wrongs are avenged a thousandfold. Many of them have not found a resting-place, neither in beast nor man, and so remain at large, more dangerous by far to meet than even a striped man-eater. Terrors untold accompany these vindictive spirits, who are loose and on the warpath. Sickness, madness, poverty, disgrace, death, mark their course. In each county there is a sacrificial place set apart called *yo-dan,* where all the discontented, displeased, distracted spirits are wont to congregate and be sacrificed to. It is a dangerous business, for any slip in the ceremony brings down the pack on the head of the director of ceremonies. Again they are heard crying at night; sometimes they become visible, but usually they are hid from mortal view. Some are big and some are little. Some guard a whole village and have to be propitiated or else they smite it with typhus and the like. Some possess the hills and keep bit and bridle on the tiger. If these hill gods be neglected or insulted, they let loose their woes on the market-place and we hear of children being carried off and eaten or bitten by snakes, or other mischances befalling them. There are hill "bosses" or village "bosses" who are in touch with the pit itself, and can call forth legions on their own behalf.

Pan-su, or blind exorcists, ply their trade of Exorcists casting out demons. They possess themselves

85

of some great name, like that of George Wash-
ington, for example, and by its repetition and
the telling over of his sayings, out go the
devils. Then there are women called *Mu-tang,*
mediums who yield themselves up to some
demon or other, and then utter prophetic
words, or words that reveal mysteries.

Tokgabi

The *tokgabi* is half-demon and half-elf, al-
ways on the go, and up to all sorts of capers.
He will frequently cut off a Korean's topknot
when he is not looking, or walking peacefully
all unawares. The man is unconscious of it
till he feels the top of his head and says, "Hello,
who is it? Is it I or a Buddhist? Not a Bud-
dhist? No, then I. Alack, the tokgabi has been
here and my topknot is gone." They push
covers inside of dishes, they throw sand against
the window-paper, they play with fire at night
out on the mountainsides.

Demon Posts

Here, there, and everywhere in Korea are
posts seen by the wayside, cut roughly with
grinning teeth, horrible face, and most fero-
cious eyes and ears. They are placed there to
keep devils from passing. Usually they are
called by the name of General, General this,
and General that. Frequently they stand in
pairs, side by side, or facing each other, one

ROYAL TOMB AND GUARDIANS

SPIRIT POSTS

the General and the other the General's wife. Down his front runs the inscription, "The General of Heaven," while down the front of his wife it says, "Mrs. General of Hell." These were the strong defense of Korea's poor people through the generations gone by against the countless forces of the unseen world.

The dragon is king of all scaled and crawl- The Dragon ing creatures. He mounts high up to heaven, as when we see a waterspout; he goes down to the unfathomed depths of the deepest pool. He is a monster divinity, is the dragon. He exists under the hills, where his back is often protected by a pavement of stone, where the road is likely to cut into the quick. St. George may have slain him in England, but he flourishes in the Orient still. On Japanese coins is seen his clawy form twisted and mixed with many coils. On the Chinese flag he still breasts the breezes. In the most honored of Korean sacred books, *The Canon of Changes,* I read such a sentence as this: "The sixth line shows dragons fighting in the wild, their blood is purple and yellow." *Yong,* the dragon name, is in all mouths, from the king on the throne to the maid servant that is behind the mill.

Enough has been told to give the reader an A World of Fear

idea of the terrible world in which the Korean has lived and lives. Every moment of his pilgrimage has been under the dominion of fear. As was said before, he becomes a fatalist naturally, what comes to pass must come. His birth-year, birth-month, birthday, birth-hour, are in possession of the spirits, and they hold them at their mercy, to toss about or worry as the tiger does the unfortunate village dog that has been caught napping.

Collective Spirit Host

Gather this world together as it has passed the reader in review, and there will be the ancestral spirits, mean enough and whimsical beyond all reason, sufficient to make life a pilgrimage of awful suspense; but add to them demons, goblins, elfs, dragons, hill-gods, and what not and you have old Korea.

Gospel Picture of Christ's Power

Into this world comes the missionary with his Book and its stories about demons. The Korean reads and at once is attracted. Plenty of demons in the New Testament, thousands of them, but they are all on the run; down the slopes of Galilee they go[1]; away from Christ's presence they fly, till the blind sees and the soul is lighted up[2]; hosts of them, howling devils[3]; and devils that shriek and foam at the mouth.[4]

[1] Matt. viii. 32. [2] Matt. xii. 22. [3] Mark v. 15. [4] Luke ix. 39.

Never before in the history of Korea was the world of demons seen smitten hip and thigh. This Wonder-worker is omnipotent, for verily he has issued a reprieve to all prisoners, all who will accept of him, and has let them out of hell. Throughout the land prayers go up for the demon-possessed in his name, and they are delivered; prayers for healing, and the sick are cured; prayers for the poor, and God sends means.

His Omnipotence in Korea

Was there ever a land more needy, and where was a message ever dreamed of so miraculously suited to the need? Some of us have come East to learn how wondrously Jesus can set free the most hopeless of lost humanity. We have come to realize that there are demons indeed in this world, and that Jesus can cast them out; to learn once more that the Bible is true, and that God is back of it; to know that his purpose is to save Asia, and to do an important part of the work through young Americans, Canadians, Britons, and others, who will humbly bow before him and say, "Lord, here am I; send me."

Message Suited to the Land

SUGGESTIVE QUESTIONS ON CHAPTER III

AIM: TO APPRECIATE THE INSUFFICIENCY OF KOREA'S RELIGION TO MEET THE NEW NEEDS

I. *The Good and Evil of Ancestor Worship.*

    1. Name all the good points that you can find in ancestor worship.

    2.* Should an effort be made to incorporate any of these points in Korean Christianity? If so, how?

    3. What effect would it have upon real reverence for the dead to imagine that the position of a grave might bring disease to the living?

    4. To what extent should reverence for the dead be allowed to interfere with business and travel, and to what extent not?

    5. What recommendation or criticism have you for the relations of parents to children in Korea?

    6.* In what ways does ancestral worship affect the position of woman in society?

    7.* Do you think that missionaries are justified in refraining from all attacks upon ancestor worship? Defend your views.

II. *The Mental and Moral Confusion of Superstition.*

    8.* Try to think out in detail what practical difference it would make in your life if you really believed in the existence of imps and spirits.

    9. What possible defense would you have if evil spirits attacked you?

    10. What effect would a belief in spirits have

upon a man's resoluteness in confronting difficulties?

11. What effect would it have upon plans for the future?

12. In what way does this belief stand as an obstacle to science?

13. What evils arise from attributing every misfortune to the arbitrary displeasure of some spirit?

14. What do you think would be the relative value of the scientific and religious method in combating the belief in spirits?

15.* Sketch the line of argument that you would employ in dealing with believers in evil spirits.

III. *The Message of Christianity.*

16. How would you utilize the Korean idea of Hananim in teaching Christianity?

17. Where would you expect to find your greatest difficulty in using this idea?

18. Contrast the message of Buddhism and Christianity for a nation in political distress.

19. Contrast the external and public manifestations of Protestant Christianity with those of religion in Korea. What elements are most peculiar to each?

20.* What principal needs of Korea in the way of institutional and social life will Christianity supply?

21.* How will Christianity remove the evil and supplement the good of Korean life?

91

REFERENCES FOR FURTHER STUDY
CHAPTER III

I. *Ancestor Worship.*

Gifford: Every-day Life in Korea, ch. **VI.**
Gale: Korean Sketches, pp. 215, 216.
Underwood: The Call of Korea, pp. 79-81.
Noble: Ewa: A Tale of Korea, pp. 57-60.

II. *Spirit Worship.*

Hulbert: The Passing of Korea, ch. **XXX.**
Bishop: Korea and Her Neighbors, pp. 290, 399-
426, 443, 444.
Gifford: Every-day Life in Korea, ch. VIII.
Underwood: The Call of Korea, pp. 85-94.
Noble: Ewa: A Tale of Korea, pp. 49-53.

92

Jacob Robert Moose,

Village Life in Korea

CHAPTER XX.

THE VILLAGE RELIGION.

In the beginning of this chapter it will be well to state clearly what is meant by the term "religion." In the dictionaries and other books many definitions may be found, none of which are entirely satisfactory. So I venture to give a definition of the much-used term "religion." In this definition there is no attempt at the etymological meaning, but the meaning as it is in the mind of one who stops to look at results rather than at beginnings. Religion is the sum total of all man's belief in a spiritual realm.

It has often been said that no people have been found in any part of the world who did not have some sort of religion. It may just as truly be said that no individual who is capable of believing anything has been found who does not believe in religion. Many persons may be found who will affirm that they do not believe in the existence of spirits, and therefore have no religious belief. But it is only necessary to watch such people to see the evidence of belief in the spiritual realm. Take the educated American who scoffs at religion and assign him to berth No. 13 in a sleeping car or to room No. 13 in a hotel or ask him to make one of a party of thirteen at dinner, and see him refuse! All this is a part of his religion. The same is true of the man who hangs a horseshoe over his door just for luck. I mention a few of these fundamental principles before considering our village religion, so that the reader may approach the subject from a wide view-point.

Our village religion is truly and simply religion, not some particular system of religion. It cannot be called Confucianism, it is not Buddhism, neither is it fetichism pure and simple. Our village people are spirit worshipers, and they are willing to add anything to their religion that will help them to be on good terms with the spirits. The educated gentleman will tell you that he is a follower of the great teacher, Confucius, but you have only to look around his house to find many objects of spirit worship that have no connection whatever with Confucianism. And so it is with another, who claims to be devoted to Buddhism; he does not exclude from his system much that belongs to Confucianism or to fetichism. There is doubtless much in the religious practices and beliefs of our village people which has been handed down from a past so remote and misty that no one can even guess where it had its origin. This is not true of Buddhism, which came into Korea about the middle of the fourth century, or of Confucianism, which made its appearance in this country not far from the same date. Long before that date the Koreans had religion, and much of the ancient system has been retained and is in practice at the present time.

To the mind of the Korean the whole universe is filled with spirits, which inhabit earth, water, and sky. They are of different ranks, and among them are to be found all sorts of good, bad, and indifferent ones. Some are spirits pure and simple, and never had a temporal or physical existence; while others are the disembodied spirits of human beings.

The chief of all the spirits is *Hananim*, who is the creator of all things and sends the sunshine and the rain. It is this spirit that comes nearest to the Christian's idea of God; so this is the term used by the Protestant denominations for indicating God. Strange to say, this, the greatest of all the spirits, receives the least attention in the worship of the people. This is probably from the fact that he is considered good, and the religion of Korea is one of fear and not of love. It is not worth while to bother the good spirits, since they will do no harm; but the bad ones must be placated. In times of severe drought, by special command of the king, sheep are sacrificed to *Hananim*. There are no temples or shrines dedicated to *Hananim* except the altars on which the above-stated sacrifices are offered. So it can hardly be said that the village religion has much to do with the great spirit *Hananim*.

Spirit worship builds no temples. In this respect it is unlike Buddhism, which builds many fine temples and supports large numbers of officiating priests. Spirit worship is content with its fetiches and shrines, which are to be found everywhere throughout the country. As such it maintains no priests, but the *mudang* and the *pansu* correspond in some measure to the priests of other systems of religion. The *mudang* is always a woman, and belongs to the lowest and most abandoned class. She claims to be in direct league with the evil spirits which infest the world,

and can appease them and persuade them to leave
those in whom they have taken up their abode for the
purpose of afflicting them in body or mind. The re-
ligious feeling of the people is so strong that even
the highest and best educated classes do not hesitate
to call for the *mudang* when they are in trouble.
There is probably no other class of women in the land
that make so much money as do the *mudangs*.

The *pansu* may come from any class of society, but
his profession, like that of the *mudang,* is considered
among the lowest. The *pansu* is always blind, and is
supposed to be able to control the spirits not by per-
suasion but by power. They tell fortunes, and claim
to be able to drive out evil spirits from sick people.
The spirits are often soundly thrashed by these men,
the evidence of which may be seen in the sticks with
which they have been beaten. I have often seen bun-
dles of these sticks, about as large as a broom handle
and about two feet long, beaten into splinters at one
end, caused by the severe thrashing which the poor,
unfortunate spirit had received at the hands of the
pansu. Sometimes an unruly spirit is driven into a
bottle and corked up with a stopper made from the
wood of a peach tree, and then delivered to a *mudang*
to be carried away and buried. As a class the *pansu*
live well and make plenty of money. Many of them
are to be seen on the streets of Seoul feeling their
way along with a bamboo switch and calling out in a
loud voice for customers. Then again they are often
seen hurrying along, led by some one who has come

for them to drive the evil spirit out of some one that
is sick.

The services of the *mudang* and the *pansu* are
called for in deciding lucky days for marriages, fu-
nerals, days for starting on a journey, and many
other things of common everyday life. Every village
has its days when special feasts are given in honor
of the spirits, and on these occasions the *mudang* and
the *pansu* take part.

It is impossible to go far in any direction without
seeing the evidences of spirit worship. Every house
has its group of presiding spirits. The spirit or mas-
ter of the house site is usually to be found in the back
yard, and his abode consists of an earthen vessel con-
taining some unhulled rice covered over with a bunch
of rice straw in the shape of a small booth. There is
the abode of the master of the house, which is made
by a *mudang*. She makes it of paper, which is folded
several times, with rice and money between the folds;
then it is thoroughly soaked in wine, after which it is
thrown against the ridgepole or other part of the
house, where it sticks fast and remains as the residing
place of the master of the house. There is also the
spirit to whom the women look for special blessings.
It is always found in the women's department, and is
made by filling a three-cornered bag with rice and
hanging it in a place set apart for the purpose. There
are other spirits too numerous to mention, all of
which must come in for a part of the worship of
every house. The spirits of departed relatives come
in for much attention. They must be fed and clothed,

so there are baskets filled with cloth and clothes which have been dedicated to the spirits and put away in some safe place, where they are most religiously kept and handed down from one generation to another. Then there are other offerings made of bits of paper, old shoes, sackcloth, and shoes made especially for the spirits hanging around in different parts of the house.

The entrance to our village is guarded by a group of wooden posts, the tops of which are carved into the form of faces which, judging from their hideous appearance, would frighten off the bravest of the spirits. On these devil posts, as they have been well named, are often seen bits of paper, strips of cloth, and bunches of human hair which have been tied there as offerings to the spirits.

At almost every place where a road crosses a hill-top there is a shrine to the spirit of the mountain, and on many hill and mountain tops where there is no road these are also found. These shrines are of great variety, the most common ones consisting of a pile of stones under a tree, to the branches of which are tied offerings to the spirits consisting of fancy-colored silks and other cloth, bits of paper, hair, old shoes, old garments, little bags filled with offerings such as are supposed to be acceptable to the spirits. At some of these there are well-built houses. These are always small, some covered with tile and others with straw. In them are pictures of old men to represent the spirit of the mountain, and a considerable collection of offerings such as above described, in addition

DEVIL POSTS.

to which are found peculiarly shaped stones, small cast-iron horses, and sometimes a stone Buddha. At many of these there is as much as a carload of stones which have been brought by the worshipers. How long they have been accumulating no one can tell. It is more than probable that if Abraham had passed this way he would have seen some of these same roadside shrines. A strange part of this worship, if so it may be called, is that of the passer-by stopping and spitting on the pile of stones to show his respect for the spirits. Cooked rice and other food may often be seen lying on the stones, where it has been placed by some burdened soul who is seeking help from the unseen realm. More than once as I have passed these places my heart has been saddened by the sight of women who had brought tables of the best food they could command and, placing them before the pile of stones, were prostrate upon the ground, rubbing their hands and calling upon the spirits to come and eat.

At some of the more pretentious shrines the *mu-dangs* hold their performances when trying to persuade some evil spirit to depart from some sick person. I remember well that on one occasion Mrs. Moose and I were passing one of these shrines, when our attention was called to the place by the ringing of bells, the beating of drums, and the clanking of cymbals. We turned in to see what was going on, and we shall not soon forget the scene. There was a spread of the greatest array of Korean foods and fruits that we had ever seen. A poor, pale-faced young woman was sitting by, and we understood that it was for her that this offering was being made. The *mudang* was in the midst of her wild dance, trying to persuade the spirit to leave the sick woman. The dance was indescribable, but the impressions of that scene remain with me till this hour. There were drums, bells, and clanking cymbals, all of which were beaten at such a rate as to almost deafen the hearers; and in the midst of this clanking of brass and roar of drums the shouts and calls of the *mudang* were clearly heard as she whirled, danced, and leaped into the air as if she were in the very act of laying hold on the spirit that was causing all the trouble. This idiotic performance continued till the *mudang* seemed almost exhausted, when it suddenly closed. Mrs. Moose spoke a few words to the sick woman, telling her of the One who can save both body and soul, and we went on our way with sad hearts.

There is one other form of our village religion that must be noticed, that of ancestral worship, which is Confucian in its origin. This is the stronghold of Confucianism in Korea, and in it many fruitful evils have their root, some of which are child marriage, the inordinate desire for male offspring, concubinage, the low estimate placed upon woman, and many others. The rites of ancestral worship can be performed only by a son, and therefore a son is absolutely necessary to the future and eternal happiness of parents. An adopted son may perform these rites, but a daughter cannot.

During the period of mourning, which lasts for three years for parents, the sacrifice is offered twice

196

or three times daily in the form of a good, square meal of the best the family can afford. In families that can afford it, a special room is set apart for this purpose. Where the special room is not to be had, the shrine is erected on the porch or in any nook or corner that may be available. A white curtain, of its own peculiar pattern, is hung up, and behind it is placed the table on which the food is offered, and a high armchair in which the spirit is supposed to sit while eating. It is rather remarkable that an ordinary dinner table is not more than fourteen inches in diameter and twelve inches high (the person sits on the floor while eating), but that this table at which the spirits are supposed to eat is large enough to seat two or four people in American style. On the table a full meal is placed, and along with it the long-stemmed pipe, wine, and other such luxuries as the family can afford. Nothing is lost, as the food is allowed to remain only a short while, when it is carried away and eaten by some member of the family. When the three years have passed, the table is stored away in an outhouse or other place till such time as it shall again be needed. On each recurring anniversary of the death a sacrificial feast must be given. To this all the sons and daughters, with other relatives, are invited. At such times a great feast is prepared, and many families for this purpose run themselves hopelessly into debt. There is much drinking connected with these feasts, and the loafers in the village look forward to them with much pleasure as a time when they shall have their fill of feasting and drinking. The

man who can furnish the biggest spread at these an-
nual feasts is the man that is held in the highest es-
teem by his' neighbors.

It was only last winter that I came upon a house
where the tribes had met for this feast. It was a bit-
ter cold day, the ground covered with snow, with the
wind blowing a gale. It was such a day as makes one
long for shelter. We were making our way up a steep
mountain pass; and as it was about noon, our party
(which consisted of one missionary besides myself,
two Korean Bible women, and two men) was tired
and hungry. The missionary and I had food enough
for our dinner, but we did not care to eat till our Ko-
rean friends could get something. At last we came to
a hut on the mountain side and asked for food, only to
be told by the occupants that they did not have any.
However, they let us go in out of the wind, where we
proceeded to divide our small stock and make the
best of it. In one room of the house we saw a large
supply of food which had been prepared and spread
out ready for the feast which was to take place the fol-
lowing day. This family was so poor that the wife
and children were not half clothed, the woman having
nothing on her body but one thickness of thin cotton
cloth. And yet the strong hand of the law and custom
of our village religion demanded and brought forth
this great supply of food to be offered to the dead.
Before we left, the story of Jesus and his love was
faithfully told, but I fear that it found no lodgment in
those dark minds, which were already filled with re-
ligion.

This iron-handed law of ancestral worship holds not only the ignorant folk of our country village, but with a never-yielding grasp it lays hold upon the educated of the higher classes. The hardest battle that Christianity has to fight in conquering this country is centered in and finds its stronghold around this law of ancestral worship.

Some years ago this whole matter of ancestral worship was very forcefully brought to my attention. A missionary friend of mine was assisting me in a study class at one of my country churches. In this church was a family composed of a mother, son, his wife and children, and one unmarried sister. They were all members of the Church except the old mother, who would not accept our new religion. I learned while there that the mother and the brother of her husband (the husband being dead) had arranged to marry the daughter to a man whose wife had died only a few weeks before. The man was fifty-two years old and had two sons, each of whom was older than the girl he was to marry, she being about seventeen. It was very unusual that she should have been allowed to grow to such an age without being engaged. The old mother, however, was thoroughly businesslike, and had doubtless been waiting to make a match that would be worth while. At last the time had come, and here was her chance; for the aforesaid gentleman was the leading man in the community, one of the wealthiest in the county, and had a strong pull on things politically, his brother at that time being magistrate of the county. It was a fine chance from the old mother's standpoint, but somehow or other the girl could not see the fitness of the thing, and refused to give her consent to the arrangement. But that mattered little or nothing, since her "big father," the term given to the elder brother of a father, and her mother had agreed that it must be done. The brother claimed to be opposed to the match on the ground that the man was not a Christian, and in his heart I believe this was true; but he was not blind to the fact that it would mean much to him to be connected by this alliance to the "biggest man in the county."

The Christian friends of the girl were much exercised concerning the matter, and made a strong appeal to us to try to break the engagement and save the girl from a fate which they seemed to think worse than death, for, they said: "She will lose both soul and body." I agreed to consider the matter and see what we could do. At first the brother agreed to go with us to see the man and try to persuade him to break the engagement. This, however, he refused to do when the final test came. I spoke to the girl, and she assured me that she did not want to be the man's wife and begged me to break the engagement and save her. The day before we were to leave, one of the Christian women told me that the girl would eat opium and die before she would become that man's wife. This was too much for me, and I determined to go and see the man, even if the brother would not go with me. When I announced this purpose to the old woman, she became furious. She raved and fumed, declaring that from the days of the ancients nothing like this had ever happened in this kingdom—that a foreigner should come and interfere with the marriage of one's girl. Seeing that I would not change my mind, she became more furious. Running into the yard, she leaped into the air and, throwing herself upon the ground, tried to make out that she would die. As her daughter-in-law and some other women were carrying her into the house I left the yard and started for the home of the groom to-be, which was about fifteen miles away. My missionary friend went with me, and on our bicycles, after a hard ride against the wind, we arrived at the town where our man lived. We had never seen him, and did not know a person in the town. But we soon learned where he lived, and, presenting ourselves at his gate, called for admission, which was not granted us. We continued to wait and call till some one came and said the man was not at home, to which we replied by saying that we would wait till he came. After waiting some time a son of the man, dressed in full mourning, came and passed us by without stopping to speak. Soon he came out and assured us that his father was not at home and insisted on knowing our business, to which we replied by saying that we wished to see his father and would stay till he returned. He again insisted on our telling him what we wanted, and assured us that he would tell his father and it would be all right. We told him that we did business direct, and would not leave till we saw his father, if we had to wait all night. When we had waited in the cold till almost dark, the son came out and said that his father had returned and invited us to come in. We went in and were given the best place in the room (the warm-est spot on the floor), and at once two tables of rice were brought in, and we were told that it was too late for us to think of going, and we must spend the night with them. This we agreed to do, and so fell to and did the best we could with the tables of rice which had been placed before us. In the meantime, the father did not come into the room where we were, but waited in an adjoining room till we had finished supper. He then came in, and we proceeded at once to set his mind at ease by telling him the object of our visit. He was at once greatly relieved when he learned that it was noth-ing more serious. I told him that the girl was a Chris-tian and that she did not want to marry him, and that she would not prepare the sacrifice for ancestral wor-ship. (I knew it was then being offered for his dead wife.) On hearing my statement he assured me that he did not want the girl, and would have nothing more to do with her. The business of the hour being fin-ished, he lighted his long-stemmed pipe and gave him-self up to comfort.

We soon found the two grown sons to be very talk-ative, and after answering many questions and talking about many things, the gospel not being left out, the time for retiring came round, and in company with a number of men we took blocks of wood for pillows and one comfort which had been given us, and, lying down on the warm floor where we had been sitting, tried to sleep. About midnight, just as I was get-ting off to sleep, I was aroused by the most woe-begone wailing and calling that I had ever heard. It was those selfsame intelligent young men or their representatives out at that hour of the night wailing and calling for the spirit of their dead mother. It is hardly necessary to add that there was little sleep for us that night, and we were glad when the sun brought the light so that we might go on our way, which we did, feeling that we had done something to make one poor Korean girl happy.

I may add, in closing this story, that it was only a few weeks till some member of the gentleman's family committed murder, and the family were compelled to flee for their lives. The old mother and all concerned lived to see the day when they were very glad that I had broken the engagement. The girl is now the wife of one of our fine young Christians, and, so far as I know, is happy.

What Paul said that day when he "stood in the midst of Mars' hill, and said, Ye men of Athens, in all things I perceive that ye are very religious," might be just as truthfully said by any missionary who enters one of our Korean villages of the present day.

자료 출처

- George Heber Jones, "The Spirit Worship of the Koreans," *Transactions of the Korea Branch of the Royal Asiatic Society* 2, 1901, pp. 37-58.
- Henry Gerhard Appenzeller & George Heber Jones, *The Korea Mission of the Methodist Episcopal Church*, 2nd ed., New York: Open Door Emergency Commission, 1905, pp. 11-17.
- Mrs. J. R. Moose, "What Do the Koreans Worship?," *The Korea Methodist* 1-7, May, 1905, pp. 88-90.
- W. G. Cram, "Rescued after Years of Bondage," *The Korea Methodist* 1-11, Sept., 1905, pp. 148-49.
- Homer B. Hulbert, *The Passing of Korea*, New York: Page & company, 1906, pp. 403-431.
- George Heber Jones, *Korea: The Land, People, and Customs*, New York: Eaton and Mains, 1907, pp. 49-64.
- Horace G. Underwood, *The Call of Korea*, New York: Fleming H. Revell, 1908, pp.77-99.
- James S. Gale, *Korea in Transition,* New York: Young People's Missionary Movement of the United States and Canada, 1909, pp. 67-92.
- Jacob Robert Moose, *Village Life in Korea*, Nashville: Publishing House of the M. E. Church, South, Smith & Lamar, agents, 1911, pp. 189-203.

찾아보기

ㄱ

가문(家門) 120, 128, 154

가신(家神) 49, 68, 115

가톨릭교회 120

강령회(降靈會, séance) 96

강신술(降神術, necromancy) 91

강화도 41

걸립(乞粒) 52

결혼 101, 157, 182

경당(經堂) 84

고블린(goblin) 26, 39

곡(哭) 58, 153

공자(孔子) 26, 66, 118, 119, 143,
     160, 175

관음보살 106

국가 종교 114, 117, 131

국사당(國師堂) 84

굿 91, 135

귀신(鬼神) 69, 81, 149, 171, 172

귀신 들림 70, 138

귀신 숭배 70-73

기도 33, 37, 41, 43, 50, 53, 68,
     71, 77, 78, 83, 108, 138,
     139, 148, 151, 162, 164,
     171

기독교 23, 124, 138, 183

기독교인 39, 41, 151

기일(忌日) 58, 128, 181

길선주(吉善宙) 164

ㄴ

나무아미타불 162

남극노인성(南極老人星) 84

노움(gnome) 39

노인당(老人堂) 84

노자(老子) 28

ㄷ

다이몬(daimōn) 27

단식(斷食) 33

대상(大祥) 58

대체물(substitute) 37

데몬 50, 109, 133, 138, 166,
     171

데몬 기둥 169

데몬 나무 35, 135

데몬 숭배(demon-worship) 27,
     165

델피 신탁(Delphie Oracle) 102,
　141
도교(道敎) 28, 149, 163
도깨비 26, 35, 39-42, 80, 81,
　149, 168
독신(獨身) 162
동전점 102
드래곤 44, 45
등신(等神) 35, 42, 43

ㄹ

립밴윙클(Rip Van Winkle) 85,
　164

ㅁ

마녀(witch) 91
마마 53
마법사(wizard) 91
마스코트(mascot) 52
만신전(萬神殿, pantheon) 29
망령(亡靈) 149
매장(埋葬) 145
명성황후 131
모자 53
무구(巫具) 67
무당 40, 53, 60, 67, 70, 71, 91,
　98, 117, 135, 142, 168, 176,
　179
무덤 38, 83, 145, 152, 153, 155

무소부재(無所不在) 56, 116, 166
무소유(無所有) 162
무속(巫俗) 60
무스 부인(Mrs. J. R. Moose) 65
무신론자(無神論者, atheist) 114,
　127
무아경(無我境, trance) 135
문신(門神) 90
문호지신(門戶之神) 53
미륵당 84
미신 35, 36, 39, 42-44, 47, 63,
　70, 71, 75, 80, 87, 93, 97,
　122, 126, 143, 145, 146, 149,
　160

ㅂ

바울 114, 185
바위당 84
백호(白虎) 159
뱀 36-37, 52, 89
보령 98
복(福) 51, 89
복숭아나무 104, 177
부기맨(bogies) 39
부처님 151, 161
부활(復活) 154
부흥회 72
북한산 66
불가지론 62

불교 26, 60-63, 71, 76, 108,
  121-123, 130-132, 139, 142,
  146, 149, 161-163, 175
브라우니(brownie) 39
비숍 부인(Isabella Bird Bishop)
  21, 150, 165

ㅅ

사귀(邪鬼) 35, 42
사당(祠堂) 32, 34, 58, 119, 126,
  128, 155, 178, 180
사원(寺院) 126, 127, 148, 176
사자 숭배 38
사제(司祭) 176
사주(四柱) 105
산목(算木) 101
산신령(山神靈) 31-35, 84, 178
산통점(算筒占) 101
삼신(三神) 54
삼위일체(三位一體) 164
상복(喪服) 151
상제(喪制) 28, 54, 153
샤머니즘 26, 38, 76, 133, 139,
  142, 146
서낭당(城隍堂) 34-39
서울 40, 47, 119, 127
선교사 129, 139, 160, 171, 181,
  182
선도(仙道) 28

설총(薛聰) 61
성 게오르기우스(St. George) 45,
  169
성경(聖經) 140, 161, 171
성서 이후 시대(latter days) 70
성소(聖所) 59
성 실베스테르(St. Silvester) 45
성왕(聖王) 118
성인(聖人) 45, 62
성주(成造) 49, 50, 87
성현(聖賢) 118
성황당(城隍堂) 34, 84
송도(松都) 71, 131
수도승 121
수통(數筒) 107
수행도량 61, 131
수호신 30
승려 132
시성(諡聖) 119
시왕(十王) 95, 163
신도(神道) 28, 130, 157
신비주의(神秘主義) 76, 111
신선(神仙) 85, 109
신장(神將) 30
신주(神主) 58, 119, 128, 151
신줏단지 151
신탁(神託) 117

ㅇ

아라비안나이트　82

아리아인(Aryan)　45

아브라함　179

아서왕이 오심(Coming of Arthur)
　　45

아폴로(Apollo)　45

악귀　82, 168

악령　66, 176

악령 숭배　65

악마 기둥　178

애니미즘(Animism)　52, 76, 115

애스턴(Aston)　130

앵글로·색슨족　45

야만 종교　114

업주(業主)　51

에베소서　72

엘리 바 랜디스(Eli Barr Landis)
　　21

여단(厲壇)　167

『역경(易經)』　169

역신(疫神)　53-54, 90, 95

연안(延安)　33

연주창(連珠瘡)　100

염라대왕(閻羅大王)　94-95

염주　61

영매(靈媒)　91, 165

영생(永生)　66

영혼(靈魂)　154

예배　36, 67, 72, 98, 119, 124,
　　126, 128, 129, 179

오륜(五倫)　142

오방장군(五方將軍)　29-30, 82

오방장신　151

오복(五福)　51

오상(五常)　142

오행(五行)　107

『옥추경(玉樞經)』　104

옥황상제(玉皇上帝)　78, 104, 151

옴 마니 파드메 훔　62, 162

왕립아시아학회 한국지부(Korea
　　Branch of the Royal Asiatic
　　Society)　21

요정　81

용(龍)　44-50, 86, 149, 169-170

용신(龍神)　44, 96

용신(龍神) 굿　47, 96

용신당(龍神堂)　84

운명론자(運命論者)　170

월식(月蝕)　111

위패(位牌)　30, 119, 128

윌러드 크램(Willard Gliden Cram)
　　69

윌리엄 그리피스(William Elliot
　　Griffis)　130

윌리엄 스크랜튼(William Benton
　　Scranton)　57

유교　26, 62-64, 117-118, 124,

126, 142, 175

유령 39, 150

유학(儒學) 25

육영공원(育英公院) 74

육효점(六爻占) 105

윤장대(輪藏臺) 130

윤치호 62

윤회 103, 146

은행나무 135

의주(義州) 43

의학 53, 110

이교도 39

이교주의 45

이임보(李林甫) 103

일신교도(一神敎徒, monotheist) 77

임프(imp) 81

ㅈ

자연숭배 76, 142

작은 마귀 109

잔존물 114

장기 85

장례식 38, 144, 153

장자(莊子) 164

재계(齋戒) 33

잭오랜턴(Jack-o'-lantern) 39

저승 128

저승사자 94

전생(前生) 100

점괘 101, 108, 137

점복(占卜) 101-110, 149

점성술(占星術) 149

정령 27-57, 75, 80-90, 116, 124, 133, 167, 170, 174, 175

정령 나무 135

정령숭배 25, 26, 27, 28, 29, 76, 115, 149, 175, 177

제관(祭官) 38

제단 34

제사 30, 44, 58, 78, 154, 155, 180

제웅(際俑) 54

제이컵 로버트 무스(Jacob Robert Moose) 65, 173

제임스 게일(James Scarth Gale) 147

조상 숭배 119-121, 127, 146, 149, 151, 160, 180

조지 존스(George Heber Jones) 21, 87, 57, 113, 165

조혼(早婚) 157

존당(尊堂) 38

존신(尊神) 38-39

종교(宗敎) 22-25, 68, 75, 126, 148, 151, 174

종교 감정 146, 176

종교적 24, 114, 126, 146, 148,

185

종교적 감각(religious sense) 24

주물숭배(呪物崇拜) 58, 76, 175, 149

주술(呪術) 149

주지 121, 140

중용(中庸) 62

중일전쟁(中日戰爭) 131

지관(地官) 117

지사(地師) 152

지신(地神) 83

지하여장군(地下女將軍) 169

직성(直星) 106

진화 25

ㅊ

창덕궁 40

채식주의(菜食主意) 162

책점 102

처녀 귀신 150

천연두(天然痘) 53, 95, 135

천제단(天祭壇) 78

천주(天主) 77

천하대장군(天下大將軍) 169

청룡(靑龍) 159

청정수(淸淨水) 53

초혼(招魂) 145

축관(祝官) 38

축귀 34, 109

축귀사 91, 138, 165, 167

칠성단(七星堂) 84

ㅋ

케어드 총장(Principal Caird) 23

켈트족(Celts) 45

ㅌ

터주 58, 89, 177, 178

테니슨(Tennyson) 45

토르(Thor) 45

토주(土主) 51

토지지신(土地之神) 38

튜턴인(Teutons) 45

ㅍ

판수 29, 91, 100, 116, 135, 141, 167, 176, 177

퍼시벌 로웰(Percival Lowell) 150

페르세우스(Perseus) 45

페티시 27-42, 49-57, 69, 87

페티시즘 115

풍수(風水) 145, 149

ㅎ

하느님 77, 148, 161, 176

하데스(Hades) 149

할미당 84

해룡(海龍) 98

헤라클레스(Hercules) 45

헨리 아펜젤러(Henry Gerhard
   Appenzeller) 57

현몽(現夢) 47

호랑이 32-33

호러스 그랜트 언더우드(Horace
   Grant Underwood) 125

호머 헐버트(Homer Bezaleel Hul-
bert) 74, 142

혼령(魂靈) 128

화신(化神) 55

화신(火神) 134

환시(幻視) 33

황천(黃泉) 159

황홀경(恍惚境) 135

방원일

서울대학교 종교학박사
서울대학교 종교학과, 치의학대학원 강사
현재 숭실대학교 한국기독교문화연구원 HK연구교수

『메리 더글러스』, 『종교, 미디어, 감각』(공저), 『우리에게 종교란 무엇인가』
(공저), 『한국의 과학과 종교』(공저), 『한국의 종교학: 종교, 종교들, 종교문
화』(공저), 『근대전환기 문화들의 조우와 메타모포시스』(공저), 『선교사와
한국학』(공저), 『자리 잡기: 의례 내의 이론을 찾아서』(번역), 『자연 상징:
우주론 탐구』(번역), 『근대전환공간의 한국종교 I: 1879~1900』(편역) 외.

메타모포시스 번역총서 05

개신교 선교사들이 본 근대전환공간의 한국종교 II (1900~1910)

2023년 2월 28일 초판 1쇄 펴냄

지은이 방원일
발행인 김흥국
발행처 보고사

책임편집 이경민
표지디자인 김규범

등록 1990년 12월 13일 제6-0429호
주소 경기도 파주시 회동길 337-15 보고사
전화 031-955-9797
팩스 02-922-6990
메일 bogosabooks@naver.com
http://www.bogosabooks.co.kr

ISBN 979-11-6587-439-1 94200
      979-11-6587-145-1 (세트)
ⓒ 방원일, 2023

정가 27,000원

이 저서는 2018년 대한민국 교육부와 한국연구재단의 지원을 받아
수행된 연구임(KRF-2018S1A6A3A01042723)